微课
设计与制作一本通

金洁◎编著

清华大学出版社
北京

内 容 简 介

本书分为"微课视频的设计和制作""微课视频制作软件"上下两篇，上篇介绍微课设计的基本概念以及微课制作的基础知识；下篇分别介绍苹果电脑适用的相关软件和Windows环境下的相关软件，包括演示文稿软件Keynote、屏幕录制软件QuickTime Player、视频剪辑软件iMovie、演示文稿软件PowerPoint 2016以及视频剪辑软件会声会影X10。全书从实用角度出发，提供设计、拍摄、编辑、发布微课的全流程解决方案。

本书的配套资料提供完整的教学案例和素材。采用通俗易懂的形式，将微课的基础知识和工具软件的主要功能设计在一系列应用性强、结构合理、易于学习和能够解决实际问题的微课制作中，通过演示案例，帮助学习者在短时间内掌握并高效地开始微课制作之旅。

本书适合教师、企业内部培训师、在线教育工作者和教学影像的多媒体制作人员学习使用，也可作为社会相关培训班的教材使用。

本书封面贴有清华大学出版社防伪标签，无标签者不得销售。
版权所有，侵权必究。举报：010-62782989，beiqinquan@tup.tsinghua.edu.cn。

图书在版编目(CIP)数据

微课设计与制作一本通 / 金洁编著. — 北京：清华大学出版社，2019(2025.1重印)
ISBN 978-7-302-51402-2

Ⅰ.①微… Ⅱ.①金… Ⅲ.①多媒体课件—制作 Ⅳ.①G436

中国版本图书馆CIP数据核字(2018)第237482号

责任编辑：袁金敏　薛　阳
封面设计：刘新新
版式设计：方加青
责任校对：徐俊伟
责任印制：刘海龙

出版发行：清华大学出版社
网　　址：https://www.tup.com.cn，https://www.wqxuetang.com
地　　址：北京清华大学学研大厦A座　　　　邮　编：100084
社 总 机：010-83470000　　　　　　　　　　邮　购：010-62786544
投稿与读者服务：010-62776969，c-service@tup.tsinghua.edu.cn
质 量 反 馈：010-62772015，zhiliang@tup.tsinghua.edu.cn

印 装 者：三河市君旺印务有限公司
经　　销：全国新华书店
开　　本：185mm×260mm　　　印　张：22.75　　　字　数：569千字
版　　次：2019年1月第1版　　　印　次：2025年1月第8次印刷
定　　价：99.00元

产品编号：078759-01

前 言 FOREWORD

　　笔者和影视、视频制作的渊源，始于1995年微软公司和美国普利策公司合作拍摄国内第一部电视情景喜剧形式的教学片《电脑之家》。笔者当时在剧组里担任技术总监，在和剧组一道经历了电视节目的拍摄和制作过程后，被这个行业的魅力所深深吸引。从此开始了和影像、视频相关的教学工作，先后为微软公司、中国教育电视台《电脑之夜》栏目、中央电视台科学教育频道拍摄《Windows系列》教学片；《Office案例集锦》《网人网技》等教学节目三百余集。其中，2000年与中国教育电视台合作拍摄的《Office案例集锦》采用短视频的教学方式，通过每集6分钟的视频内容讲解一个实用案例的制作过程，得到学习者的认可和欢迎，开创了微视频教学的先河。随后相继出版了该系列教学片的图书和光盘。

　　随着多媒体技术的广泛应用以及数码影像设备的飞速发展，影像制作已不仅限于专业影视领域。DV摄像机、非线性编辑设备及影视输出设备的不断普及与应用，使数码影像制作变得越来越常见，广泛应用于教育、培训、家庭娱乐、旅游、企业宣传、会议记录、喜庆活动等许多领域和场合。在我国大力推动数字传媒、文化产业的情况下，对从事数字影视、视频策划制作的人员——数码影像师的需求大大增加。因此，数码影像技术也成为多媒体信息时代知识工作者必备的职业技能。自己拍摄、编辑、发布视频作品的独立制片人时代已经来临。

　　在此背景下，笔者从2005年起策划、组织、参与了数码影像课程引入国内职业类院校的项目，2006年联合国家劳动和社会保障部、人事部通过微格国际培训认证体系完成了数码影像课程推介三百余所院校、数码影像师培训一千余人次、数码影像教学研讨、数码影像课程开设、数码影像考核认证及颁发全国数码影像师证书等一系列的工作。2008年编写出版了《数码影像实用教程》一书，并一直关注数码影像技术的发展给社会带来的影响和变化。

　　转眼间十年过去了，移动互联技术的快速发展，使得曾经门庭若市的计算机机房渐渐被冷落，校园里随处可见学生拿着自己的电脑、iPad、手机在无线上网。社会上，人人都有手机，家家都有电脑，个个都可以用自己的数码设备上网学习，移动互联技术的发展现状迫使教师不得不具备在线教学的能力，微课应运而生。

　　微课是视频化地表达、讲解、传授知识的一种新方式，充分利用计算机数码影像的特点，进行教学设计、拍摄制作、展示互动、即时沟通、教学分析等工作，从而实现更有效的在线教与学的目标。

　　微课看似简单，其实是移动互联网信息时代教师综合能力的体现。制作一个好微课需要遵守以下4个原则。

1. 学术原则

　　学术原则指微课内容的科学性、准确性、学术性和真实性。微课的制作常常需要教师打破原有的知识结构和教学体系，重组教学内容，因此需要教师将教学内容烂熟于胸，能够信手拈来，有高度的知识驾驭能力。

微课是传播知识的，因此微课中的任何一点都必须严格遵循科学体系和教学要求。真实反映课程规律，内容既要碎片化又要系统化，知识点既相对独立又相互关联，须真实、直接、明了、客观地表达。

2. 技术原则

微课是利用网络多媒体技术展示和传播的，因此技术对于微课来说非常重要，恰当和充分地使用信息技术手段，是一个成功微课的重要基础。怎样在很短的时间内将知识讲解清楚，这需要有非常娴熟的教学技巧，能够熟练运用各种教学工具与方法，掌握教学过程中的每一个环节。微课采用多媒体技术，使教学更具表现力，一个教学内容可以用多种方式去呈现，包括使用文字、表格、图片、声音、影像等形式呈现信息，使用动画、转场等功能展示时间、位置、方向等要素，模拟变化过程，表达相互关系以及说明原理等。

3. 美学原则

在微课的视频教学中，采用视听结合的方式，所以对画面呈现的美观性和生动性要求比较高，任何可视化的构图首先要美，要"艺术"。换句话说，就是要具有视觉上的美感，使人看起来舒服，看起来好看。可视化的教学画面内容要符合视觉习惯和思维规律，镜头类型要符合微课视频主题和内容需要，视频技术要符合规范要求和表现。镜头的组接要符合组接原则，要合乎认知和思想逻辑，要遵循镜头调度的轴线规律。景别过渡要合理，光线、色调的过渡要自然等，都需要符合审美活动的习惯和原则。

同时，教学也是一门艺术，如何讲好课，如何体现知识的魅力，如何展示教师的风采，如何传播知识背后的文化，也都需要有一定的方式、方法。

4. 传播原则

教学活动本身即是知识传播的过程。微课教学是一种教育传播，按照一定的目的和要求，选定合适的信息内容，通过视频的方式，把知识、技能、思想、观念等传达给一定的教育对象，是一种教育者和被教育者之间的信息交流活动。微课要在短时间内将内容传播给学习者，而且要能吸引和激发学习者的学习热情，因此必须有精心的教学设计，同时也要有教与学的心理学和传播学作指导。最关键的是要从学习者的角度去制作微课，要体现以学习者为本的教学思想。

本书从关注微课的基本理念开始，讨论微课的策划原则、设计方法、制作步骤，介绍常用软件、设备的使用，帮助学习者完成微课视频从策划、拍摄、制作、合成到应用的全过程。

笔者多年从事计算机、网络、新媒体应用的教学和文化普及工作，在数码影像制作和教学方面拥有丰富的经验。由于时间的关系，书中疏漏和不足在所难免，恳请读者批评指正。相关技术问题欢迎访问微格教育网站www.micro-teach.com进行交流、探讨，本书配套资源请扫描图书封底二维码进行下载。

金洁

2018年4月

于北京微格工作室

目 录 CONTENTS

上篇　微课视频的设计和制作

第1章　微课的前世今生 ……………… 2

1.1 微课的基本理念 ……………………… 2
　　小结 …………………………………… 3
1.2 微课的定义 …………………………… 3
　　1.2.1 微课的定义 …………………… 3
　　1.2.2 微课的特点 …………………… 4
　　1.2.3 微课的组成 …………………… 5
　　1.2.4 微课的分类 …………………… 5
　　1.2.5 微课的应用 …………………… 6
　　小结 …………………………………… 7
1.3 微课的形式 …………………………… 7
　　1.3.1 可视化元素 …………………… 8
　　1.3.2 数字技术 ……………………… 8
　　1.3.3 微课的形式 …………………… 10
　　小结 …………………………………… 10

第2章　微课的策划设计 ……………… 11

2.1 教学设计 ……………………………… 12
　　2.1.1 确立教学目标 ………………… 12
　　2.1.2 选择教学内容 ………………… 13
　　2.1.3 构建教学模式 ………………… 14
　　2.1.4 甄选导入方式 ………………… 15
　　2.1.5 设计教学过程 ………………… 16
　　2.1.6 教案要点图设计 ……………… 19
　　小结 …………………………………… 21
2.2 教学媒体设计 ………………………… 21
　　2.2.1 教学媒体形式 ………………… 22
　　2.2.2 教学媒体——文字 …………… 23
　　2.2.3 教学媒体——图片 …………… 24
　　2.2.4 教学媒体——图表 …………… 26
　　2.2.5 教学媒体——表格 …………… 28
　　2.2.6 教学媒体——色彩 …………… 30
　　2.2.7 教学媒体——声音 …………… 32
　　2.2.8 教学媒体设计法则 …………… 33
　　2.2.9 课件脚本 ……………………… 35
　　小结 …………………………………… 36
2.3 视频脚本设计 ………………………… 36
　　2.3.1 分镜头脚本内容 ……………… 37
　　2.3.2 分镜头脚本写作 ……………… 37
　　2.3.3 分镜头脚本要求 ……………… 38
　　2.3.4 分镜头脚本格式 ……………… 38
　　小结 …………………………………… 39
2.4 制作台本设计 ………………………… 39
　　2.4.1 设置工作人员 ………………… 39
　　2.4.2 确定工作流程 ………………… 40
　　2.4.3 编写工作台本 ………………… 41
　　2.4.4 工作台本样式 ………………… 41
　　小结 …………………………………… 43

第3章　微课的采集制作 ……………… 44

3.1 采集素材 ……………………………… 44
　　3.1.1 素材采集 ……………………… 44
　　3.1.2 素材管理 ……………………… 46
　　3.1.3 素材使用 ……………………… 46
　　小结 …………………………………… 47
3.2 拍摄视频 ……………………………… 47
　　3.2.1 画面构图 ……………………… 48
　　3.2.2 动态拍摄 ……………………… 49
　　3.2.3 拍摄景别 ……………………… 51

3.2.4　拍摄角度 53
　　3.2.5　拍摄高度 53
　　3.2.6　拍摄姿势 54
　　3.2.7　辅助拍摄工作 56
　　小结 57
3.3　剪辑制作 57
　　3.3.1　观看素材 57
　　3.3.2　剪辑视频 57
　　3.3.3　声画关系 58
　　3.3.4　字幕唱词 58
　　小结 59
3.4　包装发布 59
　　3.4.1　包装效果 59
　　3.4.2　发布运营 61
　　小结 61

第4章　微课教师之道 62

4.1　重新定位 62
　　4.1.1　内在力量 62
　　4.1.2　外在展示 62
　　4.1.3　善用紧张 63
　　小结 63
4.2　控制声音 63
　　4.2.1　节奏 64
　　4.2.2　语速 64
　　4.2.3　音量 64
　　4.2.4　停顿 64
　　小结 65
4.3　肢体语言 65
　　4.3.1　身姿 66
　　4.3.2　眼神 66
　　4.3.3　表情 67
　　小结 67
4.4　服饰妆容 67
　　4.4.1　服装 67
　　4.4.2　化妆 68
　　4.4.3　发型 69
　　小结 69

第5章　微课方案流程 70

5.1　微课分类方案 70
　　5.1.1　任务型微课 70
　　5.1.2　问题型微课 73
　　5.1.3　故事型微课 79
　　5.1.4　情境型微课 83
5.2　自助式制作方案 90
　　5.2.1　手机+白纸 90
　　5.2.2　录屏软件+手写板 91
　　5.2.3　录屏软件+课件 94
　　5.2.4　场景平台+课件 95
　　5.2.5　互动平台+课件 95
　　5.2.6　课件转换视频 97
　　5.2.7　课件生成长图 99
5.3　专业式制作方案 100
　　5.3.1　人像+大屏幕电视 100
　　5.3.2　人像+黑板（白板） 101
　　5.3.3　人物抠像+虚拟背景 102
　　5.3.4　演播室实景+后期剪辑 103
　　5.3.5　实景拍摄+后期剪辑 104
　　5.3.6　动画传媒式 105

下篇　微课视频制作软件

第6章　演示软件Keynote 108

6.1　认识Keynote 108
　　6.1.1　主题类型 109
　　6.1.2　界面导航 109
　　6.1.3　工具按钮 110
　　6.1.4　对象的基本操作 113
6.2　创建演示文稿 114
　　6.2.1　选择主题 115
　　6.2.2　插入视频 117
　　6.2.3　制作项目符号列表 121
　　6.2.4　添加背景图像 123
　　6.2.5　为多个对象添加动画效果 127
　　6.2.6　插入转换幻灯片 132

	6.2.7	创建自定表格 ································ 133
	6.2.8	构建交互式图表 ···························· 135
	6.2.9	创建交互式链接 ···························· 138
	6.2.10	检查、批注、导出 ······················· 142
6.3	播放发布演示文稿 ································ 144
	6.3.1	播放模式 ······································ 144
	6.3.2	使用演讲者注释 ···························· 145
	6.3.3	播放演示文稿 ································ 146
	6.3.4	使用iPhone或iPod远程控制演示 ······ 148
	6.3.5	共享演示文稿 ································ 151
6.4	案例——发达国家减煤曲线 ······ 154

第7章 屏幕录制软件QuickTime Player ·································· 163

7.1	新建录制 ·· 163
	7.1.1	录制屏幕 ······································ 163
	7.1.2	录制影片 ······································ 164
	7.1.3	录制音频 ······································ 165
7.2	修剪视频 ·· 166
	7.2.1	修剪影片或剪辑 ···························· 166
	7.2.2	添加影片或剪辑 ···························· 168
7.3	共享发布视频 ···································· 170
	7.3.1	导出影片 ······································ 170
	7.3.2	共享影片 ······································ 171
	7.3.3	播放视频 ······································ 172

第8章 视频剪辑软件iMovie ············ 174

8.1	iMovie界面 ······································ 174
	8.1.1	iMovie视图 ································ 174
	8.1.2	iMovie的窗口 ···························· 175
	8.1.3	内容资源库 ································ 178
	8.1.4	浏览时间线 ································ 180
	8.1.5	调整设置 ···································· 180
8.2	整理视频 ·· 182
	8.2.1	导入媒体 ···································· 183
	8.2.2	整理媒体 ···································· 184
	8.2.3	标记片段 ···································· 186
8.3	剪辑视频 ·· 187
	8.3.1	开始项目 ···································· 187
	8.3.2	添加视频 ···································· 189
	8.3.3	修剪片段 ···································· 193
8.4	修饰视频 ·· 194
	8.4.1	调整影像质量 ···························· 194
	8.4.2	使用滤镜 ···································· 195
	8.4.3	速度和运动效果 ························ 195
	8.4.4	双图像效果 ································ 196
	8.4.5	Ken Burns效果 ························ 198
	8.4.6	绿屏和蓝屏 ································ 201
8.5	创建影片 ·· 202
	8.5.1	添加背景音乐 ···························· 203
	8.5.2	录制画外音 ································ 205
	8.5.3	添加字幕 ···································· 206
	8.5.4	在剪辑之间添加转场 ················ 209
	8.5.5	命名项目 ···································· 210
8.6	展示和共享影片 ································ 210

第9章 演示文稿软件PowerPoint ······ 212

9.1	PPT的十大要素 ································ 212
9.2	创建演示文稿 ···································· 222
	9.2.1	选择主题 ···································· 223
	9.2.2	插入视频 ···································· 226
	9.2.3	制作项目符号列表 ···················· 231
	9.2.4	添加背景图像 ···························· 233
	9.2.5	为多个对象添加动画效果 ······ 237
	9.2.6	插入转换幻灯片 ························ 242
	9.2.7	创建自定表格 ···························· 244
	9.2.8	构建交互式图表 ························ 246
	9.2.9	创建交互式链接 ························ 249
9.3	添加音频到幻灯片 ···························· 255
	9.3.1	添加音频 ···································· 255
	9.3.2	录制音频 ···································· 257
	9.3.3	导出视频 ···································· 262
9.4	播放发布演示文稿 ···························· 263
	9.4.1	播放模式 ···································· 263
	9.4.2	使用演讲者注释 ························ 263
9.5	案例——新年倒计时 ···················· 266

第10章　PowerPoint软件的录制功能 … 275

10.1 录制屏幕 … 276
- 10.1.1 在幻灯片上插入录制 … 276
- 10.1.2 保存屏幕录制 … 278
- 10.1.3 设置视频开始 … 278
- 10.1.4 剪裁视频 … 279
- 10.1.5 应用样式 … 280

10.2 录制旁白 … 281
- 10.2.1 逐页录制 … 281
- 10.2.2 连续录制 … 283

10.3 排练计时 … 287
- 10.3.1 开始计时 … 287
- 10.3.2 停用计时 … 288
- 10.3.3 删除排练计时 … 289
- 10.3.4 关闭计时旁白 … 289

10.4 录制演示 … 289
- 10.4.1 录制准备 … 289
- 10.4.2 开始录制 … 291
- 10.4.3 导出为视频 … 292

第11章　会声会影X10 … 294

11.1 编辑界面 … 294
- 11.1.1 菜单栏 … 295
- 11.1.2 步骤面板 … 295
- 11.1.3 选项面板 … 296
- 11.1.4 预览窗口 … 297
- 11.1.5 导览面板 … 297
- 11.1.6 素材库 … 298
- 11.1.7 时间轴 … 298
- 11.1.8 工具栏 … 299
- 11.1.9 视图模式 … 300

11.2 捕获素材 … 301
- 11.2.1 捕获视频与图像 … 301
- 11.2.2 添加视频与图像 … 303
- 11.2.3 项目文件 … 303

11.3 编辑视频 … 304
- 11.3.1 开始项目 … 304
- 11.3.2 添加视频 … 305
- 11.3.3 调整影像质量 … 308
- 11.3.4 使用滤镜 … 310
- 11.3.5 速度和运动效果 … 310
- 11.3.6 双图像效果 … 312
- 11.3.7 移动和缩放效果 … 314
- 11.3.8 绿屏和蓝屏 … 316
- 11.3.9 添加背景音乐 … 317
- 11.3.10 录制画外音 … 320
- 11.3.11 添加字幕 … 321
- 11.3.12 在剪辑之间添加转场 … 323

11.4 共享影片 … 324
- 11.4.1 生成视频文件 … 324
- 11.4.2 自定义视频文件格式 … 326
- 11.4.3 创建选定范围视频 … 326
- 11.4.4 生成音频文件 … 327
- 11.4.5 输出MPEG格式的3D文件 … 327
- 11.4.6 创建光盘DVD … 328
- 11.4.7 保存视频并在线共享 … 331

11.5 案例——孔庙之旅课件 … 333

附录A　词汇表 … 341
附录B　快捷键 … 346
后记 … 356

上 篇
微课视频的设计和制作

第1章 微课的前世今生

移动互联技术的飞速发展，使得曾经门庭若市的计算机机房正渐渐被人们冷落，校园里随处可见学生拿着自己的电脑、iPad、手机在无线上网。社会上，人人都有手机，家家都有电脑，每个人都可以用自己的数码设备上网学习，移动互联技术的发展现状迫使教师不得不具备在线教学的能力，微课应运而生。

1.1 微课的基本理念

微课是视频化地表达、讲解、传授知识的一种新方式，可以充分利用计算机数码影像技术的特点，以数字形式（0和1）来记录信号的影像。在计算机中对数字视频进行加工和处理，通过完成微课视频教学设计、拍摄制作、展示互动、即时沟通、教学分析等工作从而实现更有效的在线教与学的目标。

微课看似是随着互联网技术的发展应运而生的新生事物，其实其教学理念自古以来就有了，从中国古代的格物致知理念到美国历史上的微格教学，都体现出对事物进行分解、分析、理解之后，还要从整体上考虑的思想。分而治之的理念自古有之，微课是将这种理念通过网络新媒体以及计算机数码影像技术体现出来的新的教学方式，是开放教育的新契机。

2007年9月14—15日，20位来自世界各地，从事不同职业，持不同观点的人士在南非开普敦签署了《开普敦开放教育宣言》。宣言是这样开头的："我们正处于教与学的全球性的变革之巅。全世界教育工作者在因特网上开发出大量教育资源，这些资源向任何人开放并供他们免费使用。这些教育工作者正在创建一个世界：地球上每个人都能获取人类的所有知识，每个人都能对人类知识的汇集做出贡献。"该宣言构想出三大战略来实现开放教育资源的愿景。第一，号召广大教育工作者和学习者通过创建、提升和应用开放教育资源来积极参加这场运动。第二，呼吁作者和出版商公开发布他们的资源。第三，促使各国政府、议会以及高等教育管理者们优先考虑开放教育资源的倡议、收集整理的资源以及各种思想观点等。[①]

开放教育是一场能够彻底变革世界教育的运动，教育资源的开放和共享，使学生不会因为被学校拒之门外而失去学习的机会。通过大规模的网上公开课，高质量的教学资源开始成体系地向公众开放，原本触不可及的优质学校的课堂开始完整地呈现在公众面前。

互联网上微课和慕课相辅相成，几乎涵盖了所有年龄层次的学习者，互联网对所有人来说都是公平的。在丰富、优质、完善的教育资源唾手可得的今天，学习者只要愿意，随时可以寻求高质量的课堂和老师。互联网自由开放的教学环境带来了真正的教育开放，彻底践行着开放的、自由的教学理念。

互联网的在线课程可以提供给学习者多种选择，学习者可以根据自己的学习动机，自由选择怎么样学（方法）、什么时候学（时间）、学什么（行为）、在什么地方学（物理环境）、

---

① 柯斯蒂·J. 邦克. 世界是开放的：网络技术如何变革教育. 上海：华东师范大学出版社，2011：38-39.

同什么人学（社会）。学习的自由将会培养一个人为自己工作的自由态度，从而使其获得个人尊严和自我价值的观念。

开放带来自由，自由带来自主，当学校的围墙再也不能拦截学习资源的共享时，当学生和教师都开始拥有新的选择时，围墙之内的课堂是不是也需要跨出自己的步伐，开始自己新的存在方式？微课，也许就是我们跨出的第一步。微课的出现，是教育模式的一场革命，对于传统教学模式的冲击有待进一步的实践检验。

小结

学习作为一种获取知识交流情感的方式，是人类社会不可缺少的一项重要的内容，尤其是在21世纪这个知识经济时代，自主学习已是人们不断满足自身需要、充实原有知识结构、获取有价值信息，并最终取得成功的法宝。微课通过数字技术和互联网及移动平台，将自古有之的分而治之的理念带入到当下每个学习者的生活中，形成一种新的生活方式。

1.2 微课的定义

微课的定义众说纷纭，随着人们对微课的不断认识和应用，其内涵也在不断发展与丰富。

1.2.1 微课的定义

微课（Micro Course或者Micro Online Open Course），即微型在线开放课程，是以一个相对独立的知识点为内容而制作的流媒体教学视频。

微课被看作当前媒体界出现的一种新型教学资源。美国的高级教学设计师David Penrose认为微课是以在线学习或移动学习为目的，运用建构主义方法在短时间内进行的实际教学内容。

随着人们对微课的认识和其应用的不断广泛深入，其内涵也在不断发展和丰富。其主要观点还有如下几种。

（1）"微课"是指以视频为主要载体，记录教师围绕某个知识点或教学环节开展的简短的、完整的教学活动。

（2）"微课"是以阐释某一知识点为目标，以短小精悍的在线视频为表现形式，以学习或教学应用为目的的在线教学视频。

（3）"微课程"是指时间在10分钟以内，有明确的教学目标，内容短小，集中说明一个问题的小课程。

（4）"微课"是微课程系统中的要素之一，是以微型教学视频的形式帮助学习者完成"任务单"给出的任务的配套学习资源。

（5）"微课"是指以先进的教育思想和教学理念为指导，以使学习者自主学习达到最佳效果为目标，经过精心的信息化教学设计，以视频、动画等形式记录或展示教师围绕某个（某些）知识点（技能点）开展的简短、完整的教学活动。

（6）"微课"在移动端是用视频、动画、场景、图文的简短形式，承载有用的新内容，可以是传播一点儿知识，可以是传授一项技能，可以是介绍一种新产品，也可以是解决一个问题。

尽管对微课的定义众说纷纭，但都包含着共同的特点：微课体现了教师针对特定教学任务，充分、合理运用信息技术、数字资源和信息化教学环境进行教学设计和实际教学，并将教学的过程制作成为学习资源的能力。

1.2.2 微课的特点

微课是综合了影像、动画、幻灯片、音频、图片、文本等不同媒体的用于教学的视频，它围绕教学内容中某一个知识点，时间长度控制在10分钟左右，可以通过在线播放等方式，提供给学习者以对相关知识点进行学习。其特点如下。

（1）形式：可视化影像的视频方式。

（2）时间：10分钟左右。

（3）内容：围绕一个核心问题或独立的知识点展开。

微课的一大特点，就是时间短，长度限制在10分钟左右。根据黎加厚的定义："微课程"是指时间在10分钟以内，有明确的教学目标，内容短小，集中说明一个问题的小课程。我们在设计微课的实践中也发现，微课的时间一般在3~5分钟为佳，如果超过6分钟，人们观看视频时就会感觉有些冗长。微课用10分钟左右的时间，完全符合注意力持续的有效时间。

微课的核心是聚焦目标精准定位。微课时间短小，围绕同一个知识点进行讲解，内容精练，最大限度地避免了同一堂课中不同知识经验之间的相互干扰，以及传统课程一节课讲述不同知识点造成的前摄抑制①和倒摄抑制②，同时也最大限度地减少了系列位置效应③造成的学习者对课程中间部分的遗忘。由于一堂完整的课程用微课的形式呈现时，必然会被根据其包含的不同知识点切分成不同的单元，制作成不同的微课视频，这样一来，相对于所有知识点连在一起的传统课程来说，微课学习者产生首因效应④和近因效应⑤的可能性也会增加。

自我调节学习非常强调学习者的兴趣。根据心理学的研究，人们一般会根据自己的情况，选择对自己而言不太简单也不太复杂的刺激信息，并对之产生兴趣。这类信息的难度，稍微超过学习者自身的能力和经验，但又不会过难以至于让其无所适从。如果刺激信息对学习者的智力水平、知识结构而言过于简单、缺乏未知的信息，一般就会引起学习者的厌烦；如果刺激信息过于复杂、难于理解，接受者也会受到自身的智力水平、知识经验的约束，不会引起

---

① 前摄抑制：心理学名词，指之前学习过的材料对保持和回忆以后学习的材料的干扰作用。

② 倒摄抑制：心理学名词，指后来学习内容对先前学习内容的干扰。

③ 系列位置效应：指记忆材料在系列位置中所处的位置对记忆效果发生的影响，包括首因效应和近因效应。

④ 首因效应：指个体在社会认知过程中，通过"第一印象"最先输入的信息对客体以后的认知产生的影响作用。

⑤ 近因效应：指当人们识记一系列事物时对末尾部分项目的记忆效果优于中间部分项目的现象。

注意。

微课可以将课程切分成层次不同的视频，可以根据不同程度学习者的不同水平，由不同程度学习者根据自己的程度自由选择，可以最大限度地确保学习者接收到符合他们注意水平的信息。

微课可以提供给学习者多种选择，可以根据自己的学习动机，自由选择怎么样学（方法）、什么时候学（时间）、学什么（行为）、在什么地方学（物理环境）、同什么人学（社会）。

简而言之，微课和要求系统性、结构性的传统课程相比，更注重针对性和简洁性，针对一点知识、一项技能、一个问题聚焦准确，讲解到位，能够帮助学习者从"不知"到"知"，进而从"知"到"行"。

1.2.3 微课的组成

微课是用来学习的，它是以自主学习为主要形式，以视频为主要载体，以获得最佳效果为目标，以影像化教学设计为途径，以简短完整为基本要求，以相对独立的知识内容为对象，以移动和泛在学习为主要方式。

微课的三大核心特征是：可自主学习，能移动学习，简短有效。微课体现的是以学习者认知学习和知识建构为主线的全新的教学设计和资源建设，是自主学习、混合学习、翻转课堂等教学理念的实际应用。微课也可理解为：可在泛在学习环境下，开展短时有效的自主学习的微学习资源。

微课的三大核心环节是：教学设计，教学过程，包装展现。微课不是简单的教学资源形式的更替，而是传统教学理念与教学模式的创新。所以教学设计是核心，教学过程是基础，包装展现是保障。微课是资源，但更重要的是对教学内容的选取与设计，以及如何通过教学解释原理传递知识；微课需要技术支撑与包装展现，但技术因素应该服务于教学内容。

微课的三大核心表现：微言大义，简而不陋，知行合一。微课虽然短小，比不上一般课程宏大丰富，但是它意义非凡，效果明显，是一个非常重要的教学资源。微课的知识内涵和教学效果非常巨大，有时一个短小的微课比平时的几节课都有用。微课采用小步子原则，一个微课讲解一两个知识点，看似很慢，但稳步推进，实际效果并不慢。微课有积少成多、聚沙成塔的作用，通过不断的微知识、微学习，从而获得大道理、大智慧。

此外，由于微课的录制最大限度地利用了信息技术，与当前学习内容相关的、需要学习者注意的各类信息，例如录像片段、动画片段、音频等，都可以在视频上展示出来，这就最大限度地契合了学习者的选择性注意，使学习者将注意力集中于需要学习的内容上。

1.2.4 微课的分类

微课有许多类型，比如讲授类、问答类、启发类、讨论类、演示类、实验类、练习类、表演类、自主学习类、合作学习类、探究学习类等。目前大多的微课还是以讲授类为主，以教师或主持人讲解为主要形式，主持人可以出镜，也可以采用画外音。其次是实验类。

按内容分，可分为理论原理类、技术技能类等；按教学环节分，可以分为新课类、复习类、实验类、活动类等；按微课制作的技术分，可以分为拍摄类、录屏类、动画类、录播类等；按学习环境分，可以分为教室类、实验室类、现场类、室外类等；按人物出现情况分，可以分为旁白类、主讲类、多人讨论类等；按微课的风格分，可以分为叙事类、活泼类、悬疑类等；按学习的模式分，可分为探究学习、合作学习等；按授课形式分，可分为讲授、表演、游戏等；按照实际应用划分，可以分为任务型、问题型、技巧型、产品型、工具型等。

微课的制作方法很多，根据教育部教育管理信息中心开展的微课大赛和教育部全国高校教师网络培训中心举办的"全国高校微课教学比赛"提供的一些方法来看，通常有摄像机拍摄、数码相机拍摄、手机拍摄、录屏软件录制、可汗学院模式、用iPad录制、录播教室录制、摄像设备拍摄后编辑、运用Flash等专用软件制作等方法。

1.2.5 微课的应用

微课具有教学时程较短、教学内容集中、辅教资源多样，但容量较小、各类资源按需调用便捷等特点。微课将革新教与学的传统模式，能更好地促进与满足学习者的个性化学习。在网络时代，随着信息与通信技术的快速发展，特别是随着移动数字产品和无线网络的普及，基于微课的移动学习、远程学习、在线学习已经越来越普及。

微课已经成为一种新型的教学模式和学习方式。

1. 传统教学中的应用

当微课作为一种教学资源时，它以视频为主要载体，记录课堂内外教育教学过程中围绕教学要求的某个能力点、技能点、知识点或相关教学环节教师开展教学活动的全过程，视频一般为5~10分钟，所以它具备了在课堂教学中使用的条件。传统教学中，教师可以使用不同教师录制的视频文件，不仅解决了教学重难点，也可以提高学习者的新鲜感。

2. 慕课（MOOC）中的应用

MOOC中的"M"代表Massive（大规模），与传统课程只有几十个或几百个学习者不同，一门MOOC课程动辄有上万人参加学习，最多达16万人；第2个字母"O"代表Open（开放），以兴趣导向，凡是想学习的，都可以进来学，不分国籍，只需一个邮箱，就可注册参与；第3个字母"O"代表Online（在线），学习在网上完成，不受时空限制；第4个字母"C"代表Course（课程）。

慕课的核心概念就是"微课、小测验、实时解答"。也就是说，慕课一般以微课或者微视频的形式展示，结合小的测试与实时解答问题。

3. 翻转课堂中的应用

翻转课堂（Flipped Classroom或Inverted Classroom）是指重新调整课堂内外的时间、将学习的决定权从教师转移给学习者。在这种教学模式下，在课堂内的宝贵时间里，学习者能够更专注于主动的基于项目的学习，共同研究解决本地化或全球化的挑战，以及其他在现实世界中所面临的问题，从而获得更深层次的理解。教师不再占用课堂的时间来讲授信息，这些信息需要学习者在课后完成自主学习，他们可以看视频讲座、听播客、阅读功能增强的电子书，还能在网络上与别的同学讨论，能在任何时候去查阅需要的材料。教师也能有更多的时间与每个人交流。在课后，学习者自主规划学习内容、学习节奏、风格和呈现知识的方式，教师则采用讲授法和协作法来满足学习者的需要和促成他们的个性化学习，其目标是让学习者通过实践获得更真实的学习感受。翻转课堂模式是大教育运动的一部分，它与混合式学习、探究性学习、其他教学方法和工具在含义上有所重叠，都是为了让学习者的学习更加灵活、主动，让学习者的参与度更强。

在翻转课堂教学模式中，微课作为课前自主学习的基础得到了充分的应用。

4. 混合学习中的应用

混合学习（Blended Learning）是在线学习和面授相结合的学习方式，就是要把传统学习方式的优势和E-Learning（数字化或网络化学习）优势结合起来。也就是说，既要发挥教师引导、启发、监控教学过程的主导作用，又要体现学习者作为学习过程主体的主动性、积极性与创造性。只有将这二者结合起来，使二者优势互补，才能获得最佳的学习效果。

微课可以作为网络化学习的核心资源供学习者学习，结合面授可以获得最佳效果。当整门课程只有部分章节、任务实施翻转课堂教学时，今天的混合学习也可以理解为传统教学与翻转课堂教学的混合，也算是一种探索与尝试。

5. 适用泛在学习

移动端微课以视频、动画等形式为主，可基于网络流媒体播放，便于移动学习和泛在学习。用于移动端学习的微课，其内容独立、简明，是包括简单的知识技能、直观的工作流程、明确的问题解决方法、清晰的实用技巧等通过观看可以快速了解的内容。

小结

综合微课的特点以及目前对微课的各种定义，我们可以对微课及其组成表述如下：微课是综合了影像、动画、音频、图片、文本、幻灯片等不同媒体的用于教学的视频，它围绕教学内容中某一个知识点，时间长度控制在10分钟左右，可以通过在线播放和移动互联等方式，提供给学习者对相关知识点进行学习。

特别要强调的是，微课不是浓缩、节选。微课是精准的定位、精练的内容、精彩的呈现，是精致的课程。微课是在短时间内实现从"不知"到"知"，从"不会"到"会"的完整过程。

1.3 微课的形式

顺应时代发展产生的微课教学不同于传统的课堂教学，是基于视听语言的可视化教学。数码影像技术使得微课的形式形象直观，真实呈现，直观达意。

1.3.1 可视化元素

微课视听语言,是将教学内容通过使用数码影像和声音元素进行综合表现,形成视觉、听觉感官上的一种新的语言方式,是数码影像和声音结合的语言,可以更形象直观地表现教学主题、教学内容和教学过程。

微课可视化的基本单位是画面。构成画面的主要元素有:构图、色彩、声音;画面内容呈现有多种方式,包括文字、图片、表格、图表、声音、动画、视频等多种媒体。

1. 文字

文字涉及字体、格式、大小、颜色等,文字可以准确、有效地传播教学内容,因此在微课中主要用于基本概念、定义、原理的阐述。

2. 图片

图片可以生动、直观地表现教学内容,因此在微课中往往用于直观形象的概念、事实性内容的形象概括、过程描述等,图片可以用图像处理软件制作,也可以通过扫描仪、数码相机等输入设备获得。

3. 声音

声音包括音乐、语音和各种音响效果。微课中的声音主要用作语言解说、背景音乐和音效,发音标准的解说和动听的音乐有利于学习者集中注意力,创设良好的学习氛围。

4. 动画

动画是借助计算机生成的一系列连续的画面,可以表现事物运动、变化的完整过程。相对于图片来说,动画可以让人感觉到时间、位置、方向等要素,更有利于学习者把握本质规律。好的动画生动、有趣,有利于激发学习兴趣。微课中的动画一般用来模拟事物的变化过程,展示活动的流程、操作和演练,以及说明科学原理等。

5. 视频

视频是真实的情境或过程的真实记录,信息量比较大,具有较强的表现力和感染力,适宜呈现一些比较复杂的教学内容。微课中采用的视频不宜太长,要清晰、流畅。

6. 构图

构图是将图形、色彩、文字等形象视觉元素,按照点、线、面的构成方式,在画面中进行组合排列,表明其含义和相互关系。

7. 色彩

色彩是视觉器官接受的重要形式因素。五彩缤纷的世界中所有的颜色都是红、黄、青三种颜色按比例配合而产生的。因此,红、黄、青被称为三原色。色彩能引起人的各种心理效应,色彩的感受是一般美感中最大众化的形式。色彩搭配和谐的画面,赏心悦目,易于学习者接受。

1.3.2 数字技术

数码视频制作有它自己的特点,技术的掌握是必备的基础。意义非凡的数字技术创造了新的记录和表达方式，高科技的发展引发的数码影像技术革命，让普通的后院变成影像工作室，简单的书房成为一间视频剪辑室，而每一位互联网数字信息时代的知识工作者都有机会成为一名独立制片人。微课正是视频化地表达、讲解、传授知识的一种新方式，它充分利用计算机数码影像技术的特点来进行画面式教学设计，利用数码设备拍摄制作，通过互联网在线展示互动，并对学习者的相关数据进行分析，从而实现更有效的在线教与学的目标。

1. 数字视频

数字视频就是先用摄像机之类的视频捕捉设备，将外界影像的颜色和亮度信息转换为电信号，再记录到储存介质（如录像带）上。播放时，视频信号被转换为帧信息，并以约30幅每秒的速度投影到显示器上，使人眼认为它是连续不间断地运动着的。电影播放的帧率大约是24帧每秒。如果用示波器（一种测试工具）来观看，未投影的模拟电信号看起来就像脑电波的扫描图像，由一些连续锯齿状的山峰和山谷组成。为了存储视觉信息，模拟视频信号的山峰和山谷必须通过数字/模拟（D/A）转换器来转换为数字"0"或"1"。这个转换过程就是我们所说的视频捕捉（或采集过程）。如果要在电视机上观看数字视频，则需要一个从数字到模拟的转换器将二进制信息解码成模拟信号，才能进行播放。

2. 编码解码器

编码解码器的主要作用是对视频信号进行压缩和解压缩。计算机工业定义通过24位测量系统的真彩色，这就定义了近百万种颜色，接近人类视觉的极限。现在，最基本的VGA显示器就有640像素×480像素。这意味着如果视频需要以30帧每秒的速度播放，则每秒要传输高达27MB的信息，1GB容量的硬盘仅能存储约37秒的视频信息，因而必须对信息进行压缩处理。通过抛弃一些数字信息或容易被我们的眼睛和大脑忽略的图像信息的方法，可使视频的信息量减小。这个对视频压缩解压的软件或硬件就是编码解码器。编码解码器的压缩率从一般的2∶1～100∶1不等，使处理大量的视频数据成为可能。

3. 视频格式

在计算机软硬件技术和宽带互联网技术迅猛发展的同时，各种影像视频的录制和后期制作技术也得到了突飞猛进的发展。传统的影像视频（如.AVI和.MPEG格式等）一般文件较大且清晰度较差，比如在电脑中播放的VCD格式。而现在同样一段影像视频，文件大小为原来的几分之一，借助宽带互联网技术和一种叫作"流媒体（Streaming Video）"的多媒体技术可以非常方便快捷地查阅任何需要的影像视频资料，甚至不需要下载整部或整段视频就可以对视频资料的任意指定片段进行预览。

影像视频的发展和变化可以从两方面进行分析，影像视频的超高清晰度当然是视频录制设备不断更新换代的结果，而影像视频体积的大幅减小和像流水一样的视频文件传输性能则得益于视频压缩技术和视频编辑处理技术的不断创新和改进，而这种视频技术的创新和改进在宏观上的表现就是视频格式。

目前，视频格式可以分为适合本地播放的本地影像视频和适合在网络中播放的网络流媒体影像视频两大类。这里非常值得一提的是，尽管后者在播放的稳定性和播放画面质量上可能没有前者优秀，但网络流媒体影像视频的广泛传播性使之正被广泛应用于视频点播、网络演示、远程教育、网络视频广告等互联网信息服务领域。

1.3.3 微课的形式

基于数字技术的可视化元素可以使微课的呈现形式多姿多彩，如视频/动画、互动/课件、图文/H5等方式，既可以是专业影视级别的呈现，也可以是方便、快捷的图文传达。

在微课盛行之初，视频方式在电脑端最为流行，近来随着移动互联技术的发展，H5大有后来居上之势，其原因有二：一是视频拍摄和制作要求较高，不利于更多的人参与到微课的开发制作中来，即使使用简单的软件，视频的拍摄和剪辑制作也不是每个人都能轻松上手的；二是在实际移动学习过程中，学习者习惯在路上和休息时间观看，由于图文/H5方式的内容不需要太多的流量、不打扰影响其他人，因此比视频更加受欢迎。无论哪种形式的微课，在实际应用中都有各自适宜的场景和设计要求。

对于很多自助式简易微课视频，大部分是采用PPT录屏，或拍摄式录制的制作方法。在制作微课的过程中，需要注意的是，PPT录屏的微课常会忽略画面呈现的效果，或出现声画不同步等问题；而拍摄式录制的微课如果直接采用课堂实录的方法，如果没能有效地遵循微课设计原则，则这类呈现方式都不适合学习者自主学习。

微视频作为微课的核心载体，在制作微课的过程中需要备受关注，视频后期的编辑、加工、制作要能够为微视频提升呈现价值。拍摄式微课，一般常用于演示类微课，在后期画面美化时要注意添加关键步骤，标注容易出错的操作步骤等。PPT录屏时要做到画面的完整和准确，减少冗余信息的干扰，突出重点信息；美化画面，要遵循美学法则以及配色方案，在呈现过程中要注意停顿和留白的思考时间、声画同步等问题。

当然，如果微课美化工作过分追求可视化、动态化和趣味性，反而会将学习者的注意力从内容转移到呈现形式上，不仅偏离了学习目标，而且容易养成思维惰性、满足于短暂视觉快感和心理愉悦的不良学习习惯。特别要强调的是，画面美化加工要避免让视频看上去只是花哨，喧宾夺主，对视频画面进行设计是为了更好地呈现知识点和教学内容，吸引学习者的注意力，有效地引导学习。编辑过程中，需要注意技术使用的规范化和合理性。当段落文本需要逐行逐个出现、图表元素需要逐项分类显示、页面各对象需要按先后次序呈现、某个要点需要突出强调时，选用适宜的动画效果，正确、有效地表达。切忌不分对象、场合随意设置。动画应用不合时宜，反而会适得其反、画蛇添足。画面设计宜精不宜多，更要表达得恰如其分。

小结

微课视频使用视听语言，是将教学内容通过数码影像和声音元素的综合表现，形成视觉、听觉感官上的一种新的语言方式，可以更形象直观地表现教学主题、教学内容和教学过程。

数字技术带来的数码影像方式使得微课的呈现形式形象直观、丰富多彩，但是无论如何，微课的可视化形式一定是为微课的教学内容服务的，是为了更好地表达内容，突出重点，表明其内容的内在联系，多媒体技术的使用一定要直观达意，恰到好处，精益求精，避免过犹不及，适得其反。

第2章　微课的策划设计

教学策划是微课制作的灵魂，决定着最终微课视频的风格及内容。其内容包含微课的宗旨是什么，例如属于什么类型的微课；课程名称；片头、片尾使用什么手法来展现；应该使用什么风格的背景音乐等。

前期素材收集是指根据微课策划来收集所需要的素材，例如需要某些镜头的视频，就需要用数码摄像机或手机拍摄视频并采集到电脑上。其他素材如数码照片、从CD或网络上收集的音乐等。

视频教学的构思可以是多种多样的，不过首先可以确定的是，将要拍摄、制作的微课是何种类型，比如讲授类、问答类、启发类、讨论类、演示类、实验类、练习类、表演类、自主学习类、合作学习类、探究学习类等。目前大多数微课还是以讲授类为主，其次是实验类。按制作方法划分，通常有摄像机拍摄、数码相机拍摄、手机拍摄、录屏软件录制、可汗学院模式、用iPad录制、录播教室录制、摄像设备拍摄后编辑、运用Flash等专用软件制作等方法。

在教学设计中，首先要选择恰当的教学内容来适应微课视频传播方式。讲课是信息的传递，但又不是简单的传递，需要学习者准确地接受并掌握信息的意义，因此不得不讲究表达的艺术性。表达的艺术性体现在通俗、生动、形象、直观上。在微课里这不单是指语言的表达，还包括画面表达、形体动作、变化方式的表达等。

教学设计不仅重视教师的教，更重视学习者的学，使学习者学得更好，达到更好的教学效果是微课教学设计的指导思想。

微课看似简单，其实不易。制作一个好的微课，首先要满足以下4个原则。

1. 学术原则

学术原则指微课内容的科学性、准确性、学术性和真实性。微课的制作常常需要教师打破原有的知识结构和教学体系，重组教学内容，因此需要教师将教学内容烂熟于胸，信手拈来，有高度的知识驾驭能力。

微课是用来传播知识的，因此微课中的任何一点都必须严格遵循科学体系和教学要求，真实反映课程规律，内容既要碎片化又要系统化，知识点既相对独立又相互关联，真实、直接、明了，客观表达。

2. 技术原则

微课是利用网络多媒体技术展示和传播的，因此技术对于微课来说非常重要，恰当和充分地使用信息技术手段，是一个成功微课的重要基础。如何在很短的时间内将知识讲解清楚，这需要有非常娴熟的教学技巧，能够熟练运用各种教学工具与方法，掌握教学过程中的每一个环节。微课采用多媒体技术，使教学更具表现力，一个教学内容可以用多种方式去呈现，包括使用文字、表格、图片、声音、影像等多种可视化形式呈现信息，使用动画、转场等功能展示时间、位置、方向等要素，模拟变化过程，表达相互关系以及说明原理等。

3. 美学原则

在微课的视频教学中，采用视听结合的方式，所以对画面呈现的美观性和生动性要求比较高，任何可视化的构图首先要美，要"艺术"。换句话说，就是要具有视觉上的美感，使人看起来舒服，看起来好看。可视化的教学画面内容要符合视觉习惯和思维规律，镜头类型要符合微课视频主题和内容需要，视频技术要符合规范要求和表现。镜头的组接要符合组接原则，要合乎认知和思想逻辑，要遵循镜头调度的轴线规律。景别过渡要合理，光线、色调的过渡要自然等，都需要符合审美活动的习惯和原则。

同时，教学是一门艺术，如何讲好一堂课，如何体现知识的魅力，如何展示教师的风采，如何传播知识背后的文化，也都需要有较好的教学艺术。

4. 传播原则

教学活动本身即是知识传播的过程。微课教学是一种教育传播，按照一定的目的和要求，选定合适的信息内容，通过视频的方式，把知识、技能、思想、观念等传达给一定的教育对象，是一种教育者和被教育者之间的信息交流活动，需要有强大的教学设计符合视听语言传播原则。微课要在短时间内将内容传播给学习者，而且要能吸引和激发学习者的学习热情，因此必须有精心的教学设计，同时也要有教与学的心理学和传播学作指导。最关键的是要从学习者的角度去制作微课，要体现以学习者为本的教学思想。

总而言之，微课的教学设计要从教学目标制定、学习者分析、内容需求分析和教学媒体选择等方面进行综合考虑，这样才能完成微课教与学的目的。

2.1 教学设计

微课教学不同于传统的课堂教学，是基于视听语言的可视化教学方式。其教学系统是一个整体，要求教师立足于视频教学全过程，树立编导意识，对教学内容、传播手段、教学方法、教学活动分别进行分析处理，设计出最有效的视频教学方案，并实施在教学过程中。

教学设计强调的是在进行教学活动之前，根据教学目的的要求，运用系统方法，对参与教学活动的诸多要素所进行的一种分析和策划过程。简而言之，教学设计是对"教什么"和"如何教"的一种操作方案。

视频教学设计是传统教学设计的发展阶段，由于数码影像信息技术引发的教学环境、教学手段的变化，从而引起教学活动的变化，因此，视频教学既有传统教学设计的特点，也具备数码影像信息化教学的特征。微课的教学设计是由教师确定教学目标、教学内容，使用影像及可视化方式表达的教学方案。

2.1.1 确立教学目标

微课的规划是基于学习体系的严谨组合与实际应用的灵活应变，因此微课教学课题来自两个方面：一是自上而下从上层或整体出发的高屋建瓴；二是自下而上从底层或局部发起的零珠碎玉。二者相结合形成系统并且灵活的微课体系。

教学目标的规划和确认是微课教学的第一步，微课教学的核心是精准定位，这样的微课才能微而有效。微课聚焦定位的方法,可以从下面几个方面入手。

1. 聚焦知识点

应该选取教学内容中的重点、难点或易错点、关键点来制作微课,把提高和深化学习者对知识内容的掌握效果作为微课选题的首要目标。

2. 聚焦任务

微课的选题要与学科贴切,同时还要适合学习者的兴趣点和认知需求。微课对应着具体工作任务和场景,具体的任务和场景对应清晰的学习目标和内容。为了贴近生活,也可以选择和时代主题相呼应、和生活趣事甚至是网络热门话题相关联的题材,作为微课故事的内容载体。

3. 聚焦问题

聚焦问题指的是在完成该任务时遇到的常见问题和错误,针对这些问题的处理方法和步骤。不同步骤的划分意味着不同解决问题的方法,因为单个步骤往往比整个问题解决起来要简单很多。

4. 聚焦选题

微课的特点是短、小、精、悍。想要在一个较短的时长内讲清楚知识点,就必须聚焦选题。要尽量把选题聚焦到一个或几个知识点或技能点之内,切忌在微课中包含过多的内容。

另外,所谓独木不成林,系列化的微课更能够系统详细地讲好讲全知识内容。因此,在讲解具有系统逻辑知识架构的大教学内容时,可以选择拆分板块的方式,将一个完整的教学内容分解细化为数个知识点,并以此来制作系列微课。

界定了微课目标,也就为微课的制作指明了方向。下面就要划分、选择相应的教学内容。

2.1.2 选择教学内容

教学内容的划分和选择,与学习者的分析密切相关,不仅要考虑教师如何教授这些内容,更要考虑学习者怎样学习这些内容。在教学内容的分析和选择中,需要解决教师"教什么",学习者"学什么"的问题。

微课体现着分而治之的思想,通过找到微课目标的"划分方法",将大的问题划分为若干小问题,而小问题本身是易于解决的。将大目标划分为若干小目标,同样,小目标是易于实现的。

微课之微在于精心雕琢,浓缩精华。将学习内容聚焦主题,精炼为易学习、易记忆的部分,可以分为以下4个步骤完成。

1. 分解

分解内容需要遵循知识体系和学习逻辑,将其中能够独立的内容分解出来,分解之后的内容要延续知识体系清晰的主线和脉络,如同树干上衍生的枝叶,承担各自的职责,而又与主体密不可分。

在内容分割上,应尽量将课程分割成微小的知识点,每一知识点要能独立表达单一、完整的知识内容。

2. 分类

内容划分后,要选定一定维度对素材进行分类,这些碎片化的知识点并非是繁乱无序的,要选择一条主线将所有素材连接起来，要考虑各知识点之间的逻辑关系，这条主线可以是流程、工具、类别，也可以是步骤，但不能是多种分类的交叉，要兼顾教学内容的系统性和完整性。

3. 提炼

微课体量小，内容紧凑，多以一维结构为主，即一级目录下直接为内容要点，在教学内容的选择上应该关注学习者的真正需求，剔除不符合要求的素材，选择必须要涵盖的内容，能够帮助学习者解决生活中碰到的实际问题，这样容易激发和保持学习者的兴趣。

4. 提要

设计帮助学习者有效记忆学习要点的线索，在内容选择上主题鲜明，突出重点、难点，能够帮助学习者串联并记忆学习要点。

总而言之，微课教学设计课程内容呈现简洁化、可视化，在设计课程内容呈现时，遵循认知负荷理论，以降低学习者内在认知负荷，促进学习者有效学习。应减少显示内容中无关信息的出现；聚焦重点、突出关键内容；将抽象内容图形化；在关键内容展示时做出标记或者文字提醒等。

2.1.3 构建教学模式

学习者特征的分析明确了教学的起点，教学目标的分析明确了教学的终点，如何教与学就是选择恰当的教学模式与教学策略的问题，也是核心问题。

教学模式是在一定的教育思想、教学理论和学习理论指导下，为完成特定的教学目标和内容而围绕某一主题形成的比较稳定且简明的教学进程结构及其具体可操作的教学活动方式。不同类型的微课所能达到的教学效果各有不同。可以根据教学目标和教学内容的不同，选择用不同类型的微课，来教授相应的知识、解答问题、训练技能。

1. 教学内容情境化

在微课中，教师可以有目的地引入或创设具有一定情绪色彩的、以形象为主体的生动场景，引起学习者的态度体验和情境共鸣，从而帮助学习者理解教学内容。在微课当中构建学习情境，给学习者搭建学习构架显得尤为重要。

2. 教学重点问题化

教师可以尝试将教学目标中的重点和难点转化成为问题的形式来呈现，问题是通向理解之门的关键，一个好的问题可以引发学习者的主动思考和积极探索。以问题导学、释疑解惑的方式来串联微课内容。

3. 教学活动任务化

在微课当中把知识技能讲通透固然重要，但是如果能让学习者看完微课之后主动学习和探究，这才是活学活用、深度学习的关键。一节微课的影响力，不仅在于短短几分钟的课上学习，还体现在学习者学完微课之后的行为反应。因此，一节好的微课可以搭配学习任务单，让学习者带着任务去学习微课。

无论是哪种类型的微课，其导入方式的选择直接影响微课教学设计的效果。

2.1.4 甄选导入方式

教学始于导入，微课导入是指教师根据课程教学内容的特点、目标和教学方式，利用各种方法导入新课内容来激发学习者的学习意识，以此引出学习者对新知识、新技能产生浓厚的学习兴趣。微课导入以其导入的多样性来激发学习者的认知兴趣，提升教学效果。

1. 导入的内涵

微课好不好，导入很重要。教学导入，是指在课堂开始的前几分钟，师生围绕着教学内容共同展开的教学活动。它是一堂课的开场白，精彩的课堂导入能使学习者快速地进入学习状态，提升教与学的效果。导入是教学的前奏、序曲和铺垫。好的教学导入，是一把开启学习者学习兴趣大门的金钥匙。导入是教学设计中一个非常关键的环节。

2. 导入的特点

好的开始是成功的一半。确定导入类型，是微课导入设计的基础。在设计微课导入的过程中，对于不同的教材和教学内容，应采用不同的导入方式。即使是同一教材、同一教学内容，也可以结合不同导入方式的特点，设计不同的导入方式。

（1）趣味性：兴趣是最好的教师。导入在于激发学习者的学习欲望，产生学习的内动力。在导入时，教师应以学习者的兴趣方向为切入点，同时辅以教师的自身魅力，使导入有趣味、有悬念，将导入的趣味性发挥到极致。

（2）针对性：导入不仅要引起兴趣，更要有目的性地引起强烈的兴趣，为聚焦教学目标服务。所以，导入内容要根据教学内容、教学目标定制，要与教学目的密切关联，针对不同学科选取合适的导入方法，也应考虑不同年龄阶段学习者的心理特征、知识能力基础、兴趣爱好的差异程度进而设计内容。有针对性的导入，才能配合教学内容，才能满足教学实际操作的需求。

（3）实效性：导入要注重以实用为导向，能切实为教学环节起到良好导入的作用。所以，在导入方法的选择、微课内容的设计上，应更加注重教学重点难点的铺设，在吸引学习者对教学内容的关注时，潜移默化地融入教学重点、难点，确保能够有效开展教学。

（4）精练性：导入并非教学的重头戏，导入环节不宜太长，应简洁精练，不宜喧宾夺主。这个特点与微课的本质特征"短、小、精、悍"也相符合。

3. 导入的方法

同一个教学内容，不同教师有不同的教学方法。同理，如何开始微课，也有着多样化的导入方法。以下是在微课中常见的导入方法。

（1）情境导入：学习者在课堂教学的开始，就置身于某种具体的、生动的、与课堂教学内容相关的情境之中。情境导入法的主要特点是情境性，教师通过文字、图片、音频、动画、视频等创设情境，使学习者能根据情境展开丰富的联想，唤醒学习者的情感和体验，快速进入学习状态。

（2）衔接导入：教师以提问、复习、做练习等形式进行新旧知识的衔接，叫作衔接导入。其主要特点是衔接性，教师需要根据教学知识的内部关联逻辑，对新旧知识进行梳理，明确学习者旧知识与新知识的衔接方式。

（3）问题导入：教师提出悬念性的问题，激起学习者的好奇心，使课堂顺势进行。国际课程教学专家格兰特·威金斯说："明确问题，可以使学习活动的组织超越那种时时存在的随意性。"问题导入法的主要特点是悬念性，教师在抛给学习者一个有价值的悬念后，引导学习者寻找答案，让学习者步步紧随，保持学习者的专注力。

（4）实验导入：通过直观的实验教学来导入新知识，引起学习者的兴趣。实验导入法的主要特点是直观性，教师基于教学内容的科学原理，展示实验现象来吸引学习者，引发学习者的兴趣与探究欲。

（5）事例导入：利用常见、经典的事例来导入，通过对案例的分析、对比、总结，让学习者达到触类旁通的效果。这种课堂导入方式的主要特点是代表性、迁移性。

（6）经验导入：利用学习者已有的生活经验和素材进行教学导入，加深学习者理解。这种导入的主要特点是共鸣性，教师需要找到贴切、符合课堂教学需求的生活经验进行导入，这样学习者才能够快速产生共鸣。

在设计微课导入的过程中，可以结合使用多种方法以实现导入的趣味、实效、精练、有针对性的作用。结合学科特点、教学内容以及学习者特征来构思，选取最合适的导入方法。正所谓"取长补短"，有效合理地运用多种方法和技巧，全方位地调动学习者的学习热情，然后结合教学内容进行不同的导入设计，才是导入设计的重点内容。

无论哪种类型的微课，选择何种导入方式，均可以采用不同的表现形式来展现微课内容。教学过程可视化，化抽象为具体是学习和记忆最有效的方法。思维导图运用图文并重的技巧，协助学习者在科学与艺术、逻辑与想象之间平衡发展，其工具简单却又极其有效，可直观地表达教学过程。

2.1.5 设计教学过程

为微课设计教学过程，可以使用流程图的形式，简明扼要地表达各要素之间的相互关系，直观地表示教学过程，微课的教学过程设计可以采用思维导图的方式来实现。

思维可视化方法Thinking Map，是美国著名思维教育专家David Hyerle博士在1988年提出的促进学习的视觉语言，中文可译为"思维导图"。它包括8种具有特定形式和用途的思维可视化工具，如图2-1所示，通过这些工具可以将隐形的思维显性化，从而有效建构知识，发散思维，提高学习力。

微课的教学设计就是一种思维模式，也是一种心智思考的过程，思维导图是将心智思维图形化的一种解决方案。

思维导图的每一种图示都对应着一种具体的思维技巧，如图2-1所示。圆圈图用来做头脑风暴从而获得整体感，树状图用来分类，气泡图用来对事物进行描述，双气泡图用来比较和对比，括号图用来表示整体和部分的关系，流程图用来对信息进行排序，复流程图用于表示和分析因果关系，桥状图用来表示类比关系。

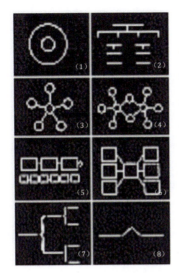

(1)圆圈图（Circle Map）
(2)树状图（Tree Map）
(3)气泡图（Bubble Map）
(4)双气泡图（Double Bubble Map）
(5)流程图（Flow Map）
(6)复流程图（Multi-Flow Map）
(7)括号图（Brace Map）
(8)桥状图（Bridge Map）

图2-1　思维导图图示

（1）圆圈图：定义一件事。

圆圈图主要用于把一个主题展开，联想或描述细节。它有两个圆圈，里面的小圈是主题，而外面的大圈里放的是和这个主题有关的细节或特征。其基本形状如图2-2所示。

（2）树状图：分类和归纳。

树状图主要用于分组或分类。例如：主题，一级类别，二级类别，等等。可以用这种图来整理归纳一些知识。其基本形状如图2-3所示。

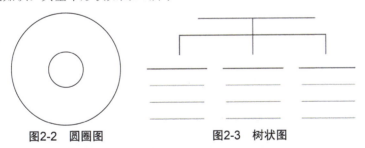

图2-2　圆圈图　　　　图2-3　树状图

（3）气泡图：描述事物性质和特征。

圆圈图强调的是一个概念的具体展开，而气泡图则更加侧重于对一个概念的特征描述。最基本的气泡图如图2-4所示。

（4）双气泡图：比较和对照。

气泡图还有一个"升级版"，叫双气泡图（Double Bubble Map），这也是一个分析"神器"，它的妙处在于，可以对两个事物进行比较和对照，找到它们的差别和共同点。其基本形状如图2-5所示。

（5）流程图：表达顺序。

可以用流程图从先后顺序的角度去分析事物的发展、内在逻辑。其基本形状如图2-6所示。

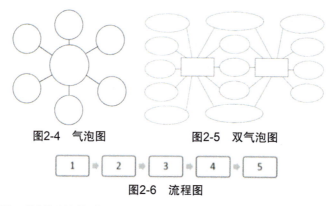

图2-4　气泡图　　　　　图2-5　双气泡图

图2-6　流程图

（6）复流程图：分析因果关系。

复流程图也称因果关系图，用来分析一个事件产生的原因，以及它导致的结果。当中是主事件，左边是事件产生的多种原因，右边是事件导致的多个结果。其基本图形如图2-7所示。

（7）括号图：整体和局部的关系。

这种图平时用得很多，用于分析整体与局部的关系。其基本形状如图2-8所示。

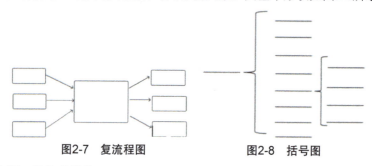

图2-7　复流程图　　　　　图2-8　括号图

（8）桥状图：类比或类推。

这是一种主要用来进行类比和类推的图。在桥形横线的上面和下面写下具有相关性的一组事物，然后按照这种相关性，列出更多具有类似相关性的事物。其基本形状如图2-9所示。

例如，慕课、微课、翻转课堂的比较如图2-10所示。

图2-9　桥状图　　图2-10　慕课、微课、翻转课堂比较图

虽然这些图的基本形式和应用都很简单，但要花很多时间去深入理解和使用这些图。因为图是简单的，但理清思维并不简单。随着思维越来越严密，图也会变得越来越复杂，应用起来也有无穷变幻。

思维导图是一种将放射性思考具体化的方法。放射性思考是人类大脑的自然思考方式，每一种进入大脑的资料，不论是感觉、记忆或是想法，包括文字、数字、符码、香气、食物、线条、颜色、意象、节奏、音符等，都可以成为一个思考中心，并由此中心向外发散出成千上万的关节点，每一个关节点代表与中心主题的一个连接，呈现出放射性的立体结构，而这些关节的连接可以被视为人的记忆。

思维导图是表达发射性思维的图形思维工具，如图2-11所示，简单却又极其有效。思维导图运用图文并重的技巧，把各级主题的关系用相互隶属与相关的层级图表现出来，把主题关键词与图像、颜色等建立记忆链接。思维导图具有人类思维的强大功能。

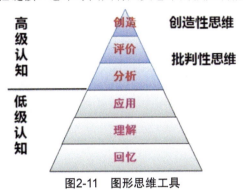

图2-11　图形思维工具

2.1.6　教案要点图设计

要点图最直接的作用就是把知识、逻辑、思维视觉化地呈现出来。

要点图，通常由各种图形和要点组成。利用"要点图"，可以帮助理解复杂的概念、梳理思维和流程、遵守规则和约定等。

"要点+图形"是要点图的展现方式。任何和学习有关的概念、方法、问题，都可以画成要点图。

要点图的内容五花八门，比如，除了学科知识汇总、逻辑思维训练、写作阅读技巧等，还涉及日常生活中的时间安排、家庭公约、金钱概念等。

要点图最大的特点在于既丰富有趣又一目了然，把复杂的事物结构化、形象化，增加了学习知识的兴趣和遵守规则的意愿。根据学习者的年龄增长，也可以适当地减少图画的部分，增加文字记录的要点。这个过程，还可以训练学习者记录笔记的习惯。

在日常的工作和生活中，通常会发现这种要点图无处不在，大家都喜欢在黑板或白纸上画画要点图，把信息图表化、形象化、要点化。可视化的好处，就在于一目了然，能帮助听众快速梳理思维，领略重点。

下面是几个常见的要点图应用例子，用图画和要点来梳理思维。绘图的过程也能够帮助人们对内容记得更牢固，理解更透彻。

1. 规范行为

对于年纪比较小的孩子，家长们常常很苦恼如何给孩子树立规矩，如何培养他们良好的行为习惯。有时候道理说了很多遍孩子好像总是记不住。但是结合要点图，会让烦琐的规矩也生动起来。

很多家长觉得孩子自己读书的时候很难静下来，不如和他一起画这样的一张要点图，自己读书意味着：选对书、找个安静的地方、不要挪动、不要打断、低声朗读、要有毅力、享受阅读内容，如图2-12所示。

（a） （b）

图2-12 自己读书要点图

2. 学习语言

要点图是很好的学习工具、记忆工具，比如，如图2-13所示这张学英文名词复数表达方式的要点图，一下子把听起来很乱很难记的概念表达得一清二楚。

 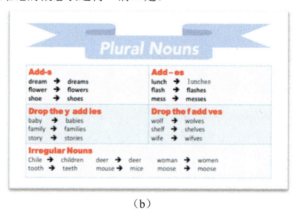

（a） （b）

图2-13 英文名词复数要点图

3. 深入阅读

如果要有意识地培养阅读习惯，恰当地使用要点图，可以很好地帮助提高阅读技巧，发展思维。

比如如图2-14所示阅读的几个层面，这样的阶梯图和简笔画能一目了然地提醒孩子眼、脑、手并用。不仅要眼睛阅读文章，脑袋也要去思考，探索书本的逻辑推理、相互关联等各种问题。同时，还可以用横线、图示等标记出重点，写下自己的思考和感悟等。

4. 学习数学

学数学、科学这些相对比较抽象的知识，尤其需要借助要点图帮助理解概念。刚开始学数学的孩子学习减法

图2-14 阅读层面要点图

时，可这样用要点图总结一下，如图2-15所示。

5. 认识概念

怎样讲解一个人的外在和内在特性呢？如图2-16 所示这样的图，是不是很形象？我们可以看到一个人的外在，但是要理解一个人的内在特性，需要观察他的行为，听懂他的话，明白他的想法，理解他的感情……

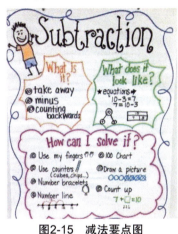 

图2-15　减法要点图　　　图2-16　人的外在和内在要点图

这样看来，要点图的用途的确很多，在微课教学设计的过程中，使用这样的要点图不仅能帮助学习者复习知识、掌握抽象概念，也可以帮助教师理清思路、掌握要点。要点图让学习者的头脑里既有生动的形象，又有清晰的结构和条理。

小结

最后强调在教学设计确定教学内容时，第一是明确要传递的信息，第二是挖掘、提炼信息中的重点和联系。相对于传统教学方式，微课采用数码影像技术具有丰富的表现力，可以采用不同的媒体表现形式来展现微课内容。教学媒体的多样化，使得一个微课的教学内容使用什么样的方式进行呈现，需要进一步的分析和研究。

2.2　教学媒体设计

教学媒体设计是由教学助理或相关人员落实教学设计中教学内容的媒体呈现方式，根据可视化教学内容制定教学课件脚本。

微课教学目标中的每个知识点，都有具体的教学目标，为达到不同的教学目标，常需要使用不同的媒体元素去传递教学信息，并按照一定规则的形式呈现。

世界万物都是有形式的，但它们的形式不一定都是美的形式，美的形式是对人具有审美价值的事物特有的。而具有审美价值的事物一定是具有感性形式的。某种形式被人们认定为是美的形式，是人们在实践中逐步认识、体会和把握的，也就是伴随目的与过程统一形式的自由感。形式美的独立则是这种自由感逐渐强化而导致人类审美活动和其他活动分离的产物。

美的形式是指能带给人们审美愉快的物质活动与精神活动及其产品的感性形式，从美的形式到形式美。美的形式包括内形式和外形式，强调的是与内容的联系，也就是说，美的形式不能离开内容而独立存在。但是在发展过程中，形式感进一步被抽象出来，并且脱离内容而具有独立的审美意义，这就形成了形式美。形式美可以看作相对独立于内容的美的外形式。

人们在社会生活和生产中按照"美的规律"来塑造物体、作品，说明美的规律已经成为人的一种内在尺度。当人们具有这种内在尺度后，就不仅在生产中按照"美的规律"去塑造对象，也会把它运用到其他方面，如艺术创造。而且，人们会把它作为一种评价标准，用来衡量世界上的一切具有形式、形象的东西。形式美就是这样形成的。形式美包括以下两个方面。

其一是指各种形式因素，它们是一种感性存在，是一种自然形态，能直接作用于人的各种感觉器官，引起人们不同的心理反应。对应于人的各种感觉器官，作用于人的视觉器官的形式因素是色与形，作用于人的听觉器官的形式因素是声音，作用于人的触觉器官的形式因素主要是材质，作用于人的味觉器官与嗅觉器官的形式因素则是味道和气味。而作为形式美的构成要素，是指那些能引起人们的喜爱与好感的形式因素。

其二是指在长期的审美活动中，人们从形式因素的各种组合中提炼、概括出了能引起人的普遍的审美愉快的形式规律，并称之为形式美法则。形式美法则主要有对称与均衡、比例与尺度、节奏与韵律、多样与统一等。

2.2.1 教学媒体形式

用于微课教学的媒体种类有很多，包括文本、图片、声音、动画、视频等多种媒体形式。依据教学内容，各类微课性质的不同，适用的教学媒体会有所区别，内容决定着微课的性质，也决定着微课的形式，形式是内容的存在方式，为内容服务。但形式又有独立性，能反作用于内容。实际上，形式和内容是互相独立又相互依存的，二者的关系是对立统一的关系。

微课的媒体形式要为教学内容服务，也就是说，微课的呈现形式既要满足教学信息传递的需要，也要符合学习者的学习习惯和审美爱好。没有一种能对所有教学情境都适用的教学媒体，所以要考虑所选用的教学媒体呈现形式的功效。

（1）要有真实感和现场感，让学习者感到是真的教师（不是软件工具）在对他讲课、与他交流。讲课语气及目光交流的真实感、手把手真实的操作演示等，可使学习者犹如身临其境，克服独自学习的孤独感。

（2）使用文字、录屏与人像穿插，重要概念、语法、程序全屏出文，实际操作录屏，开始导语和展开讲解出人像。各部分要设计好穿插切换，每种形式时间都不能太长，否则会引起学习者疲劳。

（3）视频界面要能够适当地个性化定制，美观、久看不厌。设计微课时应该注重整合文本、图片、声音、动画、视频等多种媒体，依据学习内容呈现的需要，设计和选择合适的媒体。没有最好的媒体，只有最合适的媒体。

总之，微课中教学内容的呈现方式有很多种媒体元素，包括使用文本、图片、声音、动画、视频等多种媒体，各种教学媒体都有各自的优点，也有各自的局限性，没有一种可以适合所有教学情况的"超级媒体"。各种教学媒体的有机组合将会扬长避短、优势互补，取得整体优化的教学效果。但是，媒体的组合要以取得最佳的教学效果为出发点，而不只是形式上的相加。这样一来，不仅要选择教学媒体，还要具体设计教学媒体。教学媒体的设计是根据教学的实际需要和具体要求，将教学内容与方法转换为视听等具体详细、具有可操作性的实施方案，以把学习内容充分展示给学习者，使学习者花费最少的时间，投入最少的精力，用最简捷的方式，获得最大的学习效果。同时，按照形式美法则，包括对称与均衡、比例与尺度、节奏与韵律、多样与统一等，呈现学习内容，形成微课课件脚本。

2.2.2 教学媒体——文字

文字是符号，其本身具有着图的含义，文字不仅可以用来表意、交流、阅读，也可以用来欣赏。由于地区、国家与民族不同，人们用以交流的文字符号也不尽相同，其中我们常用与常见的文字符号包括汉字与拉丁文，称为常见文字的两大类型。

文字涉及字体、格式、大小、颜色等，文字可以准确、有效地传播教学内容，如图2-17所示，因此在微课中主要用于基本概念、定义、原理的阐述。

图2-17　文字及其格式

1. 字体

文字具有可书写的特性，同一类文字可以有不同的造型，也就是文字的字体。字体可以有多种，但文字的结构不会发生本质的变化。虽然汉字的结构是固定不变的，其方块字的特点也给人留下了平稳与均匀的总体印象，而汉字也拥有种类繁多的字体类型，在其结构平稳的大体印象之上，其造型微妙的变化，也会给人带来更为丰富的情感体验。比如黑体，其造型：笔画匀称、粗壮；性格：大气稳健；情感体验：稳重端庄。采用同样的方法，了解和感受不同字体的性格，在不同的画面中更好地运用不同的字体，可增强画面中各元素的联系性，满足主题的需要。

2. 字号

文字不仅具备字体的属性，也具备大小的属性，称为"字号"。给画面选择了合适的字体，如若没有合理安排字号，同样会使画面出现失去主次、缺乏亮点等问题。

统一的字号使画面整洁干净，在画面中，选择好适当的文字字体后，字号的选择也关系着画面中内容的表达，合理安排画面中各个部分文字的字号，能使得画面在区分不同部分的同时，形成相对统一与协调的效应。

统一的字号能使画面中有相同表现内容、分布却相对分散的版块更具凝聚力。除此之外，即使字体不相同，统一的字号同样也能增强画面的整体感。

通过改变字号的大小，文字间在统一中又有了对比与变化，文字的大小在转变中，构成了一定的形式感，丰富了画面的组合层次感。

3. 字距

文字的间距有疏密之分，同时字与字之间存在间距，单词与单词之间存在间距，行与行之间也存在间距，将其分别称为字间距与行间距。

文字间距的形式与印象，无论是字间距还是行间距，都存在疏密之分，在对画面进行设计时，可以随意对文字等元素进行间距的调整。在文字与文字的组合间，可以将间距分为三种形式：节奏间距、构成间距与画面间距。

对于文字的字间距与行间距而言，大的间距，会使文字具有透气感，显得较为轻松，但过疏的间距则会影响文字的表意性。间距越小，随着文字之间的靠近，文字会显得更加流畅，表意的力度也会更加强烈，然而过密的间距也会使人在阅读时，显得过于紧张，从而产生阅读压力。

4. 颜色

文字的颜色作为文字的另一属性，也影响着画面中文字带来的视觉感受及文字的表意性。

选择画面中文字的颜色很简单，在设计好画面后，有时只需要在软件中使用"吸管工具"提取画面中元素的颜色作为文字颜色，不仅解决了字体颜色的问题，还能使画面中的元素的色彩统一。需要注意文字颜色与背景颜色的对比关系，能突出文字即可。

2.2.3 教学媒体——图片

图片可以生动、直观地表现教学内容，因此在微课中往往用于直观形象的概念、事实性内容的形象概括、过程控制描述等。图片可以用图像处理软件制作，也可以通过扫描仪、数码相机等输入设备获得。

对于图像而言，可以对它们进行适当的剪裁，从而更好地突出图片信息，结合版面内容，让画面更具形象表现力。

常规剪裁就是横幅与竖幅剪裁，剪裁完毕后的图片的轮廓呈矩形或方形，为了让裁剪后的图片更具表现力且突出重点，可以利用画面构图的方法去归类常规剪裁方法。对图片进行剪裁的目的是美化图片的构图，让图片中的主体元素位于视觉焦点之上，从而显得更加突出。

1. 九宫格剪裁法

第一步：建立相对标准的三等分网格，也就是九宫格，如图2-18所示。

第二步：确定图片中的主体元素，将需要剪裁的部分放置在网格中，并让主体元素图片位于九宫格的任意交叉点上，如图2-19所示。

第三步：确定剪裁区域，完成剪裁，这样的图片便拥有九宫格构图形式，如图2-20所示。

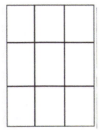  

图2-18 九宫格　　　　　图2-19 主体元素位于交叉点上　　　　　图2-20 九宫格构图形式

需要注意，九宫格网格的大小及横竖构图，可以根据实际需要进行相应的调节，这一点适用于其他剪裁方法。

2. 中心剪裁法

将图片的主体直接放置在画面中心，让图片的重心集中在了画面的中心，正因如此，中心剪裁法使图片给观赏者留下四平八稳与坚固的印象。

第一步：确定剪裁的形状后，建立交叉辅助线，其交点便是重心点，如图2-21所示。

第二步：确定主题元素后，将需要剪裁的部分放置在网格中，并让主体元素位于中心点上，如图2-22所示。

第三步：完成剪裁，这样剪裁后，主体元素被放置在了画面的中心，如图2-23所示。中心剪裁法使图片具有四平八稳与坚固的特征。

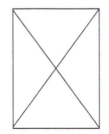  

图2-21 中心交叉重心　　　　图2-22 主体元素位于中心交叉点　　　　图2-23 中心交叉点构图

3. 对角剪裁法

与中心剪裁法相似，对角剪裁法也同样通过对角线交叉来确定主题位置，但其形式更为多变，主体元素的位置也因此更为灵活。

第一步：确定剪裁的形状，建立对角线交叉辅助线，如图2-24所示。

第二步：确定主体元素，并将其要剪裁的部分放置在网格中，将主体元素放在任意交叉点上，如图2-25所示。

第三步：确定剪裁区域，完成剪裁，主体元素便被放置在了对角线交点上，如图2-26所示。

4. 黄金比例剪裁法

古希腊的艺术及建筑在进行条区块分割时，发现了优雅的经典比例为1∶1.62或2∶3，被后人称为黄金分割比例。将画面分成三等份，将画面主体的位置摆在画面的1/3或2/3比例处，可以营造出一定的视觉张力，让画面更为平衡与协调。

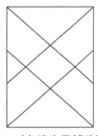  

图2-24 对角线交叉辅助线　　图2-25 主体元素位于交叉点上　　图2-26 对角线构图

黄金比例剪裁法与九宫格剪裁法相似，只不过九宫格剪裁法所使用的网格辅助线为等比分割，而黄金比例的网格辅助线是按照1∶0.618的比例来分割的，这种比例被认为是最具美感的比例，使用黄金比例剪裁图片的步骤与其他剪裁法一致，如图2-27所示。

第一步：按照黄金分割比例建立网格。

第二步：确定主体元素，将需要剪裁的部分放置在网格中，根据图片需要确定主体所处的交点位置，如图2-28所示。

第三步：确定剪裁区域，完成剪裁，需要注意剪裁后的图片能够突出一定的画面感，如图2-29 所示。

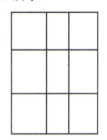  

图2-27 黄金分割线　　图2-28 主体位于黄金分割位置　　图2-29 黄金分割构图

画面上方没有过多的内容，没有保留的价值，因此最好将主体蝴蝶放置在上方的交点处，以展示图片中的花丛，让画面更有意境。

黄金螺旋线也属于黄金分割的一种形式，也可以将主体元素放置在黄金螺旋线的中心位置，对图片进行剪裁，也能得到具有美感的图片构图，如图2-30所示。

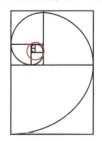 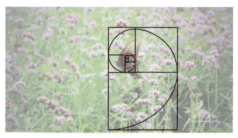

图2-30 黄金螺旋线

2.2.4 教学媒体——图表

图表是一种能直观快速说明问题的表现方法，不仅能够让画面的表现形式更加丰富，同时传递信息的方式也更为生动,如图2-31所示。

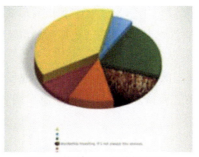

画面主体采用了立体柱状图　　　　画面主体采用了立体饼状图

图2-31　画面中的图表

这两个画面体现了图表在画面中的运用。

1. 图表定义

就图表本身而言,是对数据进行收集后,更为直观且具有分析对比性质的一种表现手法。它不仅是将抽象的数据可视化,一些画面利用图表方式来表达,或是在画面中穿插一些图表,能够让画面中的信息更为直观且不失装饰美观性,能使人轻松地进行阅读。

2. 图表的类型

当多种多样的图表被运用在画面设计之后,称它们为图表的表现形式,也可以说图表类型是画面中图表的一种表现形式。要运用好图表的表现形式,首先要了解图表的类型,如图2-32所示。

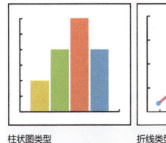
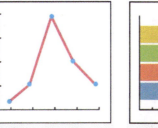

柱状图类型　　　折线类型　　　条状图类型　　　饼状图类型

图2-32　图表的类型

上面4种类型为图表的基本类型,除此之外,对图表进行稍微的改变,还可以得到如图2-33所示的图表类型。

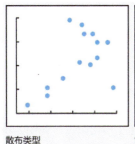
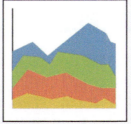
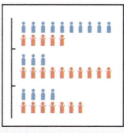

散布类型　　　雷达图类型　　　阶层图类型　　　插图组合类型

图2-33　其他图表类型

3. 图表表现力

如果想让运用了图表的画面显得更为灵活与多变，还可以继续对图表中的元素进行改进，让其更具丰富的表现力，让图表更精致，也让画面更具吸引力。

1）让图表立体化

不难发现，前文所提到的图表类型都是原始与平面的图表形式，有时我们可以采用立体化的手法，让图表变得更有质量与厚重感。图表在三维立体的表现中也会显得更加精细化，如图2-34所示。

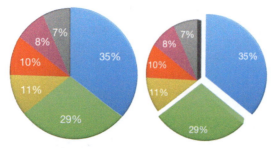

图2-34　图表立体化

2）将图表"堆积"起来

简单的图表只能表现某些数据或数据的某个方面，而通常会利用堆积的方式去表现一些具有更多意义的数据，这样的处理方式也能让图表的表现意义与形式更加丰富，如图2-35所示。

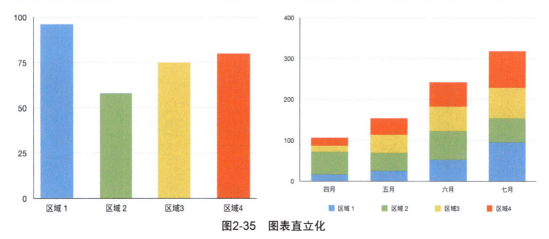

图2-35　图表直立化

2.2.5 教学媒体——表格

除了上文中提到的图表以外，表格也是读图时代的必需品。表格与图表相似，都是将一些繁复的数据或表述进行归纳总结后，利用更为直观的方式对它们进行表现的手法。表格的表现形式让信息更为直观与一目了然，通过这样的手法让阅读更为轻松。然而，表格虽然有不同的表现形式，但其始终受限于"表格"的形式之中，其类型的丰富程度不如图表，如图2-36所示。

课程	IWORK	ILIFE	OFFICE
在校生	100	50	200
成人班	200	100	5000
行业班	150	100	300
总人数	450	250	5500

图2-36 表格形式

1. 表格的常见类型

（1）挂线表，如图2-37所示。

（2）无线表，如图2-38所示。

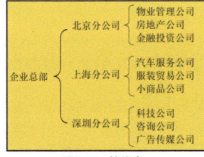

图2-37 挂线表

项目	每 100mL	NRV%
能量	200kJ	2%
蛋白质	1.0g	2%
脂肪	1.3g	2%
碳水化合物	63.4g	21%
钠	168mg	8%
脂肪酸	0g	0%

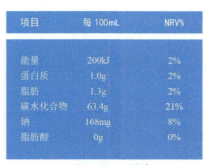

图2-38 无线表

2. 表格表现力

为了使表格更具表现力，可以适当地调整表格的颜色、表格中字符的大小与颜色，以及表格的线段颜色、样式与粗细。然而不当的搭配只会让表格显得花哨与令人无法理解，如图2-39所示。

汽车类型	价格	轴距	座位数	车门
手动舒适	6.98万	2 580	5	4
手动豪华	7.78万	2 580	5	4

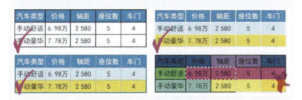

图2-39 表格表现力

当图表与表格被运用于画面设计之中时，便会形成图表的表现手法，这种表现手法能让画面拥有更加灵活的叙述方式，让信息展现形式更加有趣和直观，同时由于它们本身所具有的造型与形式感，也能使画面看上去更美观。

> **提示**
> （1）过多的颜色装饰会让图表显得花哨。
> 使用颜色装点表格能让表格看起来更具表现力，然而过多的颜色且不根据表格内容与分类添加色块，只会让表格显得花哨与杂乱。
> （2）表格装饰线过于死板。
> 除了使用颜色装饰表格之外，改变表格的描边也可以丰富表格的表现形式，一味地使用实底线会让表格显得死板，运用到画面设计后，也缺少丰富的形式感。

2.2.6 教学媒体——色彩

五彩缤纷的世界中所有的颜色都是红、黄、青三种颜色按比例配合而产生的。因此，红、黄、蓝被称为三原色。色彩能引起人的各种心理效应，色彩的感受是一般美感中最大众化的形式。色彩搭配和谐的画面，赏心悦目且易于学习者接受。

在这个世界上，当可见光遇到物体时，物体会吸收大部分光线，它们没有吸收的部分会反射进入我们的眼睛，这就是颜色。在显示器上，光的颜色不是反射来的，它们会直接进入我们的眼睛。

为了研究与应用色彩，人们将千变万化的色彩按照它们各自的特性，依照一定的规律秩序排列，并加以命名，称之为色彩的体系。

色彩原理可以很深入复杂，在这里介绍的色轮知识，可以帮助微课设计时对颜色的使用。

（1）色轮，将色彩组织化，能以更精确的方法去理解色彩。

①三原色。色轮的基础是黄、红、蓝三种颜色。称为三原色，因为无法通过混合其他颜色来得到纯黄、纯红或纯蓝色，是唯一一组无法创建的颜色。在色轮上按均匀的间隔放置三原色，如图2-40所示。

②三间色。分别将色轮上相邻的颜色等量地混合，就会得到三间色。黄色加蓝色可以变成绿色，蓝色加红色可以得到紫色，而红色和黄色混合就得到了橙色。在三原色之间放上三间色，如图2-41所示。

③第三色。要把色轮中的空白填满，现在应该知道怎么做了，只需要将空白两边的颜色按等量混合，得到的这些颜色称为第三色。用第三色填满所有的空白，就构成了色轮，如图2-42所示。

也就是说，黄色加橙色可以得到橙黄色，蓝色和绿色可以混合成蓝绿色（或称为水绿色）。

现在已经有了一个由12种基本颜色构成的色轮，利用这个色轮可以创建彼此非常协调的颜色组合。

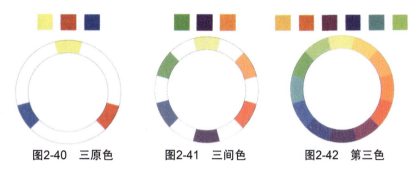

图2-40　三原色　　　　图2-41　三间色　　　　图2-42　第三色

（2）配色，可以在其中找出多种配色变化。

① 类比配色。类比配色的概念很接近调和色的概念，在色相环中找到邻近的色彩作为配色的基础，会产生令人感觉愉悦、低对比的和谐感，如图2-43所示。

② 对比配色。在色相环中位置处在对面的色彩组合称为对比配色，或称为互补色。互补配色容易表现出力量感，让人感觉具有活力。通常在互补色的配色应用上不会采取等量比例，例如，一片绿中点缀一点点儿红色会让整个画面更有力量，如图2-44所示。

③ 单色调配色。具有明度变化的色彩体系可以取出的单色色调配色，与调和色及类比配色不同，单色色调配色容易带给人精致、阶调感，如图2-45所示。由于缺乏色相的变化，因此很少被单独使用。

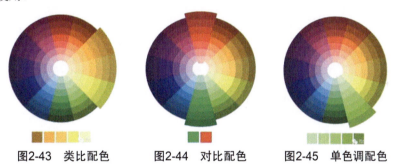

图2-43　类比配色　　　　图2-44　对比配色　　　　图2-45　单色调配色

色彩的配色上没有一定的标准与规则，通常根据自身的需求和自己的感觉来做色彩配色。因为色彩对人类心理的影响力是客观存在的，对于色彩的辨别能力、感觉能力、色彩给予人的象征与感情，这些都是色彩心理学上的重要问题。

（3）颜色模型，可以使用如下两种重要的颜色模型。

① CMYK。CMYK 颜色模式是由青（Cyan，C）、品红（Magenta，M）、黄（Yellow，Y）、黑（Black，B）4种颜色混合产生的色彩体系，也被称为印刷四原色。CMYK 颜色模式是一种减色模式，当 4 种颜色层叠在一起的时候，颜色将转向暗色调。理论上，当纯粹的三补色相加时则会得到黑色（称为减色效应），如图2-46所示。

但由于油墨中含有杂质，只能产生深灰色。为了得到纯黑色，彩色印刷中还使用黑色油墨。所以将RGB颜色转换为 CMYK 颜色的过程中明暗度会降低，颜色也会不统一。以印刷为目的的图片都要事先将其转换 CMYK 模式然后才能印刷。CMYK中混合色同在调色板上混合色类似。

② RGB。RGB 颜色模式是由红（Red，R）、绿（Green，G）、蓝（Blue，B）三种颜色

混合产生的色彩体系，也被称为色光三原色。它是被人眼认知的颜色模式，当这三种颜色叠加在一起的时候，色调偏向亮色调。当纯粹的三原色相加时会得到白色（称为加色效应），如图2-47所示。在计算机图形处理以及TV、CRT显示器、液晶显示、iPhone等中都采用这种颜色模式处理颜色。

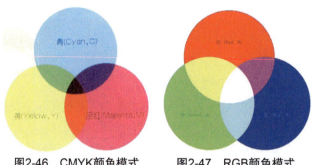

图2-46　CMYK颜色模式　　　图2-47　RGB颜色模式

在RGB模型中，如果混合红色和绿色，可以得到黄色。将最大强度的蓝色和红色混合可以得到鲜粉色。这是因为组成RGB的有色光束并不是从任何物体反射过来的，而是直接从显示器进入眼睛的光。如果将所有颜色混合在一起会得到白色，如果去掉所有的颜色，则得到黑色。

关于颜色模式，需要知道的是：需要印刷的项目应当使用CMYK；需要在屏幕上看到的内容应当使用RGB。

如果是在一个特殊的昂贵的数字彩色打印机（不是普通的四色打印机）上印刷，可以咨询印刷机操作人员需要CMYK还是RGB中的颜色。

由于RGB利用了直接进入眼睛的光，所以屏幕上显示的图像非常绚丽多彩，而且有丰富的背景光。切换到CMYK模式再用油墨在纸上打印出来后，这些华美和丰富性会有所损失。

2.2.7　教学媒体——声音

心理共鸣理论认为，音乐能对人的行为施以影响，影响人对客观事物的态度和评价，从而改善和协调人与周围环境的关系，锻炼人的注意力和记忆力，启发和丰富人的想象力、创造力。给一堂优秀的微课配上合适的音乐，可以达到有声胜无声的效果。在微课设计时，还可以添加很多不同类型的声音素材，比如说旁白、音效等。利用这些声音素材的音色、音调、节奏等不同的特性，可以为微课增添趣味性、吸引力、感染力。

（1）旁白。旁白可谓是微课必不可少的声音素材，对微课内容讲解起着至关重要的支持作用。一个好的旁白，需要口齿清晰的表述。含糊不清的表达会影响学习者对信息的接收性。除此以外，还可以结合微课内容需要来选择不同的声线，比如说稚嫩的童声、甜美的女声或是浑厚的男声。除了声线以外，还需要注意旁白的语调起伏。

（2）音效。音效能起到引起注意、突出重点的作用。音效的使用要结合教学内容来设计，并且需要搭配视频画面。比如说，在关键的标识出现时，可以搭配一声清脆的音效，但切忌音效出现突然发声或者音量过大。

（3）背景音乐。可以利用轻重缓急、抑扬顿挫的音乐帮助学生融入教学情境，激发学习兴趣和积极性，达到事半功倍的效果。背景音乐的节奏会影响学习者的学习节奏，比如快节奏的音乐可以加快学习者的学习步伐和进度，但不利于学习者深入探究；缓慢柔和的音乐可以使学习者的思绪沉静下来，有利于思考。

2.2.8 教学媒体设计法则

每一个优秀的教学媒体画面设计中都应该应用这些设计原则，它们实际上是相互关联的，只应用某个原则的情况比较少。

1. 对比

对比的基本思想是，要避免画面上的元素太过相似。如果元素（字体、颜色、大小、线宽、形状、空间等）不相同，那就让它们截然不同。要让画面引人注目，对比通常是最重要的一个因素，正是它能使读者首先看到这个画面。

对比是为画面增加视觉效果的最有效的途径，也是在不同元素之间建立一种有组织的层次结构最有效的方法。对比不仅可以用来吸引眼球，还可以用来组织信息、清晰层级、在画面上指引读者，并且制造焦点。

可采用多种方式产生对比，例如：

（1）大字体与小字体的对比；

（2）典雅的旧式体与加粗的无衬线体产生对比；

（3）细线与粗线的对比；

（4）冷色与暖色的对比；

（5）平滑材质与粗糙材质的对比；

（6）水平元素与垂直元素的对比；

（7）间隔很宽的文本行与紧凑在一起的文本行的对比；

（8）大图片与小图片的对比，等等。

在画面设计原则中，对比最有意思，同时效果也最为显著，将对比与重复结合，如页码、标题、项目符号或空间布局，可以在整个视频中建立一种强烈的统一标识。将对比与关联性、对齐和重复合理搭配使用才会有好的整体效果。

对比的根本目的有两个，一个目的是增强画面的效果，另一个目的是有助于信息的组织。可以通过字体选择、线宽、颜色、形状、大小、空间等来增加对比。增加对比很容易，途径有很多，这可能是增加视觉效果最有意思也最让人满意的方法了。重要的是：对比一定要强烈。

2. 重复

重复即让设计中的视觉要素在整个视频作品中重复出现。可以重复颜色、形状、材质、空间关系、线宽、字体、大小和图片，等等。这样一来，既能增加条理性，还可以加强统一性。重复不只是自然的一致，而是一种统一设计各个部分的有意识的行为。

重复有助于组织信息，可以帮助浏览各个画面，也有利于将设计中的单独部分统一起来。即使是在一个只有一个画面的文档中，重复元素也可以建立一种连续性。如果在创建一个多画面文档、作为一个精美包装一部分的文档，充分使用重复就很关键。

有时重复的项并不一定完全相同，而只是存在明确关联的紧密相关的对象。使用重复原则时，有时候可以把一个元素从现有的设计中抽取出来，并根据这个元素创建一个新设计。重复性元素并不必须是图形或者剪贴画，可以是空白、线、字体、对齐或者任何有意重复的东西。

重复是更能保证一致性的一种方式。可以看看现在已经重复的元素（项目符号、字体、线条、颜色等），是不是可以让其中某个元素更突出，把它作为重复元素。重复还有助于增强对设计所表示的实体的认知度。

画面设计中视觉元素的重复可以将作品中的各个部分连接在一起，从而统一并增强整个作品。重复的目的就是统一，并增强视觉效果。不要低估画面视觉效果的作用，如果一个作品看起来很有趣，它往往易于观看学习。

重复可以认为是保持一致性。现在，需要把现有的一致性更向前推一步。但要避免过多地重复一个元素，太多的重复将混淆重点。

3. 对齐

任何素材不能在画面上随意安放。每个元素都应当与画面上的另一个元素有某种视觉联系，这样能建立一种清晰、精巧而且清爽的外观。在画面设计中，统一性是一个重要的概念。

如果画面上有一些项是对齐的，这会得到一个更内聚的单元。即使对齐的元素物理位置是彼此分离的，但从视觉上，以致在心里感觉上，它们之间也会有一条看不见的线把彼此连在一起。尽管可能通过使用分开放置某些元素来指示它们的关系（如使用关联性原则），但对齐原则很"神奇"，它会告诉读者，即使这些项并不靠近，但它们同属一组。

对齐可以制造出一个安静的中心，它的表达更清晰，我们知道该怎么做。居中对齐是最常用的对齐方式，这种对齐看起来很安全，感觉上也很舒服。居中对齐会创建一种更正式、更稳重的外观，这种外观显得更为中规中矩，但通常也很乏味。大多数看起来精巧的设计都没有采用居中对齐。通过充分利用关联性，并结合明确的右对齐或左对齐，会使得设计改观。并不是建议绝对不要居中，只是要留意这种居中对齐的效果。

一定要坚持一个原则，即只使用一种对齐方式。画面上只使用一种文本对齐，所有文本都左对齐，或者右对齐，或者全部居中。我们的眼睛喜欢看到有序的事物，这会给人一种平静、安全的感觉。此外也有助于表达信息。

作为优秀的画面设计，都可以在对齐的对象间画出"对齐线"，即使这些设计总体表现为汇集了大量奇特的内容，甚至动感十足，这种对齐线也很明显。

找一条明确的对齐线，并坚持以它为基准。对齐的根本目的是使画面统一而且有条理。不论是创建精美的、正式的、有趣的还是严肃的外观，通常都可以利用一种明确的对齐来达到目的。应当找一条明确的对齐线，并用它来对齐。如果有一张图片有明确的边，可以沿着照片的这个直边与文本的平边对齐。应当注意放在画面上的每一个元素。要保证整个画面是统一的，将每个对象与另外某个对象的一个边界对齐。只有在对齐很明显的基础上，才可以选择偶尔打破对齐规则。在这种情况下打破常规对齐看上去不会是个失误。

4. 关联

彼此相关的项应当靠近，归组在一起。如果多个项目相互之间存在很近的关联性，它们就会成为一个亲密单元，而不是多个孤立的元素。这有助于组织信息，减少混乱，为学习者提供清晰的结构。

在一个画面上，物理位置的接近就意味着存在关联。关联性的使用很微妙，不过相当重要。布局的时候一定要明确元素和其所属元素是否在一起，留意无关元素。

关联性原则并不是说一切都要更靠近，其真正的含义是：如果某些元素在理解上存在联系，或者相互之间存在某种联系，那么这些元素在视觉上也应当有关联。除此之外，其他孤立的元素和元素组则不应当存在关联性。位置是否靠近可以体现出元素之间是否存在联系。要确保读者获得正确信息。

如果项目彼此相关，就把它们分在一组，建立更近的亲密关系。相互之间没有直接关联的项目要分开。设置不同的间隔来指示各项的接近程度或关系的重要性。除了可创造出更漂亮的画面外观，关联性也可以令表达更清晰。

关联性的根本目的是实现组织性。尽管其他原则也能达到这个目的，不过利用关联性原则，只需要简单地将相关的元素分在一组建立更近的关联性，就能自动实现条理性和组织性。如果信息很有条理，将更容易阅读，也容易被记住。此外，还有一个很好的"副产品"，利用关联性原则，还可以更美观也更有条理。

2.2.9 课件脚本

呈现方式是微课视频表达的基础，通过画面的设计展现教学内容。通过课件脚本的编写，体现出教学设计者的设计思想，也为教学课件的制作提供直接依据，如果课件不是教学设计者亲自制作的话，也方便设计者和制作者沟通思路。

1. 课件

课件是在一定的学习理论指导下，根据教学设计目标、反映教学策略和教学内容的计算机文档或可运行软件。从广义上讲，凡具备一定教学功能的教学软件都可称为课件。课件可以说是一种课程软件，也就是说其中必须包括具体学科的教学内容。

通常所说的课件一般都是指多媒体课件。多媒体是指信息表示媒体的多样化，是能够同时获取、处理、编辑、存储和展示两种以上不同类型信息媒体的技术。这些信息媒体包括文字、图形、图像、动画、声音与视频等。

2. 课件脚本

在制作课件之前，编写课件脚本是一个十分重要的环节。有些教学不重视课件脚本的编写，制作课件时就直接在软件中完成，这是十分不可取的。这种方法往往会使课件的制作带有很多随意性，想到哪里就制作到哪里，出现问题时就重新制作，效率特别低，制作出的课件效果也不好。

如果能把课件的制作当作一个系统工程来设计的话，那么必定可以更高效、更科学地制作出需要的课件。在制作课件之前，先系统地设计好课件脚本，然后根据课件脚本在软件中进行课件制作。这才是课件制作的科学方法。

课件脚本是将课件的教学内容、教学策略进一步细化，具体到课件的每一框画面的呈现信息、画面设计、交互方式以及学习的控制，它是课件编制的直接依据。就像电视片的编制不能直接依据文学剧本,而是根据分镜头稿本进行拍摄一样。

这里指的课件脚本通常是指文字脚本,其目的既是为了体现软件教学设计的思想,同时也为课件的制作打下基础。

3. 编写课件脚本

要编写一个好的课件脚本,首先要对课件的使用有一些认识,然后写清楚教学目的、要突破的重难点、设计过程。设计过程最好是分板块写,如引入、新授、复习等部分各需要什么样的内容。最后绘制出一个课件设计的草图,如图片、文字、按钮出现的顺序、位置等。总之,一个设计充分的好课件脚本才能制作出一个好的课件。

4. 课件脚本模板

如表2-1所示为课件脚本模板。

表2-1　课件脚本

编号	画面	内容	元素	属性	备注

小结

在微课的视频教学中,采用视听结合的方式,所以对画面呈现的美观性和生动性要求比较高,任何可视化的构图首先要美,要"艺术"。换句话说,就是要具有视觉上的美感,使人看起来舒服,看起来好看。可视化的教学画面内容要符合视觉习惯和思维规律,镜头类型要符合微课视频主题和内容需要,视频技术要符合规范要求和表现。

2.3　视频脚本设计

通过教学设计,把教学内容和方案确定下来后,需要进一步把其设计成拍摄、制作脚本。编导确认拍摄过程,形成拍摄脚本。脚本有多种多样的形式,如表格式、画面式等。脚本为拍摄奠定了基础,但它还不能直接用来进行拍摄,还要根据教学内容和自己的总体构思,画成分镜头脚本或故事板。

分镜头脚本,也是将文字转换成立体视听形象的中间媒介。主要任务是根据解说词和脚本来设计相应画面,配置音乐、音响,把握片子的节奏和风格等。

拍摄分镜头脚本通常在教学脚本的基础上改写。所谓分镜头,简单地理解,就是把文字的内容全部改写成镜头,用镜头的细节描述出来。这样,在现场拍摄的时候,就不用对着教学方案临时来想怎么拍摄，而只用查阅分镜头脚本，依照它的指示拍摄就可以了。

编写视频分镜头脚本，是将文字内容变成视听语言的重要环节。视听语言是影像元素和声音元素的综合表现，形成视觉和听觉感官上的一种新的非文字语言，更加直观地表现主题和内容。分镜头脚本主要包括：镜头号、场景、景别、特技、镜头内容、声音、音乐、音响等。这样不仅把文字内容变为视听语言，而且赋予独特的视频风格。

（1）如果拍摄脚本严格设计好要讲的话，讲课容易变成背讲稿，但后期制作容易实施。

（2）如果只设计好提纲，标记什么时候教师出镜、什么时候教师人像和文字同时出现以及出现什么文字、什么时候只出文字图片、什么时候操作录屏，这样一来教师讲课会相对自然流畅，但后期制作需要另写脚本。

2.3.1 分镜头脚本内容

分镜头脚本就好比建筑大厦的蓝图，是摄影师进行拍摄、剪辑师进行后期制作的依据，也是所有创作人员领会编导意图、理解教学内容、进行再创作的依据。

摄录使用的视频脚本，分为拍摄提纲（多用于纪录性内容）和分镜头脚本。分镜头脚本是最实用的视频脚本，它是在教学脚本的基础上运用蒙太奇思维和蒙太奇技巧进行脚本的再创作，即根据拍摄提纲或教学脚本，参照拍摄现场实际情况，分隔场次或段落，并依据教学脚本加工成分镜头脚本，不是对文字脚本的图解和翻译，而是在文字脚本基础上进行影视语言的再创造。虽然分镜头脚本也是用文字书写的，但它已经接近影像，或者说它是可以在脑海里"放映"出来的影像，已经获得某种程度上可见的效果。

编导在编写分镜头脚本时，工作的主要内容如下。

（1）将文字脚本的画面内容加工成一个个具体形象的，可供拍摄的画面镜头，并按顺序列出镜头的镜号。

（2）确定每个镜头的景别，如远、全、中、近、特等。

（3）排列组成镜头组，并说明镜头组接的技巧。

（4）用精练具体的语言描述出要表现的画面内容，必要时借助图形、符号表达。

（5）相应镜头组的解说词。

（6）相应镜头组或段落的音乐与音响效果。

2.3.2 分镜头脚本写作

视频拍摄的分镜头脚本是从电影分镜头剧本的创作中借鉴来的。一般按镜头号、镜头运动、景别、时间长度、画面内容、解说词、音乐音响的顺序，画成表格，分项填写。对有经验的导演，在写作时格式上也可灵活掌握，不必拘泥于此。

（1）镜头号：即镜头顺序号，按组成视频画面的镜头先后顺序，用数字标出。它可作为某一镜头的代号。拍摄时不一定按顺序号拍摄，但编辑时必须按顺序编辑。

（2）机号：现场拍摄时，往往是用两三台摄像机同时进行工作，机号则是代表这一镜头是由哪一号摄像机拍摄的。前后两个镜头分别用两台以上摄像机拍摄时，就在现场马上通过特技机将两个镜头进行现场编辑。单机拍摄时无须标明。

（3）景别：根据内容需要、情节要求，反映对象的整体或突出局部。一般有远景、全景、中景、近景、特写等，代表在不同距离观看被拍摄的对象。

（4）技巧：拍摄技巧包括摄像机拍摄时镜头的运动技巧，如推、拉、摇、移、跟等；以及镜头画面的组合技巧，如分割画面和监控画面等；还有镜头之间的组接技巧，如切换、淡入淡出、叠化、圈入、圈出等。一般在分镜头稿本中，在技巧栏中只是标明镜头之间的组接技巧。

（5）时间：指镜头画面的时间，表示该镜头的长短，一般是以秒去标明。

（6）画面内容：用文字阐述所拍摄的具体画面。为了阐述方便，推、拉、摇、移、跟等拍摄技巧也在这一栏中与具体画面结合在一起加以说明。有时也包括画面的组合技巧，如画面是属分割两部分合成，或在画面上键控出某种图像等。

（7）解说词：对应一组镜头的解说词，它必须与画面密切配合。

（8）音响效果：在相应的镜头标明使用的效果声。

（9）音乐：注明音乐的内容及起止位置。

2.3.3 分镜头脚本要求

分镜头脚本或故事板绘制要求如下。

（1）充分体现编导的创作意图、创作思想和创作风格。

（2）分镜头运用必须流畅自然。

（3）画面形象须简洁易懂。分镜头的目的是要把编导的基本意图大概说清楚，不需要太多的细节。细节太多反而会影响到总体的认识。

（4）分镜头间的连接须明确。一般不表明分镜头的连接，只有分镜头序号变化的，其连接都为切换，如需融入融出，分镜头剧本上都要标识清楚。

（5）对话、音效等标识需明确。对话和音效必须明确标识，而且应该标识在恰当的分镜头画面的下面。

2.3.4 分镜头脚本格式

分镜头脚本，通常采用表格的形式，如表2-2所示。

表2-2 分镜头脚本

机号	景别	技巧	长度	画面	台词（解说词）	音乐	备注

小结

在微课的视频教学中,可视化的教学画面内容要符合视觉习惯和思维规律,镜头类型要符合微课视频主题和内容需要,视频技术要符合规范要求和表现。镜头的组接要符合组接原则,要合乎认知和思想逻辑,要遵循镜头调度的轴线规律。景别过渡要合理,光线、色调的过渡要自然等,需要符合审美活动的习惯和原则。

2.4 制作台本设计

如今的影像制作已迈进一个数字化的时代,电脑制作技术和手法已逐步取代传统的制作设备和制作方式,进入多媒体时代的影像制作行业,已将特技编辑、音响效果、电脑图像创作合为一体,因此制作人员需要全方位地融技术与艺术为一身,胜任软硬件相结合的工作。打破数字影视拍摄中专业与业余级别的界限是很容易做到的。制作台本的设计是制片根据前面工作完成的影像制作全部过程的制定。

2.4.1 设置工作人员

影像、视频的拍摄制作本身就是集体合作的产物,需要各个部门协作完成创作。对数码影像的拍摄而言,人数视资金和技术水平的不同可多可少。编辑、导演、演员、助理导演、摄影、摄影助理、剧务、场记、制片主任、灯光、录音、化妆、服装、道具等,都是大剧组里常见的人员。而拍摄数码影像,人员可以削减很多,比如导演可以兼任摄影,演员可以自己化妆。然而我们认为,除了编导、摄影和演员外,一个助手也是相当重要的,他(她)可以兼任场记(场记的作用相当重要,下面会提到)和做许多协调工作。所以,只要有编导(摄影)、教师和场记,就可以组成一个简易的微课视频数码影像摄制组了。

编导在摄制组中首先是艺术家。编导在拍摄过程中需要把握对微课影片的整体构想,比如色彩风格、摄影风格、教学风格等。编导从教学艺术高度控制着影片的整体风格。编导在摄制组中其次是技术家。编导应该了解摄影、灯光等技术细节(对于DV电影导演而言最重要的是摄影)。能够指示摄影师选择景别——该用全景、中景、近景还是特写,拍摄技巧——推、拉、摇、移、升、降、甩、跟,画面构图以及其他细节——控制景深、选择变焦倍数等。同时,编导还要负责场面的调度——安排摄像机的位置和指明教师的位置和运动的路线。在需要运动的起点和终点以及某些重要的位置,都用"T"字形的胶布或粉笔在地上(当然是摄像机拍摄不到的地方)标明。在每个镜头的开头,用标有"×场×景×号镜头"的纸板或木板"打板",即用摄像机拍摄下板上的内容和录下击打板子的声音,这对后期制作中区分镜头有很大帮助。

编导在摄制组中可能还要扮演着精神分析师和管理者的角色。编导常常被传说成摄制组里的神秘人物。他是摄制组里的"万事通"和"百忧解";他总是指挥别人而别人很少抱怨他。

编导在拍摄过程中像精神分析师一样揣摩着每个人的心理,像领导一样对每个人关心体贴和严格管理,充分展示着他的领导才华和外交能力。

2.4.2 确定工作流程

影像制作需要整体创意及整合能力,而数码视频制作又有它自己的特点,技术的掌握只是必备的基础。需要良好的创意与情节构思能力,对整个课程影片有宏观的整体把握,才能制作出让人称赞的微课教学片。

微课视频制作流程分为主题策划、素材收集、后期编辑、影片输出4大部分,如图2-48所示。

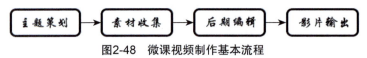

图2-48 微课视频制作基本流程

1. 主题策划

主题策划是影像、视频制作流程中的灵魂,决定着最终微课的视频风格及内容,包括以下工作。

(1)影片主题思想。
(2)影片情节构成(脚本撰写)。
(3)影片片名、片尾内容。
(4)片头、片尾风格设计。
(5)背景音乐风格与类型。
(6)影片解说词。

2. 素材收集

素材收集是根据主题策划,来收集所需要的素材,包括以下工作。

(1)根据教学安排,用数码摄像机拍摄视频画面,并采集到电脑中。
(2)收集相关数码照片。
(3)收集与主题相关的音乐,可以从CD或网络上获取。

3. 后期编辑

后期编辑就是将所收集的素材按照主题策划的思路进行编辑,包括以下工作。

(1)将所有素材导入到后期编辑软件素材库中。
(2)按教学情节剪辑与编辑素材。
(3)制作片头与片尾。
(4)为影片加入不同类型的特效、滤镜。
(5)加入音乐。
(6)录制旁白解说词。

4. 影片输出

影片的输出指刻成光盘、回录到DV带或创建流视频传输到网络上。

上面叙述了比较完整的影像、视频制作流程。一般来说，可以简化里面的选项内容，例如针对某些特别教学内容，可以先拍摄，然后再拟主题进行制作，在制作过程中再收集相关音乐或图像素材。

2.4.3 编写工作台本

制作脚本相当于影像、视频制作时的工作台本，是整个课程思路从抽象化到具象化的体现。课程制作者不一定了解各个学科内容和教学设计的具体问题，但可以通过文字脚本了解教师、编导的设计意图，以确保其制作时有据可依，从而制作完成符合教师需要的课程。

在进行微课视频拍摄或制作时，每一个教学内容采用什么样的镜头表现、画面内容是什么、长度为多少、镜头是如何运动的、后期制作是否需要加音效等全部需要提前设计并确定好，这些就是微课的制作脚本，在进行脚本设计时要注意如下几点。

1. 脚本不是教案

有些脚本描述的过程就是整堂课的过程，看起来似乎很完整、很具体，但这并不利于微课制作者进行摄制。制作需要的不是课的内容与过程，而是微课的具体拍摄或制作要求，采用什么样的方式、持续时间多少等。

2. 脚本不是资料堆积

有的脚本几乎全都是微课所需的材料，没有具体的如何利用这些资料的说明，因此在制作微课时仍然会存在许多困难。

3. 多和制作者沟通

脚本的设计是一个连续的过程，不是一次就能解决的，尤其是在团队中需要教师不断地和制作人员沟通，了解制作软件的优势和劣势，并积极听取制作者的意见，不断优化脚本的质量。

4. 熟悉制作所用的软件

高质量的制作脚本是微课制作成功的保障，工欲善其事，必先利其器，教师、编导如果对设备及软件有一定的了解，在进行前期制作设计时可以提供很大的帮助，能够使设计的脚本更加合理化。

一部微课教学视频一般由片头、内容、片尾三部分组成。片头主要是介绍题目、课程主讲人、其他需要说明的内容等。内容主要有目录、小结、内容、字幕、图表、总结等。片尾主要介绍作者、出处、鸣谢、其他需要说明的内容等。

2.4.4 工作台本样式

微课设计、制作计划的表述，可以选择多种方式在纸上（或在计算机上）表述。专业项目管理软件一般提供了很多种表述方式，不同的表述方式可以明确或突出项目计划的不同方面。优先顺序图解是表述整个项目工作流的有用方式。其他两种很常用的表述方式是甘特表和柱状图。

1. 甘特表

甘特表可以表示整个微课设计、制作工期内各项工作任务的持续时间。横轴代表时间；任务在纵轴上垂直排列，每项任务的开始时间和持续时段用水平的直线或方块来表示。

甘特表的优点在于项目的所有阶段显而易见，并可以表示出每个事件发生的实际日期。微课项目团队可以使用甘特表来方便地对照初始计划监控项目的进展情况，如表2-3 所示。

表2-3　甘特表

工作	第1周	第2周	第3周	第4周	第5周	第6周	第7周
前期策划	■	■	■				
素材收集		■	■	■			
后期剪辑				■	■	■	
包装发布						■	■

2. 柱状图

柱状图可以用来表示微课的不同阶段所使用的资源，并在需要的资源超过实际可获得的资源时提醒编导，如图2-49所示。

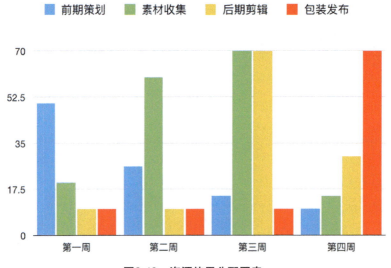

图2-49　资源使用分配图表

编导应该选择最适合自己目的的表述方式。作为一个规律，大多数人发现优先顺序图解对于制订计划最有用；而利用甘特表则最容易跟踪微课的进展情况。

工作计划台本清单如表2-4 所示。清单的内容可以根据具体微课的实际情况进行调整，其目标就是把微课设计制作的整个过程通过工作计划清晰地罗列出来，并以此对微课设计制作进行管理和控制，保证微课能保质、保量按时完成。

表2-4　工作计划台本清单

编号	工作内容
1	简要重申教学目标
2	确定教学内容，交付教学计划/教案

续表

编号	工作内容
3	完成画面设计,交付课件范本
4	完成视频拍摄脚本
5	给每项工作分配时间
6	确定工作顺序
7	进行风险评估
8	分配工作资源
9	监督工作进程

即使已经完成了这里所列出的所有步骤,也要记住,事情会出现变化,某些假设会被证明是不正确的,因此在整个微课计划的实施阶段,计划仍然是微课管理的一项重要责任。

小结

微课的设计、制作都是由若干任务组成的。通过计划可以确保对这些任务的内容以及完成任务的最佳次序有一个清晰的思路。计划的过程也是确认所界定的微课设计、制作成功可能性的一个机会。在计划阶段可以设计某些工作的规范和目标,计划使得微课在时间和成本约束内保质、保量完成的可能性进一步明确化。

第3章 微课的采集制作

课件、微课的制作需要大量的文字、声音、图形图像、动画、视频等多种多媒体素材，这就需要对各类教学媒体资源素材进行大量的收集。不同类型的素材采用不同的收集方法，并进行整理、组合，然后分别进行加工处理，将原始素材加工处理为微课教学所需要的素材，最后将素材装配集成，使其成为一个完整的微课教学资源库。对教学资源素材的搜集、整合，自始至终应从微课教学设计的需要出发，体现相关微课教学设计的思想、风格和方法，是围绕教学主题的收集、整理、应用。

3.1 采集素材

选择与使用各种媒体类型时，应注意如下一些基本规律。

3.1.1 素材采集

1. 文本

在文字内容不多的情况下，可以采用直接输入的方式，利用计算机键盘直接输入文字内容是最常用的方法；如果文字内容较多，对大量文本内容可以采用扫描仪扫描，然后用文字识别软件进行识别，转换成所需要的文字格式。也可以用语音识别软件，对着麦克风讲话，将语音信号转换为文字。还可以利用互联网从网上下载文字。

2. 图形与图像

一般利用工具软件来绘制图形。图像的采集主要有以下几种途径。

（1）利用抓图热键获取图像（如：全屏抓图、抓取当前工作窗口）。

（2）利用抓图软件获取图像。

（3）运用外部设备（如：扫描仪、数码相机等）获取图像。

（4）从素材光盘和网上下载及其他途径获取图像绘制图形。

（5）利用相关绘图软件自己创作。

常见的图形创作工具软件中，Windows"附件"中的"画图"是一个功能全面的小型绘图程序，它能处理简单的图形。还有一些专用的图形创作软件，例如，AutoCAD用于三维造型，Visio用于绘制流程图，CorelDRAW用于绘制矢量图形等。图形图像编辑软件很丰富，Photoshop是公认的最优秀的专业图像编辑软件之一，ACDSee、CorelDRAW、Adobe Illustrator、Freehand等也是创作和编辑矢量图形的常用软件。

3. 声音

声音包括音乐和音效。音乐的创作需要特殊的技能和设备，音效是指各种自然的声音。因此这里主要讨论音效的采集和处理。

1）声音的录制

利用Windows系统中的"录音机"可以录制一些较短的声音。默认录音时间只有60s，但可以在录音过程中先单击"停止"按钮，再单击"录音"按钮，即可在原录音时间基础上追加60s时间。

此外，还可以用其他声音制作与编辑软件进行录制声音，如SoundForge、Cool Edit Pro，并对录制的声音文件进行编辑处理。

2）剥离视频中的声音

可以通过工具软件将VCD、CD等视频文件中的声音剥离出来，且经格式转换，可将剥离出来的声音保存成适当的声音文件格式。

3）下载网上的声音文件

互联网上有大量的声音文件，供人们下载。

4. 视频

数字化的视频信息是表现力最强的媒体素材，常见的格式为AVI。视频素材可通过视频压缩卡采集，把模拟信号转换成数字信号，然后通过专门用于视频创作和编辑的软件把图像、动画和声音有机地结合成为视频文件。

在互联网上的视频文件主要为流媒体格式的视频文件，可以边下载边播放。常见的流媒体文件格式主要包括WMV、WMA、ASF、RM、MP3等，WMV、WMA、ASF为Microsoft公司制定的格式；RM为RealNetworks公司制定的格式。

视频文件的采集方法可分为以下几种类型。

（1）直接采集：使用数码摄像头（需要连接计算机）或数码摄像机直接录制采集视频。

（2）间接采集：将传统的录像带通过视频压缩卡制成MPEG格式的数字文件。还可以通过工具软件把VCD光盘上的DAT格式文件转换成标准的MPEG格式等。

（3）流媒体的采集：流媒体文件不能直接在互联网上保存下载，需要借助相关工具软件。目前流行的流媒体下载软件工具主要有Streambox VCR、影音传送带（Net Transport）、Hi-NetRecorder、Download Accelerator Plus、HiDownload等。

5. 动画素材

在教学中对过程事实的描述只依赖于文本信息或图形图像信息是不够的，为达到更好的描述效果，需要利用动画素材。不论是二维动画或是三维动画，所创造的动画都能更直观、更翔实地表现事物的变化过程。

在网上常常可以看到一些有趣的Flash动画，也可以搜索到一些优秀的Flash动画教学软件，可以充分利用这些动画素材，充实微课的教学。互联网上的Flash动画大多是.swf格式的文件，近期访问的网页上的Flash动画一般都会暂存于c:/windows（或winnt）/temporary internet 目录下，我们可以进入这个目录，在目录中找出需要下载的.swf文件，把它移动至其他目录就可以了。这个方法无须借助软件，但是由于temporary internet目录下会有很多个swf文件，要找出需要下载的swf文件，颇费一番功夫。

为了方便地下载Flash动画，可以借助一些工具软件，网上有许多下载Flash动画的工具软件，可以帮助便捷地下载Flash动画，其中比较著名的有FlashGet、Flash Catcher和Flash Capture等。

3.1.2　素材管理

不同类型的素材采用不同的收集方法，接下来就需要整理素材和进行素材编辑，将原始素材加工处理为微课教学所需要的素材。这样在制作课件时将这些素材输出，就能又快又好地制作出精美的课件。

所有的素材均以文件的形式存放在计算机中，通过不同的文件夹将各类素材分类管理；或根据微课的制作主线，建立不同的资源库。对于素材的编辑、加工可以通过几款常用的软件来完成。

几种典型的制作多媒体素材的软件如下。

（1）　文字软件：Windows记事本、Word、WPS、Pages、COOL 3D等。
（2）　图像软件：Windows画图、CorelDRAW、Photoshop等。
（3）　声音软件：Windows录音机、CoolEdit、Winamp、SoundForge、Cool Edit Pro等。
（4）　动画软件：Gif Animator、Flash、Director、3ds Max等。
（5）　视频软件：Windows Media Player、会声会影、Premiere、iMovie等。

3.1.3　素材使用

在微课的设计中，通过分解和聚焦相关内容使得微课的目标集中而深入，通过分类和提炼让微课内容精练和准确。在微课的短时间和小容量的前提下，可以从几个方面来管理、使用素材。

1. 深入浅出

深入浅出是指阐述的内容很深刻，使用的语言却浅显易懂。爱因斯坦曾经说过"如果你不能浅出，意味着你没有很好地深入。"

浅出最常见的方法就是和已知的知识产生联系，最大程度减少学习者的认知负担。把复杂的知识还原为通俗易懂的知识，最有效的方法就是类比和对比。

在微课中，经常会遇到需要解释新理念的情况，类比能很好地帮助学习者从已知过渡到新知。类比同样可以将复杂问题简单化。对比在微课中也经常用到，当需要特别说明或强调某种特质时，可以找到相应的参照物进行对比。

2. 举一反三

举一反三即拿已知的事理推知相类似的其他事理。比喻善于由此知彼，触类旁通。接触了某一事物或掌握了某一知识之后，就可以由此及彼，了解同类知识和事物。

当我们发现有些学习点可能存在理解障碍或偏差时，可以用举例的方式来进行"关联"，通过举例方式进行辅助说明。一是帮助学习者从"不懂"到"懂"，二是帮助学习者从"懂"到"会"。这种引用在技能课中尤为常用，通过举例引导学习者正确应用，在视频教学中显得

3. 图文并茂

图片和文字互相陪衬,可使内容丰富多彩、生动形象。使用图形、图像直观、形象地表达,趣味高雅,使思想性、知识性、趣味性三者结合得比较突出,无疑是微课呈现中至关重要的一种方法。微课中常用的图分为以下三种。

(1)图示,包括单个图示和关系图示。单个图示指的是示意图,用图片代替或强化文字的内容,让人一目了然地获取信息。关系图指的是用于说明关系的图,包括列表、流程、循环等。图示在任何微课中都可以使用。

(2)数据图表,用于展示和说明数据,包括对比数据。随着大数据的普及,数据图表的应用越来越广泛,甚至有些微课就以图表为主,通过展示数据说明问题。

(3)实物图,用于展示具体内容,包括照片、截屏、实拍视频等。关于实物图,最容易产生误区的是由于屏幕太小导致图片看不清楚。针对这样的问题,可以通过局部放大、突出细节、抽象简化的方式,突出要表现的内容。

小结

综上所述,在素材的采集整理过程中,应遵循微课设计的宗旨:定位精准、内容精练、呈现精彩。通过素材的具体使用对比、举例、图示体现微课深入浅出、举一反三、图文并茂的特点。

3.2 拍摄视频

拍摄就是利用摄像机记录画面的过程,这时拍摄的素材可以说是打造最终微课影片的基石。

镜头是影像叙事结构的基本单位,是指拍摄过程中摄像机从开机到关机这段时间内不间断地拍摄下来的一个叙事段落,在特定的场合下又称为"画面"。画面和镜头是可以通用的,只不过因场合不同各有选择。

当拿起摄像机准备摄录时,必须有一个想法,在画面中要着重表现什么,然后通过光线、色彩、运动、角度、景别等造型手段尽量突出这个着重表现的对象。对于具体一个场景、一个镜头而言,画面主体就是主要表现对象。

拍摄场地需要有较好的吸声效果,不能混响太大,如果是在一般的教室中拍摄,可以在四周装上绒布窗帘。拍摄场地的光线应保证充足,布光均匀。为了保证统一的光线效果,最好关闭现场的窗帘,用现场灯光。拍摄时要注意摄像设备的位置、景别、构图和镜头运动等。不论是全景、中景、近景还是特写,都要将主体安排在视觉的中心位置。

DV摄像机具有体积小、功能全的特点,因此要发挥DV摄影的机动性和灵活性特点。由于我们创作的影片风格有所不同,可以采取固定摄影和手持摄影的方法拍摄。

DV拍摄时应该首先了解教学镜头的组接方法。什么时候应该从一个大全景切换为一个特写,什么时候应该从一个中景切为一个近景,什么时候该变换机位,什么时候该用推、拉、摇、移、升、降、甩、跟……这些基本的手法,都可以从观摩影视中学习和体会。当然,我们更希望DV影片创造出与众不同的影像风格。我们可以运用长镜头,注意,运用长镜头要注意事先安排好演员和摄像机运动的路线,才能避免在正式拍摄中反复NG浪费时间。

DV影片由于资金限制,通常是实景拍摄。在外景拍摄时,难免有好奇的人群驻足围观,而一个围观者进入镜头,都会造成影片"穿帮"。这时,通常要注意控制摄影的景深。景深是指摄影画面里保持前景和后景之间清晰的范围。简而言之,通常可以在电视里看见站在摄像机前的演员面部是清楚的,而后景是虚化的。这样就有效地避免了后景里好奇的行人和杂乱的背景。控制景深,可以把摄像机摆在离被摄物体较远的位置,把镜头推上去,把被摄物体的焦距调节清楚,这样一来,后景就自然模糊了,拍摄出的画面也主体突出。

值得注意的是,如果拍摄的两个镜头同时要表达一个完整的动作,必须把第一个镜头里的动作延续到第二个镜头的动作上,而第二个镜头动作的开端必须由第一个动作开始,这样方便剪辑。

拍摄是一门艺术,是一种镜头语言,掌握得好可使拍摄的影片增光添色。需要掌握基本的画面构图原则与拍摄方法。

3.2.1 画面构图

根据画面构图形式外在结构的区别,可以将其分为水平线构图、垂直线构图、斜线构图、曲线构图、黄金分割式构图等。

(1)水平线构图:水平构图的主导线形是向画面的左右方向(水平线)发展的,适宜表现宏阔、宽敞的横长形大场面景物,如图3-1所示。

图3-1 水平线构图

(2)垂直线构图:垂直线构图的景物多是向画面的上下方向发展的,采用这种构图的目的往往是强调被摄对象的高度和纵向气势,如图3-2所示。

(3)斜线构图:斜线在画面中出现,一方面能够产生运动感和指向性,容易引导观众的视线随着线条的指向去观察;另一方面,斜线能够给人以三维空间的第三维度的印象,增强空间感和透视感,如图3-3所示。

图3-2　垂直线构图

图3-3　斜线构图

(4)曲线构图:曲线构图又称为S形构图,也是一种常见的构图形式。S形线条在画面中能够最有效地利用空间,可以把分散的景物串连成一个有机的整体,如图3-4所示。

(5)黄金分割式构图:黄金分割在西方历史上被认为是最神圣、最美妙的构图原则,将黄金分割借鉴到电视画面构图中,也具有一定的美学价值,它能够给人以悦目的视觉效果,如图3-5所示。

图3-4　曲线构图

图3-5　黄金分割式构图

3.2.2　动态拍摄

上面5种构图方式基本上属于静态构图方式,在实际的运用中,还经常使用运动摄像。运动摄像就是灵活地使用摄像机进行推、拉、摇、移、跟等操作。必须恰当地运用镜头,才能达到较好的拍摄效果。

1. 运动摄像分类

1)推

又称推镜头。被摄体位置固定,摄影机借助于运动摄像工具或人体,由远而近渐渐向被摄体靠近,实现整体到局部的转移,形成视觉前移的效果。

2)拉

又称拉镜头。被摄体位置固定,摄影机借助于工具和人体,由近而远地移动,从而实现局部到整体的转移，形成视觉后移效果。它可以表示作者由近而远逐渐展示场景的意图，也可表示处于运动状态的人渐渐远去的视觉效果。

3）摇

也称摇摄、摇镜头。摄影机机位固定，机身借助三脚架的云台或人体做上下、左右、斜线、曲线、半圆、360°等各种形式的摇拍，用于表示人物处在静止位置。摇摄有水平摇、垂直摇、斜摇、不规则摇、环摇、主观摇、客观摇等多种形式。

4）移

又称作移动镜头、移动摄影。摄影机借助于任何运载工具或人体，做左右、斜线、曲线、半圆或是360°等各种形式的运动，可代表人物处于运动中的主观视线，也可表达作者特殊的创作意图。

5）跟

又称跟拍或跟镜头。摄影机以推、拉、摇、升降、旋转等方式伴随被摄体的运动而运动均为跟拍。它可以表示人物处于动态的主观视线，也可造成观众的身临其境感。

升降，又称升降镜头，指摄影机机位做上下运动。同样可以表示主观视线，或客观的展示。升降有垂直升降、斜向升降和不规则升降等多种形式。

6）旋转

又称旋转摄影或旋转镜头。旋转摄影的形式很多，摄影机机位不动，机身呈仰角，沿光轴在三脚架上（或手持摄影机）旋转拍摄；或水平摇拍；或摄影机围绕被摄体旋转拍摄；或摄影机与被摄体同置于一个可旋转的物体上。其转动幅度超过360°时可称旋转摄影。它常代表人物处在旋转状态的主观视线，或眩晕的主观感受，或旋转的动体，或表现特定的情绪和气氛。

7）甩

又称甩镜头。指摄影机在落幅时快速从一个场景甩出，然后切入第二个镜头。甩镜头给观众的感受仿佛是直接从第一个镜头跳入第二个镜头，而实际前后两个镜头是连续拍摄的。甩镜头一般作为快速转换场景的技巧使用，有时也可代替人物视线快速移动。

2. 运动拍摄的画面要求

在缺少移动工具和不使用运动工具的情况下，要完成运动摄影，就只好用手持肩扛摄像机拍摄了。运动镜头是模仿人的动作和视觉过程的，除追求一些特殊的视觉效果（如有些追求纪实拍摄手法的纪录片或故事片）外，一般要求所拍摄的画面要做到：平、准、稳、匀。

1）平

指运动过程中始终保持摄影机的水平。如果画面没有保持水平，画面中的固定状态的水平线和垂直线的被摄体如房屋、电线杆、人物等将倾斜，不仅给人的视觉效果不舒服，而且会给人造成心理上的不稳定、动荡不安的感觉。用三脚架拍摄时应调好水平仪，手持或肩扛拍摄时应随时调整寻像器中的水平状态。

2）准

指运动摄影过程中的画面起幅和落幅的焦点要准确，构图要准确，拍摄时注意跟焦点的技巧。摇画面时要按照落幅站好位置，再从起幅开始摇，这样既可以保证摇摄的速度均匀，又可以兼顾拍摄，过程中的画面构图的准确性。

3）稳

指运动摄影过程中的画面要保持稳定，不能摇晃，否则会给人一种头晕目眩的感受，从而造成心理的不安情绪。手持拍摄时应尽量在一个镜头中屏住呼吸或者让身体找一个依靠点和支撑点，尽量运用短焦距摄影镜头拍摄，可减少摄影机的晃动。

4）匀

指运动摄影过程中摄影机的运动速度要均匀，不可忽快忽慢。用三脚架拍摄时应调整好三脚架的阻尼，手持拍摄时掌握好拍摄要领，运动的起步和停止要有加力和减力过程。

3.2.3 拍摄景别

拍摄景别从外形上讲是指画面包容景物范围的大小，或者说画面主体占据画面空间的大小；从创作角度来讲，它是一种表现手段。

画面的景别变化对观众来讲意味着观看景物的视距的变化，造成一种忽远忽近的感觉，像音乐，有高低音符。我国影视画面景别多分为5种：远景、全景、中景、近景和特写，如图3-6所示。（也可以分得再细一些，比如大远景、远景、全景、中景、中近景、近景、特写、大特写等。）

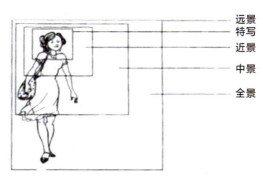

图3-6　画面景别

1. 远景镜头

远景具有广阔的视野，常用来展示事件发生的时间、环境规模和气氛，比如表现开阔的自然风景、群众场面、战争场面等。远景画面重在渲染气氛，抒发情感。在绘画艺术中讲究"远取其势，近取其神"，这一点和绘画是相通的。远景画面的处理，一般重在"取势"，不细琢细节。在远景画面中，不注重人物的细微动作，有时人物处于点状，故不能用于直接刻画人物，但却可以表现人物的情绪，因为影视画面是通过画面组接表情达意的，通过承上启下的组接可以含蓄地表达人物的内心情绪。

> 提示　远景除了表现规模、气氛、气势之外，还可以表现一定的意境。远景画面，包容的景物多，时间要长些。一般不少于10s。由于电视画面画幅较小，有人主张不用或少用远景。少用是对的，但不能不用。

2. 全景

全景用来表现场景的全貌或人物的全身动作，在电视剧中用于表现人物之间、人与环境之间的关系。全景画面中，活动范围较大，人物体型、衣着打扮、身份交代得比较清楚，环境、道具看得明白，通常在拍内景时，作为摄像的总角度的景别。在电视剧、电视专题、电视新闻中全景镜头不可缺少，大多数节目的开端、结尾部分都用全景或远景。远景、全景又称交代镜头。

3. 中景

画框下边卡在膝盖左右部位或场景局部的画面称为中景画面。但一般不正好卡在膝盖部位，因为卡在关节部位是摄像构图中所忌讳的，比如脖子、腰关节、腿关节、脚关节等。中景和全景相比，包容景物的范围有所缩小，环境处于次要地位，重点在于表现人物的上身动作。中景画面为叙事性的景别，因此中景在影视作品中占的比重较大。处理中景画面要注意避免直线条式的死板构图、拍摄角度、演员调度，姿势要讲究，避免构图单一死板。人物中景要注意掌握分寸，不能卡在腿关节部位，但没有死框框，可根据内容、构图灵活掌握。

4. 近景

拍到人物胸部以上或物体的局部称为近景。近景的屏幕形象是近距离观察人物的体现，所以近景能清楚地看到人物细微动作，也是人物之间进行感情交流的景别。近景着重表现人物的面部表情，传达人物的内心世界，是刻画人物性格最有力的景别。电视节目中节目主持人与观众进行情绪交流也多用近景。这种景别适应于电视屏幕小的特点，在电视摄像中用得较多，因此有人说电视是近景和特写的艺术。近景产生的接近感，往往给观众以较深刻的印象。

近景中的环境退于次要地位，画面构图应尽量简练，避免杂乱的背景夺走视线，因此常用长焦镜头拍摄，利用景深小的特点虚化背景。人物近景画面用人物局部背影或道具作前景可增加画面的深度、层次和线条结构。近景人物一般只有一人作画面主体，其他人物往往作为陪体或前景处理。"结婚照"式的双主体画面，在电视剧、电影中是很少见的。

5. 特写

画面的下边框在成人肩部以上的头像，或其他被摄对象的局部称为特写镜头。特写镜头中被摄对象充满画面，比近景更加接近观众。背景处于次要地位，甚至消失。特写镜头能细微地表现人物画部表情，它具有生活中不常见的特殊的视觉感受，主要用来描绘人物的内心活动。演员通过面部把内心活动传给观众，特写镜头无论是人物或其他对象均能给观众以强烈的印象。在故事片、电视剧中，道具的特写往往蕴含着重要的戏剧因素。在一个蒙太奇段落和句子中，有强调加重的含义。比如拍老师讲课的中景，对于讲桌上的一杯水，如拍个特写，就意味着可能不是普通的水。

在最早安排画面组接时，多以观察事物的视觉习惯为根据。一般是先看全貌（全景），再看细部（特写），为了过渡顺畅中间再加一中景，这就是所谓的前进式句子。后来又考虑到学习者的心理活动以及作者想要达到的艺术效果（所谓后退式句子），现在微课中是为了强调教学表现效果。

3.2.4 拍摄角度

拍摄角度指摄像机和对象之间形成的方向关系,如图3-7所示;高度关系,如图3-8所示;以及远近关系。

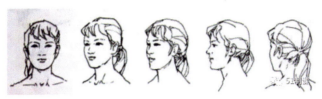

图3-7 拍摄方向

图3-8 拍摄高度

方位和角度足以改变影片中画面的性质:振奋人心或富于魅力,或冷漠无情或充满幻想与浪漫主义色彩。

1. 正面

镜头光轴与对象视平线(或中心点)一致,构成正面拍摄。正面拍摄的镜头优点是:画面显得端庄,构图具有对称美。正面拍摄用来拍摄气势宏伟的建筑物,给人以正面全貌的印象;拍摄人物,能比较真实地反映人物的正面形象。其缺点是:立体感差,因此常常借助场面调度,增加画面的纵深感。

使用正面拍摄时一般都是在比较正式的场合,给人一种不可亵玩的感觉。

2. 侧面

从与对象视平线成直角的方向拍摄,叫侧面拍摄。侧拍分为左侧和右侧。侧拍的特点是有利于勾勒对象的侧面轮廓。

侧面的拍摄一般都是给人一种特别亲切的感觉,更加突出主题的情感。

3. 斜面

介于正面、侧面之间的拍摄角度为斜面拍摄。斜拍能够在一个画面内同时表现对象的两个侧面,给人以鲜明的立体感。斜拍是影视教材中最常见的拍摄角度。

3.2.5 拍摄高度

1. 仰视

仰视指摄影(像)机从低处向上拍摄。仰摄适于拍摄高处的景物,能够使景物显得更加高大雄伟。用它代表影视人物的视线,有时可以表示对象之间的高低位置。由于透视关系,仰摄使画面中水平线降低，前景和后景中的物体在高度上的对比因此发生变化，使处于前景的物体被突出、被夸大，从而获得特殊的艺术效果。影视教材中常用仰摄镜头，表示人们对英雄人物的歌颂，或对某种对象的敬畏。

用仰视拍摄，可以让平视不高的东西让它显得更高。

2. 平视

平视是摄影（像）机与被摄对象处于同一水平线的一种拍摄角度。

平视是我们最长使用的一种拍摄手法，是一种把人拍得很平凡的角度。

3. 俯视

俯视与仰视相反，指摄影（像）机由高处向下拍摄，给人以低头俯视的感觉。俯摄镜头视野开阔，用来表现浩大的场景，有其独到之处。

当我们采用俯视的时候，画面中的主体会变得渺小、卑微，看照片时会有一种居高临下的感觉。

3.2.6 拍摄姿势

在拍摄过程中，摄像机握持姿势可根据需要进行调整。

（1）第一势：最常用的基本方式，如图3-9所示。

适用机型：小型摄像机/中型摄像机。

动作要领：将右胳膊上臂与身体右侧夹紧，右臂向左后方用力，并利用身体的反作用力形成胳膊与身体之间的动态平衡，增加机器的稳定性；必要的时候可在启动录像键前深吸一口气，再屏住呼吸开始拍摄。如果机器是索尼PD150、松下DVC180等较重的中型摄像机，可同时将左手托住镜头底部，这样既可以保证机器的稳定性，同时又方便手动聚焦和变焦。

（2）第二势：抢新闻方式，如图3-10所示。

图3-9　基本方式　　　　图3-10　抢新闻方式

适用机型：小型摄像机/中型摄像机（液晶屏型）。

动作要领：当拍摄对象被前方人群阻挡时，建议采用本方式。把翻盖式液晶屏打开，并向下方旋转45°左右；右手单手握机，伸过前方人群头顶，从液晶屏上评估拍摄效果；如果构图合适，即按下录像按钮开始记录。

（3）第三势：低机位方式，如图3-11所示。

适用机型：小型摄像机/中型摄像机/大型摄像机。

动作要领：以左脚为着力点蹲下；把翻盖式液晶屏打开，并向上方旋转45°左右；左手托住摄像机底部，右手进行变焦、启动录像/暂停按钮等操作；如果使用无液晶屏的大型摄像机，须将寻像器遮光罩扳起。

（4）第四势：省力的拍摄方式，如图3-12所示。

图3-11　低机位方式　　　　图3-12　省力的拍摄方式

适用机型：小型摄像机/中型摄像机/大型摄像机。

动作要领：当做了一天的拍摄工作，双腿如同灌了铅之后，你会很自然地选择这种盘腿坐在地面上的拍摄方式。当然，有了几次这样的经验之后，你可能在拍摄所有的低机位时，都会选择这种"偷懒"的方式。拍摄时请穿宽松的服装，女摄像师最好穿长裤，这在高强度的拍摄中肯定让你受益良多。

把翻盖式液晶屏打开，并向上方旋转45°左右；左手托住摄像机底部，右手进行变焦、启动录像/暂停按钮等操作。

如果使用无液晶屏的大型摄像机，需将寻像器遮光罩扳起。

（5）第五势：移动中的中小型摄像机拍摄方式，如图3-13所示。

适用机型：小型摄像机/中型摄像机。

动作要领：如果你拍摄儿童，会采用什么样的机位？使用常规的"第一势"？那样，画面中的小宝贝和"花骨朵儿"将变成头大脚小的小矮子。很多摄影摄像书籍都会告诉你，要让镜头与孩子们的眼睛等高，也就是"第三势"和"第四势"了。不过，孩子天生爱动，怎么办呢？现在教你"第五势"：一反常规，将右手向下插入摄像机手带部分，右手手指部分托住摄像机底部。如果是带有手柄的中型摄像机，可直接握住手柄，像松下DVC180和佳能XL1等手柄上设置变焦钮和录像启动/暂停按钮的机型，采用这种操作方式更加方便。把翻盖式液晶屏打开，并向上方旋转45°左右；注意在移动拍摄的过程中腿部和脚部动作：腿部稍弯曲，前脚掌先落地，脚跟落地要轻。

（6）第六势：移动中的中大型摄像机拍摄方式，如图3-14所示。

图3-13　移动中的小型摄像机拍摄方式　　图3-14　移动中的大型摄像机拍摄方式

适用机型：中型摄像机（无液晶屏型）/大型摄像机。

动作要领：与上一动作的最大区别就是要弯下腰。不过，这是迫不得已，因为要看寻像器，需要注意将寻像器遮光罩扳起。

（7）第七势：大型摄像机最常用的基本方式，如图3-15所示。

适用机型：大型摄像机。

动作要领：将右胳膊上臂与身体右侧夹紧，右臂向左后方用力，并利用身体的反作用力形成胳膊与身体之间的动态平衡，增加机器的稳定性；必要的时候可在启动录像键前深吸一口气，再屏住呼吸开始拍摄；或将背部抵住墙壁等物体。

（8）第八势：三脚架方式，如图3-16所示。

图3-15　大型摄像机基本方式　　　图3-16　三脚架方式

适用机型：小型摄像机/中型摄像机/大型摄像机。

动作要领：尽量选用带有阻尼的摄像机专用三脚架；如果只能选用照相机用三脚架，尽量选择自重较重的型号，尽量减少水平摇和俯仰摇动拍摄；如果摇镜头，请尽量向下用力按住摄像机，在与地面反作用力的动态平衡中轻轻完成"摇镜头"拍摄。

3.2.7　辅助拍摄工作

在前期拍摄中，场记发挥着重要的作用。场记必须按照前面提到的场记表里的各个项目，把每一个镜头里各个项目的内容完整地记录下来，并在每一场拍摄前提醒导演，由导演指示各演职人员完成相应的准备工作，避免"穿帮"。

前期拍摄中，录音要注意使麦克风不出现在镜头当中的前提下尽可能地接近教师面部，并将DV摄像机上的录音音量调节转为"手动"模式，避免录制时音量过低听不清楚或者音量过高造成声音失真。同时，在拍摄中应该使用耳机监听。

录音尽量用领夹式无线专业话筒，它的频段几乎不受外部噪声和其他无线系统的干扰，拾音质量高，能保证声音的高保真。后期还要进行降噪、声道处理等。

另外，第二天需要拍摄的场景、准备的服装道具、开始拍摄的时间等都需要在第一天拍摄完毕时以书面形式或者准确的口头形式通知到各个人员，避免遗漏造成耽误。

值得提醒的是，在拍摄的过程中应该准备一部相机，当然，数码相机和智能手机更好，以便拍摄一些极富纪念价值的工作照和剧照。如果有条件的话可以用另外一部DV摄像机拍摄剧组拍片的过程，这样在影片诞生的同时又产生了一部精彩的纪录片。

小结

微视频作为微课的核心载体，在制作微课的过程中需要备受关注，视频的拍摄要精准到位，客观记录和展示教学内容，视频后期的编辑、加工、制作要能够为微视频提升呈现价值。拍摄式微课，一般常用于演示类微课，在后期画面美化时要注意添加关键步骤，标注容易出错的操作步骤等。PPT录屏时要做到画面的完整和准确，减少冗余信息的干扰，突出重点信息；美化画面，要遵循美学法则以及配色方案，在呈现过程中要注意停顿和留白的思考时间、声画同步等问题。

3.3 剪辑制作

当主要的拍摄工作完成后，就到了后期制作阶段。这个阶段的主要工作是剪辑，把拍摄阶段得到的散乱素材剪辑成为完整的课程影片。

镜头画面内容要符合视觉习惯和思维规律，镜头类型要符合视频主题和内容需要，视频技术要符合规范要求和表现清楚。镜头的组接要符合组接原则，要合乎认识和思想的逻辑，要遵循镜头调度的轴线规律。景别的过渡要自然、合理，光线、色调的过渡要自然等。

后期制作还包括声音的制作与合成。一般只有到这个阶段，当多余的素材已经去掉，镜头已经组合串联在一起，画面与声音已经同步，才可以看到课程影片的全貌。因为课程影片的大量信息和含义，并不是包含在某一个镜头的画面中，而是包含在一连串画面的组合当中，包含在画面与声音的联系中。毫不夸张地说，微课影片制作有很大的程度上正是表现在后期制作之中的。

3.3.1 观看素材

观看素材是后期制作的必要过程。观看素材一般是导演、教师和剪辑人员一起进行，在观看素材的同时，应该针对有意义的镜头或段落做一些必要的书面记录，以备剪辑之用。

在观看影片的同时，还应该把前期拍摄过程中的场记表做一次仔细的整理，把本来按照拍摄日程安排的场次顺序和镜头顺序重新按照分镜头脚本的顺序整理出来，方便接下来剪辑影片时寻找画面用。

同时，还应该完成剪辑之前最后素材的收集，影片如果有旁白、音乐、动效等要求，都应该在剪辑前把这些素材准备完毕，使剪辑的过程尽可能地集中和便利。

3.3.2 剪辑视频

基于计算机科技的数字化非线性编辑技术使视频剪辑的方法得到很大的发展空间。这种技术将素材记录到计算机磁盘中，利用计算机的运算与数据读取与储存进行剪辑的过程。它采用了电影剪辑的非线性模式，但用简单的鼠标及键盘操作替代了剪刀和浆糊式的手工操作，剪辑结果可以马上回放观看，所以大大提升了制作的效率。

剪辑过程需要经过初剪、复剪、精剪以至综合剪等步骤。

（1）初剪，一般是根据分镜头脚本，依照镜头的顺序、人物的动作对话等将镜头连接起来。

（2）复剪，一般是再进行细致的剪辑和修正，使人物的语言、动作、影片的结构、节奏接近定型。

（3）精剪，在反复推敲的基础上再一次进行准确、细致的修正，精心处理，使语言定稿。

（4）综合剪，综合剪则是最后创作阶段，对构成视频、影片的有关因素进行综合性剪辑和总体的调节直至最后形成一部完整的影片。

我们一开始提到的具有视频采集功能的计算机已经准备到位。在剪辑之前应该首先测试计算机系统的稳定性，将素材上载到计算机里。

视频编辑软件，如苹果公司的iMovie，Adobe公司的Premiere，Ulead公司的"会声会影"，Pinnacle公司自主开发的Studio DV等。无论哪种软件，基本上都包括素材窗口、监视窗口、时间线、特效窗口等。非线性编辑软件的工具相当丰富，能完成的任务也非常多样，因此把一个软件完全掌握透彻，对于一个没有接触过非线性编辑的人而言，也是比较困难的。但是，要掌握一款软件的主要功能，编辑出一部影片，也并非异常复杂。

对于有一定电脑软件应用基础的人士来说，在短时间内熟练掌握一款非线性编辑软件并非难事，关键在于怎样以非线性编辑软件为技术手段，熟悉影片的基本剪辑方法。

首先从整体上把握影片的结构，这个整体可以是整个微课影片的结构，也可以是某个段落的结构。蒙太奇是镜头与镜头之间、段落与段落之间排列组合的方法。

3.3.3 声画关系

在剪辑过程中首要考虑的就是蒙太奇结构的创建，蒙太奇就是影片的连接法，整部片子有结构，每一章、每一大段、每一小段也要有结构，这种连接的方法叫作蒙太奇。接下来是对声画关系的考虑。声画关系有以下三种。

（1）声画同步：画面的内容就是发声体本身。

（2）声画分立：画面内容不是发声体本身，但表现的是和发声体相对应的人或物，如两个人谈话时画面不是讲话的人，而是倾听的人（反应镜头）。

（3）声画对位：即画面和声音相互对立，产生特殊的效果，如反讽等。例如两个人争吵，声音渐渐变成了犬吠。出其不意的声画组合常常使剪辑达到更高的艺术效果。

3.3.4 字幕唱词

屏幕文字主要包括片头字幕、片尾字幕、唱词和字幕条。片头字幕主要是给出视频课程的标题、主讲人等信息。片头字幕一般用静态的文字，也可适当加入动画。片头字幕呈现时间要足够长，使观众能看清楚，一般需要6～10s，文字的大小要合适。片尾字幕是给出版权单位、制作单位、录制时间等信息。唱词指教师讲课与学生说话的内容。唱词要注意规范性，字体和字型的选择要稳重，可以选择黑体等常规字体。文字的颜色要与视频的主色调和谐并且能够看得清楚、明显。唱词出现的时间要略早于说话时间，消失时间略晚于说话结束时间。字幕条主要起到说明的作用，包括学校名称、教师信息、图表标注等，可以竖排或横排，在字体、字型的设计上可以带有一定的艺术色彩和表现力。

当然，剪辑还需要考虑画面的特性，包括镜头画面的分类，以及镜头画面的方向。镜头画面的分类包括镜头景距的变化、运动的变化、角度的变化、速度的变化、技巧的变化；镜头换面的方向则包括画面的方向、视觉的方向、事物运动的方向、地形的方向以及镜头轴线的方向。微课作为教学视频，剪辑时首先要考虑画面的连贯性和真实性，一般多采用无技巧剪辑。无技巧剪辑就是将拍摄或制作好的画面一个个连接起来。是否要利用剪辑技巧要视微课内容而定，不能生搬硬套。最后，还必须注重剪辑的节奏，适当的节奏可以舒缓或加快教学情节发展的速度。

剪辑本身就是一门复杂的学科，这里只是提出了影片剪辑的最基本要素，而且只是对它们进行了只言片语的描述。微课视频需要的是从最基本的做起。

由于学习微课时没有教师在身边，学习者可能注意力不能完全集中在课程内容上，所以微课的制作应根据知识内容的不同，在每一个环节中通过综合运用视听手段和剪辑技法，把枯燥复杂的学习内容艺术化、趣味化、简明化。

小结

剪辑说到底就是为了衔接，就是为了加上一个很好的"过渡"，让整个微课画面流畅自然，学习者能够很好地明白教学发展方向。视频制作剪辑的特效镜头的制作是指通过技术手段呈现出无法直接拍摄得到的镜头。计算机数字技术的使用为特效制作提供了更好更多的手段，也使许多过去必须使用模型和摄影技术完成的特效可以透过计算机科技来制作完成，所以更多的特殊效果就成为后期制作的工作。

3.4 包装发布

合理的包装可以让微课呈现价值提升。包装的原则首先是要符合微课教学的需要，并非为包装而包装。

3.4.1 包装效果

包装用于提升微课的整体感，通过包装微课不仅能让微课更具趣味性、可观性，而且能激活学习者的左右脑，让学习者记忆更加深刻、持久。包装的首要原则当然是符合微课视频影片本身的风格，而非为包装而包装。不适当的包装可能带来重大的反面效果，如果选择不到适合的包装模式，宁可只对微课做简单的装饰。

微课视频包装包括包装片头和片尾，如果有条件的话，还可以制作一个短小的宣传片花。这个片花通常可以包括视频的"动作主题"，即讲述了怎样一个课程，以及让编导摄录人员出镜。片头通常用于叠加演职人员的字幕，值得注意的是，片头不是要做得越花哨越好，因为片头相当重要的作用是交代一个具有悬念的片段，吸引观众的注意；片尾则可以是影片的精彩片段、工作人员现场工作实况，甚至是主题歌的MTV。切记不要滥用包装。

微课视频包装涉及的软件，除去非线性编辑软件外，还包括Photoshop、After Effects、Combustion、3ds Max，甚至Maya软件。这些软件已经足以为DV影片带来前所未有的视觉冲击。当然，要熟练掌握这些软件不仅需要一定的美术基础，学习软件本身也是一个艰苦的过程。

视频制作剪辑的特效镜头的制作是指通过技术手段呈现出无法直接拍摄得到的镜头。早期的影视特效大多是通过模型制作、特殊摄影、光学合成等传统手段完成的，主要在拍摄及冲印的阶段完成。计算机数字技术的使用为特效制作提供了更好更多的手段，也使许多过去必须使用模型和摄影技术完成的特效可以通过计算机科技来制作完成，所以更多的特殊效果就成为后期制作的工作。

视频制作剪辑的特效镜头无法拍摄到一般是由于两种原因，一是拍摄对象或环境在现实生活中根本不存在，或者即使存在也不可能拍摄到，例如恐龙或是外星人；二是拍摄的对象和环境虽然在实际生活中存在，但无法同时出现在同一个时空中，例如影片的主角从剧烈的爆炸场景中逃生。

对于第一种困难，就必须利用别的东西来模仿拍摄的对象，常用的手段包括制作模型、利用对人的化妆来模仿其他生物以及计算机的三维动画。实际上，三维动画也是一种模型，只不过它是存在于计算机中的虚拟模型而已。总之要解决这类问题，需要用一种无中生有的办法。

对于第二种困难，解决的方法就是合成。既然拍摄的对象都是存在的，就可以单独拍摄它们，然后再分别把拍摄的这些画面合成起来。过去，合成主要依靠特效摄影和冲印时的技巧来完成，但计算机数字合成技术的快速发展使这些方式都落伍了。近年来特效技术的迅速发展，带动了整个影像时代的成长。

计算机数字合成技术与3D计算机动画有很大的差别，它本身不是无中生有的一种技术，而是利用已有的素材画面进行组合，同时可以对画面进行大量的修饰、美化。可以说是一种锦上添花的技术。

对于影像作品来说，我们经常可以看到这样的画面，画面本身就是由很多没有关联的物体组合而成，显然不是通过拍摄，而是通过合成得到的。例如，很多电视片头、广告、MTV等节目就是如此。这时合成的首要条件不是真实感，而是纯粹的审美和形式感，但从合成的技术方式来说，与拟真的合成没有太大的差别。

经由以上的介绍，我们大致总结出影像后期制作的样貌：利用实景拍摄所得到的素材，透过3D计算机动画和合成的技术来制作特效镜头，然后把镜头剪接组合在一起，形成完整的影片，并且为影像制作声音。目前大部分的影视作品，从广告、片头、MTV、电视剧甚至到电影等都是按这样的工作方式制作出来的。

在为微课视频进行包装时，一定要问问自己，为什么必须为这一个段落进行包装？除非理由充分，否则包装就有被滥用的可能。

经过那么漫长而艰苦的努力，我们的微课影片终于制作完成了。虽然它可能存在这样或者那样的不足和局限，但已足够让我们高举起双手，欢呼属于自己的胜利。

3.4.2 发布运营

目前来看，微课平台已经比较成熟，自建、购买、借用，每一种方式都有各自的特点和优势，可以根据自己的需要选择不同的方式。但无论哪种方式，搭建不是第一步，更不是最后一步，在选择前要充分考虑使用目标，初步积累内容，在选择后要及时更新资源，长期维护运营。

（1）自建，是指机构根据自身的需要设计开发属于机构的学习APP。其优势在于可以根据机构教学需要量身定制，并对接现有办公系统、在线学习系统。其劣势在于开发周期长，运营维护成本较高。

（2）购买，是指直接采购成熟的移动学习解决方案，或者使用各种服务商平台的账号。这些平台有些是单独的APP，通过授权账号登录使用；有些则是与微信连接，从微信公众号入口登录使用。

购买平台适合于相对标准化的需要，也可以实现少量的定制功能。其优势在于成本低、周期短，尤其是定制较少的情况几乎可以即买即用。其劣势在于无法与机构现有的系统兼容，如果要利用既有资源也需要大量的移动工作。但实际上，移动学习本来就需要全新设计的内容才能达到最佳的学习效果，因此，购买平台是绝大多数机构选择的方案。

（3）借用，是指免费或者以较低费用使用现有平台如微信公众号，借助平台既有的功能搭载相关内容，即可分享微课。

借用平台主要适合于与外部客户和合作伙伴互动。机构内部不涉及知识产权和保密的内容，也可以利用这类平台。其劣势在于功能较少，保密性差，大多数机构只是将其作为辅助性平台，只是二次开发的费用也未必比前两种平台少。

小结

美化、加工、包装要避免让视频看上去只是花哨，喧宾夺主，对视频的包装是为了更好地呈现知识点和教学内容，吸引学习者的注意力，无论选择哪种平台发布微课，平台是基础，内容是核心。通过专业方法，将复杂、枯燥的课程提炼成简单、好看的微课。要点一目了然、传播方便易行、速度和力度都会远远胜于从前。微课结合移动网络，把学习变成了一种生活。

第4章　微课教师之道

当教师从课堂上走到镜头前,准备开始视频教学工作的时候,心理调整是首要的问题。教师在录制微课程的时候一定要记住,虽然拍摄时面前并没有学生,但是一定要想象自己的面前有一群在认真听课的学生,一定要讲得生动形象,因为学习者在观看微课课程时候,教师的每一个细节、每一个表情都会影响到学习者的学习心理和态度。

在这个世界上每个人都各有特色,每个人都对这个世界具有某种难以形容的价值,一旦你接受了这个事实,你所要做的事就是相信你自己。这种信心会让你觉得你和任何人一样平等,可以做得很好,值得大家的认可和尊重,能够成为一名有力量通过镜头和学习者沟通的教师。

4.1　重新定位

从传播学的角度说,视频教学是一种交流,有话要说、有课要讲的教师,可以借助视频方式跟学习者交流。

4.1.1　内在力量

在镜头前,重点不在于教师长什么样子,而在于教师能否投射出一种自信的感觉,因为他们觉得自己看起来很棒,他们喜欢自己的教学工作,也因为如此,学习者往往被他们所吸引。教师的内在和外在合二为一时,明星般的气质就会显现出来。

轻松自在的本性自我,会让学习者不由自主地喜欢你的表达,进而接纳你的课程。想要成功地在镜头前展现自己,需要注意以下几点。

(1) 目光接触的最佳方法。
(2) 手势的运用。
(3) 身体语言的运用。
(4) 站立等技巧。
(5) 建立信任。

4.1.2　外在展示

如果镜头前教师害怕呈现真实的自己——恐惧,就没有办法自在地站在摄影机和观众的面前,甚至只是站在一个人的面前也没有办法。可以利用如下这些"展示和讲述"的技巧。

(1) 深呼吸。
(2) 享受这种附加的力量。
(3) 用眼睛做第一次接触。

（4）忘掉看起来的感觉如何。

（5）尽情享受这一刻，留住现在这一刻。

恐惧是生活中很自然、正常的一部分，一个人只要进行探险、探索新的领域，或面对新的挑战，只要你在成长，你就会经历到恐惧。毕竟成长所突破的就是你的恐惧，你的力量来自于你知道自己有能力面对任何一种未知的状况。

拥有能量（不是知识），如果单纯地使用你的"附加能量"，就有可能将你的恐惧转化为你的助力。

有人说，生活的关键就是不断接受很多的挫折，愈能面对处理它，在各方面的表现就愈会成功。

4.1.3 善用紧张

应付紧张的办法，就是放松，轻轻地呼吸，控制呼吸。也可以运用想象力，想象力是我们用来训练自己最有力的办法，所有成功都源自想象。

当你了解到紧张是正常的，而且紧张会创造出附加的能量时，你就会反观自己生理上的反应，把这些反应当作一种正面的信号，这个信号告诉你，心理上已经准备好要面对镜头谈话了。如此一来，你的紧张就不会持久，它会在三十秒内自动消失不见。

控制情绪的反应，为了要有真实存在的感觉，我们就必须放弃害怕被伤害的心理，让自己真实地体验所有的感觉。借着感受刻骨铭心的亲身经验，才能治愈我们的恐惧。感受很棒就会看起来很棒。你感觉自己是什么样子，你就是什么样子。

小结

和在教室里上课不同，镜头前的教师需要将自己的教学方式重新定位，在一定的时间里有效表达、讲授课程，需要内心有充分的准备，控制镜头前的紧张和情绪，这样才能够轻松、真实地完成知识的传授。

4.2 控制声音

吐字清晰、用词准确、声音明亮，是在镜头前成功讲授课程的基础。由于微课时间很短，因此要重视每一秒，不要有口误、重复、表达不清、拖沓现象。

有声语言是由语言和声音两种要素构成的，是在教学活动中传递信息、表达思想最主要的媒介和表达手段，它是教师思想感情的载体，以流动的方式，运载着教师的主张、见解、态度和感情，将其传达给学习者，从而产生说服力、感召力，使学习者受到教育。

大多数人不需要改善自己的声音，但我们需要知道如何有效地运用自己的声音。要记住，一次发言与一首乐曲同出一理——发言是用声音诠释乐谱。记住最佳运用声音的要素：节奏、语速、音量、音高、停顿。

4.2.1 节奏

以没有变化的语调用单一节奏发表的讲话很快就会使听众发疯或麻木。需要让你的声音涨落起伏，为其注入活力。有时需要用语句间的简短停顿产生出合适的节奏，有时则强调语句流畅。语言的节奏与语速有着直接的联系。

4.2.2 语速

许多人相信讲话速度快更加富有生气，但真正的诀窍不是语速本身而是语速的变化，因而语速与节奏有关。变化的语速可以吸引听众并有助于集中精力。因此，人们以更轻快的语速说出容易同化的一段话，并用从容平稳的语速来表达复杂的思想，可使听众有时间理解消化。

讲故事需要用动人的语速，而向"幼稚的毕业生"解释复杂的"期权"时，则要求运用有节律的语速。语速还需要与讲话的音量相配合，语速随着音量的变化而变化。

4.2.3 音量

音量的大小要依据正在使用的环境的面积和形状而定。同时，运用加大或减小音量的方法以强调重点并抓住和控制听众也很重要。

音高是一种将你的声音"抛出"、使你的声音在房间所有部位都能被清楚听到的能力。对此很难说明白，需要在练习中体会掌握。试着将胸腔吸足气，把声音从胸腔提升到喉咙后部或头顶，比平时说话时嘴要张得大并提高音量（与大声叫喊不同）。

如果只是张开嘴让话语流出，就不能提高声音。如果不能正确使用嘴和嘴唇的肌肉，就会发出平淡单调的声音。应让嘴唇、嘴和下巴积极活动起来，给话语加上重音并清晰地说出来。

4.2.4 停顿

现在探讨一下讲话中的停顿。大多数人往往忽视这一点，其实正确地使用停顿可以使声音最有效地运用。

要在讲话中有效地利用停顿，否则你很快就会感到紧张发慌并会在讲课时停顿时间过短，从而导致语速过快，使学习者留下无法听清楚的印象。

镜头前讲话的人往往意识不到这种令人不舒服的习惯，而且除非编导告诉他们，否则他们将继续用这种含糊不清的杂音糟蹋好的讲解。比较可喜的是，许多人一旦意识到这种毛病之后很快就会克服掉，在讲话风格和自信心方面会取得显著的进步。

总而言之，有效地控制声音要做到以下几个方面。

（1）清楚：使用简单、易懂的词句。

（2）清晰：让每句话都听得清楚很重要。
（3）自信：精干和自信来自于对知识的掌握和对教学内容精心的准备。
（4）停顿：让学习者有领会你的话的时间十分必要。

小结

对有声语言的要求，原则是吐字清楚、准确，声音清亮圆润、甜美，语气、语调、声音和节奏富于变化，要注意形式美和声音美。它具有时间艺术的某些特点，是学习者听觉的接受对象和欣赏对象。

4.3 肢体语言

举止有度，镜头前一举一动、一颦一笑，姿态和风度应得体自如。美国心理学家艾帕尔曾说："人的感情表达由三个方面组成：55%的体态，38%的声调，7%的语气词"。由此可见，态势语言调动情感在镜头前有多么重要。

体态语言就是讲话者的姿态、动作、身势、手势、表情等；它是流动着的形体动作，辅助有声语言承载着思想和感情，诉于听众的视觉器官，使听众产生与听觉同步的效应，加强了有声语言的表达效果。

镜头前教师是以其自身出现在观看课程学习者面前进行讲解的，所以他必然以整体形象，包括形体、仪表、着装、发型、举止神态等直接诉于学习者的视觉器官。而整个主体形象的美与丑、好与差，在一般情况下，不仅直接影响着镜头前教师思想感情的表达，而且也直接影响着学习者的心理情绪和美感享受，这就要求镜头前的教师在自然美的基础上，要有一定的艺术美。而这种艺术美，是以镜头前教师本人为依托的现实的艺术美，它不同于舞台艺术的性格化和表演化的艺术美。这就要求在符合教学特定活动的前提下，注意朴素、自然、轻便、得体，注意举止、神态、风度的潇洒、大方、优雅。只有这样，才有利于思想感情的表达，有利于取得教学的良好效果。

体态语言，也称为身体语言、肢体语言、无声语言，它能帮助我们表情达意，强化思想感情。所以有人称之为语言交际过程的"第二种表现方式"。

心理学研究表明：人感觉印象的77%来自眼睛，14%来自耳朵，视觉印象在头脑中保持的时间超过其他器官。有的心理学家认为：无声语言所显示的意义要比有声音语言丰富得多，而且也深刻得多。

站在镜头前讲话与在教室里讲话毕竟不是一回事，站着讲与坐着讲，感觉又不一样。站在镜头前，你的一举一动都会对学习者产生重要影响。

讲课不是演戏，但是，镜头前的讲课又的确需要懂得一定的表演艺术，否则便不能自然从容地在镜头前进行教学工作。因此，怎样站，怎么看，怎么挥洒自如，怎样表情丰富都是重要的问题。上过镜头的老师恐怕都深有体会。懂得恰当地运用体态语言，熟悉一些表演艺术，是使教师能在镜头前轻松自然地讲课的必要前提。

体态语言包括动和静两种。动态语言包括表情、头、手的姿势；站姿、坐姿、服饰等就属于静态语言了。

体态语言在教学中的使用范围极广，使用频率也极高。

4.3.1 身姿

身姿就是指身体的立度、体态，站的样子。平常每一个人的姿势，总是带着习惯所养成的种种不良的体态，如果这种陋态作为一个教师带到镜头前，无疑是不会成功的。坐要正，立要直，胸要挺，肩要平，把最美好的姿态拿出来，把最能代表你精神的风姿拿出来，是每一个镜头前的教师必须注意的。只有让人看上去舒适、坦荡、自然、潇洒、风度翩翩，你的课程才能取得好的效果。

从迈向镜头的第一步起，我们就应该有意识地推出自己最好的形象。自信是不可缺少的，有自信的人，会显得神采奕奕、容光焕发，让人感觉精神舒畅。这是构成精神面貌的主要部分。

走路的姿势也能给别人留下深刻的印象，因为步姿与一个人的精神状态有关。根据心理学家史诺嘉丝的实验表明，人们的步姿不仅和他的性格有关，而且和他的心情、职业有关。这的确是一件很有趣的事情。在日常生活中，人们也有许多关于走的说法，也充分说明了人们对走的在意，如健步如飞、安步当车、行色匆匆、踱来踱去、步履艰难、脚步沉重等。可见，足下也有文章。镜头前你的走姿也格外醒目起来。这个时候，如果产生紧张，走起路来便会格外别扭，甚至都不会走路了。这些情形平时听来可笑，镜头前便成为摆在眼前的一大难题，小看不得。

人的精神面貌是形于内发于外的东西，但人的一些举止动作却是可以自我调控的。动作姿态是一种非语言的沟通方式，有着积极意义。我们都知道如果镜头前英姿勃发，行走稳健、潇洒，就会给学习者一种赏心悦目的感觉，增强教学效果；如果反其道而行之，随随便便地站在镜头前，松松垮垮，就会使学习者感到不舒服。所以，在举止上给观众一种极有风度的感觉非常重要。任何细节都能体现出一个人是否有风度以及风度如何。

一般来说，站只要自然即可，并没有什么特定的站法。应该挺胸收腹，精神饱满，气向下沉。两肩放松，重心主要支撑于脚掌上。脊椎、后背挺直，胸略向前上方挺起。腿应绷直，稳定重心位置。站姿可以适当变换，不要太单一，否则会既辛苦又显得呆板。可以适当走动，不要站在原地不动。站姿适当，配上手的动作就更谐调了。如果会觉得全身轻松，呼吸自然，发音畅快，有助于提高音量，做慷慨激昂的讲解。也只有站立，才能使身姿、手势自由活动，把自己的形象充分显露出来。

"站有站相"，自然得体即可，不需要刻意追求一举手、一投足都完美无缺。镜头前有这个意识即可，并非需要刻意地采用什么模式或风格，各人应有各人的习惯与风格。

4.3.2 眼神

镜头前要做到"目中无人，心中有人"。

对在镜头前的教师而言，更为重要与直接的是：目光能塑造自我形象，给人以鲜明的第一印象；目光炯炯，给人以健康、精力旺盛、热情自信的印象；目光迟钝，给人以虚弱麻木、不灵活的印象；目光明澈，给人以坦诚的印象；目光闪烁，给人以神秘、狡黠、机灵的感觉；目光如炬，给人以威严正义的感觉。

在镜头前最忌目光空洞呆滞，这最易损坏自己的形象。目光畏缩慌乱也是不良表现。另外，毫无目的左右乱看也应极力避免。还有的人总是毫无理由地闭眼或眨眼，让人觉得莫名其妙，这种不良习惯也应避免。

总之，眼睛是心灵的窗户，不要因为窗户上的一点儿灰尘而给美好的心灵上抹上一层黑。让人感到你的目光友善、真诚、热情、自然，你就成功了。镜头前应该善于运用自己的眼神，辅助有声语言，来表达自己的情感，维系学习者的注意力，使学习者透过这扇心灵的窗户，感受教师的内心世界。

4.3.3 表情

镜头前的面部表情无论好坏都会带给学习者极其深刻的印象。控制脸部的方法，首先是"不可垂头"。人一旦"垂头"就会予人"丧气"之感，而且若视线不能与镜头接触，就难以吸引学习者的注意。另一个方法是"缓慢说话"。说话速度一旦缓慢，情绪即可稳定，脸部表情也得以放松，再者，全身上下也能够为之泰然自若起来。

镜头前的表情如"荧光屏"，学习者的眼神都集中在"荧光屏"上。因此，教师脸上的每个细胞、每条皱纹、每个神经都表达某种意思、某种感情、某种倾向，镜头前的面部表情一般应该带有微笑。要善于用目光接触镜头，掌握注意力，建立信任。

小结

体态语言就是讲话者的姿态、动作、身势、手势、表情等；它是流动着的形体动作，辅助有声语言承载着思想和感情，诉于学习者的视觉器官，使听众产生与听觉同步的效应，加强了有声语言的表达效果。

4.4 服饰妆容

4.4.1 服装

镜头前教师须穿正装。正装，顾名思义就是正式场合穿的衣服。传统的正装有西装、中山装、套裙等。正装穿着有以下几个原则。

1. 三色原则

三色原则简单说来,就是身上的色系不应超过三种,很接近的色彩视为同一种。颜色太多会给人一种花里胡哨的感觉。

2. 有领原则

有领原则说的是,正装必须是有领的,无领的服装,比如T恤、运动衫一类不能称为正装。男士正装中的领通常体现为有领衬衫。

3. 钮扣原则

正装应当是带有钮扣的服装,拉链服装通常不能称为正装,某些比较庄重的夹克事实上也不能称为正装。

4. 皮带原则

男士的长裤必须是系皮带的,通过弹性松紧穿着的运动裤不能称为正装,牛仔裤自然也不算。即便是西裤,如果不系腰带就能很规矩,那也说明这条西裤腰围不适合你。

5. 皮鞋原则

没有皮鞋的正装绝对算不上正装,运动鞋和布鞋、拖鞋是不能称为正装的。最为经典的正装皮鞋是系带式的,不过随着潮流的改变,方便实用的懒式无带皮鞋也逐渐成为主流。

女式正装最常见的就是西服套裙了,与之搭配的衬衫、内衣、鞋子、袜子等颜色不能太艳丽。比如内衣颜色不能过于显眼,鞋子不能选用大红大紫之类的,在正式场合建议女士不要穿凉鞋或者露趾的鞋,如果穿高跟鞋,鞋跟高度在3~4cm为宜。

4.4.2 化妆

微课教师在妆容塑造上不同于主持人,总体要求应该是端庄、大方、大众、出众、郑重、典雅,突出权威性、知识性。

1. 女性

女教师在化妆上应该以自然、写实的风格为主。尤其现在制作和播出环节数字化设备的日益普遍,看到的图像清晰度和主观层次感不断增强,所以,在化妆上宜淡不宜浓。在服装方面应该选择端庄大方的职业装,外套里可选择衬衣、吊带、抹胸等来搭配。在胸颈之间不宜大面积露出肌肤,领口不宜低于掖线。在色彩上,不宜选用色彩纯度和明度高的颜色,如品红、绿、蓝等。应该选择纯度和明度低一些的颜色,灰色或含灰的色系,如红灰、蓝灰、紫灰等色彩。这类颜色给人以冷静沉着、典雅秀丽的感觉。

2. 男性

男教师在化妆时,应该主要表现男性的力度。男性化妆不论在任何光源下都不应该有丝毫被化妆过的痕迹表现在电视画面中。发型应简洁、整齐、明快、自然。肤色应结实、健康。挺直的鼻型,有棱角的眉型和唇型是男播音员的化妆重点。过于夸张的修饰,会使男性的形象带有脂粉气。男教师的化妆虽然步骤少,用色简单,但要因人而异。条件好的地方就无须再用化妆品去遮盖,要恰到好处。

4.4.3 发型

最后不要忘记整理头发。根据不同的要求选择不同的发式，或端庄，或时尚，或活泼。演播室录像通常会用蓝色底子，这就要注意不能穿蓝色衣服，头发要整齐，外轮廓不能有很多不服贴的发丝。用散开的头发来遮挡过宽的脸型是不可取的，它只会显得邋遢，所以发型一定要干净利落。

规范的微课视频需要专业化妆师，对教师的整体形象定位与化妆设计，要有清晰的认识和准确的把握。必须了解课程制作规律，把握视频制作综合因素中的种种变化，如灯光的色温、照度、角度、摄像机的位置及环境色、服装颜色等。对这些因素的深入了解，以及与各部门的密切配合，有助于完整地实现课程整体造型的意图。

小结

总之，微课教师形象美是一种从感官到心灵的享受，并且是通过化妆、发型、服饰等手段，综合地体现出一个人的气质、风度、修养和生活态度，是一种整体的表达。

第5章　微课方案流程

在微课设计、开发、制作的过程中，可以用不同类型的微课教授相应的教学内容，不同类型的微课所能达到的教学效果会各有不同；同时，不同的制作方式和媒体表现形式也会直接影响微课的教学效果，本章将对微课类型方案和制作流程进行分析、介绍。

5.1　微课分类方案

5.1.1　任务型微课

任务型微课是学习完成一项任务的微课，比较典型的任务型微课就是语言教学微课，在任务型语言教学微课的教学活动中，教师应当围绕特定的交际和语言项目，设计出具体的、可操作的任务，学习者通过表达、沟通、交涉、解释、询问等各种语言活动形式来完成任务，以达到学习和掌握语言的目的。任务型教学法是吸收了以往多种教学法的优点而形成的，它和其他的教学法并不排斥。

1. 基本概念

任务型教学（Task-based Teaching）是指教师通过引导学习者在微课上完成任务来进行的教学。这是20世纪80年代兴起的一种强调"在做中学"（learning by doing）的语言教学方法，是交际教学法的发展，在世界语言教育界引起了人们的广泛注意。这种"用语言做事"（doing things with the language）的教学理论也逐渐引入到我国的基础英语微课教学中，是外语课程教学改革的一个走向。该理论认为：掌握语言大多是在活动中使用语言的结果，而不是单纯训练语言技能和学习语言知识的结果。

任务型微课以任务组织教学，在任务的履行过程中，以参与、体验、互动、交流、合作的学习方式，充分发挥学习者自身的认知能力，调动他们已有的目的资源，在实践中感知、认识、应用目的资源，在"干"中学，"用"中学，体现了较为先进的教学理念，是一种值得推广的有效的教学方法。

2. 任务型特点

（1）完成多种多样的任务活动，有助于激发学习者的学习兴趣。

（2）在完成任务的过程中，将知识和技能结合起来，有助于培养学习者运用综合能力。

（3）促进学习者积极参与互动交流活动，启发想象力和创造性思维，有利于发挥学习者的主体性作用。

（4）在任务型微课中有大量的小组或双人活动，每个人都有自己的任务要完成，可以更好地面向全体学习者进行教学。

（5）活动内容涉及面广，信息量大，有助于拓宽学习者的知识面。

（6）在活动中学习知识，培养人际交往、思考、决策和应变能力，有利于学习者的全面发展。

（7）在任务型微课设计的活动中，在教师的启发下，每个学习者都有独立思考、积极参与的机会，易于保持学习的积极性，养成良好的学习习惯。

3. 基本要素

（1）目标。如同日常生活和工作中的任务一样，教学任务首先具有目的性，也就是说，它应该具有较为明确的目标指向。如前所述，这种目标指向具有两重性，一是任务本身要达到的非教学目的，二是利用任务所要达到的预期的教学目的。如在"案件侦破"任务中，其非教学目的便是根据不断增加的线索进行讨论推理，直到最后找出罪犯。但设计任务所期望达到的教学目标则可能是通过完成任务过程中所产生的语言交流感受语言，增强语言意识，提高交际能力，并在交际过程中应用诸如表示假设、因果关系，或"肯定""可能""也许"等目的语表达形式，作为促进学习的教学任务，教师更多地关注他的教学目的。

（2）内容。任务的这一要素可简单地表达为"做什么"。任何一个任务都需赋予它实质性的内容，任务的内容在微课上的表现就是需要履行的具体的行为和活动。

（3）程序。指学习者在履行某一任务过程中所涉及的操作方法和步骤，在一定程度上表现为"怎样做"。它包括任务序列中某一任务所处的位置、先后次序、时间分配等。

（4）输入材料。所谓输入材料是指履行任务过程中所使用或依据的辅助资料。如前面提到的"案件侦破"任务，就需要打印在若干张纸条上的一系列线索，任务就从第一条线索的推理和讨论开始，在不能得到肯定的结论时，依次增加线索，直到真相大白。输入材料可以是语言的，如新闻报道、旅游指南、产品使用说明、天气预报等；也可以是非语言的，如一叠照片、图表、漫画、交通地图、列车时刻表等。尽管有些微课任务并不一定都要使用或依据这样的输入材料，但在任务设计中，通常提倡准备和提供这样的材料，使任务的履行更具操作性，更好地与教学结合。

（5）教师和学习者的角色。任务并非都要明确教师和学习者在任务履行中的角色，但任务都会暗含或反映教师和学习者的角色特点。教师既可以是任务的参与者，也可以是任务的监控者和指导者。在任务设计中，设计者也可考虑为教师和学习者进行明确的角色定位，促进任务更顺利有效地进行。

（6）情景。任务的情景要素指任务所产生和执行的环境或背景条件，包括语言交际的语境，同时也涉及微课任务的组织形式。在任务设计中，应尽量使情景接近于真实，以提高学习者对语言和语境之间关系的意识。

任务型微课属于以学习为中心的教学法。此类教学法主要关注外语教学的认知过程和心理语言学过程，力图为学习者提供机会，通过微课上以意义为焦点的活动，参与开放型的交际任务。其微课操作程序表现为一系列的教学任务，在任务履行过程中，学习者注重语言交际的意义，充分利用自己已经获得的目的语资源，通过交流获取所需信息，完成任务，其学习过程是沿着开放的途径达到预期的教学目标。

4. 基本原则

（1）真实性原则。此原则是指在任务设计中，任务所使用的输入材料应来源于真实生活,同时,履行任务的情景以及具体活动应尽量贴近真实生活。当然,"真实"只是一个相对概念,任务设计的真实性原则也不完全反对非真实语言材料出现在微课任务中,但有一点是肯定的,就是要尽量创造真实或接近于真实的环境,让学习者尽可能多地接触和加工真实的语言信息,使他们在微课上使用的语言和技能在实际生活中同样能得到有效的应用。

(2)形式/功能原则。传统语言练习的最大不足之处便是语言脱离语境,脱离功能,学习者可能知道不同的语言形式,但不能以这些形式得体地表达意义和功能。形式/功能原则就是在真实性原则的基础上,将语言形式和功能的关系明确化,让学习者在任务履行中充分感受语言形式和功能的关系,以及语言与语境的关系,增强学习者对语言得体性的理解。

(3)连贯性原则。这一原则涉及任务与任务之间的关系,以及任务在微课上的实施步骤和程序,即怎样使设计的任务在实施过程中达到教学上和逻辑上的连贯与流畅。任务型教学并非指一堂课中穿插了一两个活动,也并不指一系列活动在微课上毫无关联的堆积。任务型教学是指教学通过一组或一系列的任务履行来完成或达到教学目标。在任务型教学中,一堂课的若干任务或一个任务的若干子任务应是相互关联、具有统一的教学目的或目标指向,同时在内容上相互衔接。

(4)可操作性原则。在任务设计中,应考虑到它在微课环境中的可操作性问题,应尽量避免那些环节过多、程序过于复杂的微课任务。必要时,要为学习者提供任务履行或操作的模式。

(5)实用性原则。任务的设计不能仅注重形式,而不考虑它的效果。微课任务总是服务于教学的。因此,在任务设计中,要避免为任务而设计任务。任务设计者要尽可能为学习者的个体活动创造条件,利用有限的时间和空间,最大限度地为学习者提供互动和交流的机会,达到预期的教学目的。

(6)趣味性原则。任务型微课的优点之一便是通过有趣的微课交际活动有效地激发学习者的学习动机,使他们主动参与学习。因此,在任务设计中,很重要的一点便是考虑任务的趣味性。机械的、反复重复的任务类型可使学习者失去参与任务的兴趣,因而任务的形式应多样化。需要注意的是,任务的趣味性除了来自任务本身之外,还可来自多个方面,如多人的参与、多向的交流和互动,任务履行中的人际交往、情感交流,解决问题或完成任务后的兴奋感、成就感等。

5. 任务型的本质

任务与传统的"练习"或通常意义上的"活动"究竟有什么样的本质差别呢?首先,任务具有目的性。这里的"目的"具有两重性,一是任务本身所包含的非教学目的,二是任务设计者所期望任务参与者达到的教学目的,而练习通常只具有教学目的。其二,任务通常会产生非语言性结果,而练习总是产生语言性结果。比如,根据所听天气预报的信息,决定怎样安排野炊;或根据火车和汽车时刻表,选择哪几趟车能方便准时地赶到某地开会,任务完成后所得到的结果是非语言性的,而微课练习,如用短语造句、用介词填空等,其结果总是语言性的。第三,任务具有开放性,也就是说,任务的履行并非有一套预定的模式或途径,或者会达到统一的结果,完成任务的途径,包括应用的语言是可选择的、不固定的、非限制性的。第四,任务具有交际性或互动性。任务通常是集体性和合作性活动,任务的履行通常以交际或互动的方式进行,这种互动可以是学习者与学习者之间、学习者与教师之间、学习者与输入材料之间的双边或多边互动。

6. 任务型微课案例——《心肺复苏》

这门微课是关于一项典型任务——用心肺复苏抢救心脏呼吸骤停的人,如图5-1和图5-2所示。开篇讲述了心肺复苏的应用场景,当有人神志消失、呼吸停止和脉搏消失时,可以用心肺复苏进行急救(这是场景);然后介绍心肺复苏的三个步骤 C-A-B(这是流程/步骤),即胸外按压、打开气道、人工呼吸,对每一个步骤的准备姿势、位置、如何使力、频次与幅度等要点用图片进行介绍(这是方法/要点),并总结了一些上口易记的口诀,比如胸外按压的准备姿势是"跪下俯身臂伸直",位置是"胸骨末端上两指",使力、频次与幅度的要点是"双手扣紧掌跟力、每分百次五厘米"。最后总结关键步骤是胸外按压并进行胸外按压的现场演练(这是总结+练习)。这是一门面授形式的微课,在教学过程中可以采用讲师示范与学习者演练的方式。

图5-1　任务型案例《心肺复苏》　　　　图5-2　微课《心肺复苏》故事板

将一项任务按照流程或步骤分解,再给出每个步骤的方法或要点,是程序性知识常用的学习结构,这样的结构易于学习者快速理解和掌握。而在微课的开头增加任务场景不仅可以有效地激发学习者的学习兴趣,而且便于学习者锚定应用情境,从快学到快用直接切换,而最后的"总结+练习"则是记忆与强化的必备环节。这门微课就是按照任务型微课的常规结构来设计的。

7. 小结

完成多种多样的任务活动,有助于激发学习者的学习兴趣。一节微课的影响力,不仅在于短短几分钟,还体现在学习者学完微课之后的行为反应。在微课当中把知识技能讲通透固然重要,但是如果能让学习者看完微课之后主动学习和探究,这才是活学活用、深度学习的关键。因此,一节好的微课可以搭配学习任务单,让学习者带着任务去学习。

5.1.2 问题型微课

说起问题型微课,很多教师并不陌生。问题型微课的主线非常清楚,关注一个核心问题的讨论,焦点明确。问题是通向理解之门。好的问题能激发学习者的探究欲望,引发有质量的思考。好的问题型微课,能将问题讲得深入浅出,带领学习者一步步学习、掌握探究和解决问题的方法。问题型微课的核心是以问题为引导,但又不只是有个引导问题这么简单。要在教学过程中以"问题"为线索,基于问题情境发现探索知识,掌握技能,学会思考、学会学习、学会创造,促进学习者创造思维的发展。

1. 问题型微课的内涵

问题教学法源远流长,是激发学习的内在动力源泉。一个以问题为主线,围绕问题展开讨论的微课,就是问题型微课。问题的类型不同,形成的问题型微课风格也有所差别。在问题型微课中比较常见的问题类型有"是何""为何""如何",也就是"是什么""为什么""怎么做"。"是什么"表示事实性的问题,如"什么是AI"。"为何"表示探究原因的问题,如"冬天为什么会下雪"。"怎么做"表示寻找解决问题的方法和做法,如"看病该怎样挂号"。除此之外,还有"若何",就是假设性的问题,如"例如怎样""会怎样"等。

2. 问题型微课的特点

(1)用问题串起整节微课。问题式教学法,就是以提出问题、分析问题、解决问题为线索,并把这一线索始终贯穿整个教学过程。问题,是问题型微课的核心所在。在问题型微课中,问题贯穿始终,它将整节微课串了起来。微课上,我们会不时地提问并与学习者进行互动,提醒容易分心的学习者:赶紧集中注意力,回到微课上来。可见,提问的一个作用是"保持学习者的注意力",但更为重要的是,教师可以通过提问引发学习者思考,促进学习向深度发展。微课中的问题作用也类似。好的问题能激发学习者探索未知的欲望,让学习者在思考中学习并提高。

在问题型微课中,教师常常会联系实际生活,让学习者带着疑问去学习,使学习者始终保持着好奇心和积极性。例如,在"为什么"问题类型的微课中,随着探索的逐步深入,学习者跟随着问题一点儿一点儿接近真相,逐渐获取问题的答案。在"怎么做"问题类型的微课中,学习者随着问题的思路一步一步解决问题,在学习微课的过程中掌握了解决问题的方法。

(2)不要为问问题而问问题。《现代汉语词典》对"问题"的解释是:需要研究讨论并加以解决的矛盾、疑难。问题型微课中的"问题"也是如此,是需要讨论或者解决的矛盾。也就是说"问题"必须是有价值的、有意义的、值得探究的,而不是随便在教材里找一道题目,将它的解题过程拍成微课就叫作"问题型微课"。教学要把主要精力放在问题的发现、分析和解决的过程上。问题教学为达到培养学习者的科学精神和创新思维习惯,无疑要大力进行发散性思维,多角度思考问题,但同时也要注意归纳、综合,进行集中性思维,使二者结合。只有这样,才能在培养学习者的科学精神和创造性思维习惯的同时,做好知识的建构与积累。学生思维的培养是离不开问题的。因此,问题教学从根本上讲是"问题源"的开发,即左右脑的潜能的开发与和谐发展。科学研究表明,其中右脑的开发与利用,极有利于创新精神的培养。在一定意义上讲这正是问题教学的本质所在。创造从问题开始。而问题的产生,要注意事物的"特点"与"关系"。因此,教师在教学中的设问与情境的创设要精心设计,既不能过于暴露、直接,又不能过于隐蔽,使学习者难于发现问题,要做到"暗示"。在"问题意识"培养中,对问题产生的相关因素要多加以注意:如知识的积累、心智技术发展、动机与情绪状态和个性思维习惯等。一个好的问题型微课,应该难度适中,要以学习者主体主动参与学习为前提,但是学习者主体性能否在参与中极大地发挥出来,还有赖于微课中的正确的引导作用。

(3)就像教师在旁边带领学习者探索。在好的问题型微课中,教师就是一个举着明灯的领路人，带着学习者去探索他们渴望了解却又未知的知识世界。学习者学习问题型微课时，就像教师在身边手把手地指导，循循善诱，带着他们一步步靠近问题的真相，一步步解决心中的困惑。我们会发现，除了在微课一开始时，教师会提出一个贯穿整个微课的"核心"问题以外，在微课讲解过程中，教师也会在适当的时候提出一系列小问题来启发学习者思考。比如在微课《勤劳的小蜜蜂》中，在简单导入后，教师提出了整个微课的重点问题"如何让蜜蜂在花丛中来回飞行？"而在微课讲解过程中，教师根据情境不时追问："蜜蜂来回飞行有什么特点？""看，现在的动画效果实现了蜜蜂来回飞行了吗？"等。

此外，问题型微课还需要"留白"，在需要学习者思考的时候，不要着急告诉学习者答案，而是真的停下来，给学习者反应的时间，然后再往下讲。问题型微课让学习者身临其境，教师好像就在身边不时提醒他、督促他前进。

（4）站在学习者的角度，指导学习者。一个好的问题型微课，能让学习者感受到教师在身边手把手地教自己。教师可以给学习者指出方向，告诉学习者哪条路更顺畅，让学习者少走弯路。但是教师不能代替学习者把路走完，直接告诉学习者答案。也就是说，教师应该引导学习者去探究问题，这一点在问题型微课中尤为重要。优秀的问题型微课，往往是站在学习者的角度，从学习者已有的知识、能力入手，结合学习者的思维方式，来讲解问题研讨的方法。可以将问题与现实生活相结合，从身边的现象引入、提出问题，如"为什么井盖是圆的？""我国的北京和乌鲁木齐，谁先迎来黎明？"这些问题贴近学习者的生活，一下子就吸引了学习者的注意力。同时，讲解过程中应设置学习者发言环节，以亲切的口吻、清晰的流程引导学习者。学习者会认为，是自己在教师的指引下主动探究，而不是"教师探究给我看"。学习者能感受到"教师懂我"，是我学习的"导师"，而不是高高在上的、遥不可及的知识权威。

3. 问题型微课设计环节

问题型微课，围绕一个核心问题的研究和讨论展开。一般的设计过程为：问题导入，分析问题，解决问题，总结。因此，在设计问题型微课时，也可以从4个环节展开。

1）提出核心问题

爱因斯坦说："提出一个问题，往往比解决一个问题更重要。"我们认为"问题"是问题型微课的核心所在，可见问题的重要性。然而，怎样提出问题是十分讲究的。开门见山、直接抛出问题是一种方法；联系生活实际、创设情境，由情境提出问题也是一种方法。二者方法不同，作用也有所差异。在微课设计中，建议使用后者，用一点儿时间创设问题情境，能有效激发学习者的好奇心，启迪学习者思维。创设情境的方法有很多，讲趣味故事、引用史话、制作悬念、猜谜语、联系生活现象……这些都是创设情境的窍门。如微课《查字典》中，作者创设情境的方法就很有趣：一位教师不开口，肚里学问样样有。谁要有事请教它，就得自己去动手。通过猜谜语的形式，引起学习者的兴趣，从而抛出问题。

2）进一步分析问题

创设了情境，问题也浮出了水面。接着，就需要分析问题了。所谓分析问题，指的是根据已有的信息，分析要求的是什么、存在哪些限制条件等。分析问题其实是一个明确问题的过程，分析过程需要调动已有的知识储备来明确问题内容，并明确不确定的内容，构思进一步探究的想法。在这个过程中，教师需要引导学习者分析问题相关的因素，找出因素之间的关系，以及制约因素的条件。为了降低学习者理解的难度，教师除了用清晰的语言表达外，还可以根据情况采用一些图示化的手段，如思维导图、图片等，帮助学习者更好地理解。

3）重点解决问题

解决问题，指学习者在明确问题的基础上设计解决思路，及其有关的背景观念和先前所获得的解决问题的方法，探索解决问题的途径，解决问题是指学习者在明确问题的基础上设计解决思路，激活有关的背景观念和先前所获得的解决问题的方法，探索解决问题的途径，提出问题解决方案。学习者可以通过各种探究活动寻求问题解决的可能途径，也可以由教师讲解明确解题方法。形成方案的具体过程包括个人对问题的思考、学习者之间的交流与合作、查阅资料、教师讲解和实验等。学习者在形成解题方案的过程中逐渐明确解题思路，最终使问题得以解决。探究问题解决方法的方式有很多，其中表格、画图等都是不错的选择。

4）最后归纳总结

问题解决了，不要忘了总结反思、呼应开头。在问题研讨结束后，应及时对问题解决过程、方法进行总结评价，回顾最初问题。归纳问题原因，获得最终的结论，才算真正完成了问题型微课。

4. 问题型微课设计原则

1）一个微课研讨一个核心问题

微课要短小精悍。时间太长容易让学习者产生疲倦，难以继续学习；问题太多容易分散学习者注意力，降低学习者学习自信。因此问题型微课最好聚焦于一个核心问题，围绕这个核心问题的原因、解决办法来深入探究，直至完成学习目标。核心问题可以来源于学科的一个知识点，将知识点或技能点转化为问题。也可以来源于生活，从生活中发现问题，与学习内容结合，形成问题。围绕问题来引申出微课的设计，如"是什么""为什么""怎么做"。此类微课只研讨一个问题，让学习者专注于一个问题，通过对一个问题的分析，来理解相关概念原理，掌握方法，让学习者学会触类旁通、举一反三。

2）微课设计的问题难易适中

两千年前的孔子倡导的"循循善诱"可以认为是问题导学教学模式的最早理论根源。诱即引导，循循善诱出自《论语·子罕》，表示善于有步骤地引导、教育。问题导学教学中的导，即开导、启迪之意。导学不是传统教学意义上的辅导教学，这里的导学是以问题为依托、以素质教育为指导、以培养学生的创新能力为目的，对学生的导思、导读、导练的过程。微课设计的问题要符合学习者已有的知识基础。教师在创设问题情境时，必须根据特定知识内容以及教学目标，将学习者已有的知识经验与将要学习的知识联系起来，在此基础上设置问题。问题不能过于简单，也不能过于复杂。过易或过难的问题都不能有效地激发学习者的思维情动、启迪学习者思考。学习的过程是不断提出问题、分析问题和解决问题的过程。微课中提出的问题应该符合学习者现有的认知结构，是学习者通过努力可以解决的，既不能让学习者对答如流，也不能让学习者望而生畏，觉得高不可攀，而应该落在学习者已有知识经验的范围内，让学习者跳跃后能"摘到果子"，让学习者有动力跳、有兴趣跳。

3）问题能启发学习者的思考

人本主义心理学代表人物罗杰斯认为，人类具有天生的学习愿望和潜能，这是一种值得信赖的心理倾向，它们可以在合适的条件下释放出来；当学习者了解到学习内容与自身需要相关时，学习的积极性最容易激发；在一种具有心理安全感的环境下可以更好地学习。微课涉及的问题要能引起学习者的学习兴趣，具有启发性。在创设问题情景时，要保证所创设的情境能激发学习者的认知冲突，启发学习者积极思考。要让学习者积极主动地获取知识，而不是被动地接受教师的灌输，有效的学习应该是在激发学习者认知需要的情境中进行的。因而假设问题情境时，要求其能引起学习者认知结构上的不平衡，造成学习者心理上的悬念，进而唤起学习者的求知欲望，激发起学习者学习的兴趣，把学习者带入一种与问题有关的情境中去，使他们产生积极思考的欲望。

4）问题有多种解决方法

对于问题答案只要有合理性，就要肯定，不搞唯一的标准答案。条条大路通罗马，解决问题的方法最好也应多样化。问题型微课所研讨的一般是开放性的核心问题，开放性的问题强调答案的多样性，能够调动学习者主动性，联系和迁移学习者已有的知识和能力，提高学习者对新问题的解决能力。微课中的问题分析和解决方法应多样化，教师可以重点分析一种思路或者方法，同时提供其他多种解决的思路或资源，鼓励学习者大胆探索，通过不同的过程和方法解决问题。这样才能使不同能力水平的学习者从不同角度、不同侧面、不同层次、不同范围得出各种结论，真正促进学习者思维的迁移。

5）深入浅出层层深入

用微课学习，微课即是学习者的教师。建构主义指出，学习的实质是学习者积极主动地进行意义建构的过程，即学习不是由教师把知识简单地传递给学习者，而是由学习者自己建构知识的过程。学习不是被动接受信息刺激，而是主动建构意义，是根据自己的经验背景，对外部信息主动地选择、加工和处理，从而获得自己的意义。教师在引导学习者思考时，需要由浅入深引导学习者认识规律。教师提问好比建楼，只有先打好基础才能层层上升，基础不稳难以提高，所以要做到循序渐进。问题并不是越难越好，而是需要以教材为基础，才能使得所设立的问题既源于课本又高于课本，既能够培养学习者自主学习能力，又不会使得学习者"望难生畏"。

5. 使用问题型微课

教师可将学习者学习中可能遇到的疑难点、易错点，作成问题型微课，在微课上播放给学习者观看。问题型微课聚焦于一个核心问题，线索明确清晰，有声有画，将研讨过程生动形象地呈现出来，给学习者多感官的刺激，促进学习者对难点的理解、对关键点的记忆。在此过程中，教师应该给予适时指导，尤其是关键环节和内容要与学习者多加交流，促进学习者对问题的深化理解与对问题研讨过程的掌握，提高问题解决能力。

学习者的基础、学习能力不一，对知识的接受与对问题的理解各有差异。微课的应用能有效促进学习者个性化学习。学习新课前，学习者通过观看问题型微课自主学习，为新课的学习做准备。课后学习者也可以根据自身学习情况，在遇到困惑或学习有困难时继续返回学习微课，回顾问题解决过程，顺利理清思路，提高自身的问题分析与解决能力。然而大部分情况下，学习者在课外观看学习微课时没有教师从旁指导，很容易产生迷茫或困惑，不知道如何利用微课进行学习。因此，教师需要设计学习任务单指导学习者如何运用微课进行学习。学习任务单需明确学习者的学习目标,设计相应的学习任务,给学习者提供学习方法上的指导,帮助学习者更好地利用微课进行自主学习。

6. 问题型微课案例——《妈妈晕倒怎么办？》

问题型微课是微课的一大特色,指的是针对一个问题予以定向解决,它既区别于以往的系统学习,也区别于简单的FAQ（常见问题解答）,让学习者习得针对性而又可操作的解决方案。本节来看一门问题型微课的案例《妈妈晕倒怎么办？》。微课来源于一位医生给孩子画的急救流程图,如图5-3和图5-4所示。几年前,医生的一个朋友的儿子猝死在家中,孩子问她:"如果我会做心肺复苏,他是不是还能活着？"医生不知道该说什么好。一年前,这位医生在美国,打开房东家的橱柜门,就能看见一张心肺复苏图。而在中国,大多数人缺乏最基本的急救知识。生活在这个压力倍增的社会,加上生活方式的改变,猝死的发生越来越多,如果每个人都能掌握最基本的急救知识,肯定能够挽救许多本不应该逝去的生命。于是这位医生决定用最简单的图画方式告诉孩子:如果有那么一天,该怎么办?

图5-3 问题型微课案例《妈妈晕倒怎么办？》

图5-4 《妈妈晕倒怎么办？》故事板

《妈妈晕倒怎么办？》这门微课就是按照问题型微课的常规结构来设计的,故事板如图5-4所示。提出问题、解决问题是简明、有力直入主题的结构,但这个看似简单的结构中有两个关键点:一是难点要够准才足以引起学习者学习的兴趣;二是给出的解决方案或窍门招数要实用,要总结成步骤、动作等内容,可以让学习者快速掌握和操作。

7. 小结

问题型微课把重要的知识点以问题的形式呈现在学习者面前。问题是通向理解之门的关键。问题型微课，是以问题为主线，围绕问题展开讨论的。一个好的问题可以引发学习者的主动思考和积极探索。可以尝试将教学目标中的重点和难点转化成为问题的形式来呈现，以问题导学、释疑解惑的方式来串联微课内容。

5.1.3 故事型微课

故事教学法，就是以故事为主要的教学素材，以故事的搜集、选择，故事的呈现，故事的分析、评价为主要环节，组织、设计、开展的一种教学模式。故事教学法融学习于故事，化知识为情节，是学习者喜闻乐见的一种教学方法。故事运用得好，微课教学则能深入浅出、寓教于乐。对于一些抽象难懂的教学内容，采用故事教学法更犹如吹糠见米，起到立竿见影的效果。结合了故事教学法的故事型微课，远比一篇冗长的说教论理更表明事物的内涵，让人一目了然，而且深入人心，更加有说服力，这是故事型微课最大的优点。

故事型微课是以微课的形式来讲故事吗？故事型微课怎么将知识点融合在故事中？哪些内容适合用故事型微课进行传播？下面进行讲解。

1. 故事型微课的前世今生

据记载，最早提出"故事法"的人是著名的心理学家皮亚杰（Jean Piaget）。他为了研究儿童的道德判断，利用叙述故事的形式来推断儿童的道德认识，由此提出了道德的认知发展观和阶段论。随后，西方的教育者们开始研究"故事叙述"这样一种教学方法。

现在，故事教学法在教育领域可谓家喻户晓。对"故事教学"的研究也不再局限于学科教学。随着信息技术的广泛应用，许多教育者也关注到了数字化故事叙述（Digital-Storytelling）在教育教学中的应用，由此提出了数字故事（Digital Story）的概念，即以数字媒体的形式来代替口头的故事叙述。

来源于故事教学法，"故事叙述"的核心思想是用叙述故事的方式来串联教学知识点，即在故事的发生与发展中融入相关知识点的讲授，是一种用叙事的眼光，融合教学内容于故事情节的教学方式。所以，故事叙述不是简单地叙述故事或穿插故事片段，其最终目的是要讲授知识点。

故事型微课是运用故事叙述策略，设计故事主线来串联知识点制作而产生的微课，即由教师根据自己的教学目标，设计故事主线，加工相关素材，按照故事叙述的形式讲授知识所制作成的一类微课。

2. 故事型微课的特点

（1）主题情节。故事情节是指由时间、人物、地点、事件、主要人物、情节演变等构成，情节是故事的中心内容。内容往往是几个主要人物形成，主要人物是指问题发生在谁身上，谁就是主角，解决这个问题的人是主要人物，问题解决的地方是高潮。故事大多是有因果关系或者按时间顺序发生的情节，精心设计的故事情节更是跌宕起伏，引人入胜。"故事型微课"融故事情节与教学内容于一体，用故事主线串联教学知识点，化枯燥为生动，趣味性十足。爱因斯坦说过"兴趣和爱好是获得知识的动力。"运用故事型微课进行教学，不仅容易激起学习者的学习兴趣，更能维持他们的学习热情。

（2）思想与情感。自古以来，故事就具有一定的思想性。例如，"程门立雪"告诉人们尊敬师长的传统美德，"孔融让梨"讲的是要团结友爱，"张良拜师"告诉人们要爱老敬老。故事型微课可以使学习者耳濡目染，让学习者感同身受，得到思想上的陶冶。运用故事型微课进行教学，能够激发学习者内在的"真善美"情怀，有力调动学习者的主动性与协作性。

（3）情节可视化。教育心理学研究表明，人类获取的全部知识中有70%以上是通过视觉获得的。传统的故事教学多采用口头叙述加抽象文字的表达方式，学习者主要依赖听觉接收信息。故事型微课运用了微课的优点，采用视频里具体的形象符号，可视化地呈现事物形象和情节变化，兼用文字、音乐、图片和制作者的声音等多种素材来讲述故事，使学习者同时接受多种感官刺激。化抽象为具体是学习和记忆最高效的方法，经故事型微课加工过的知识内容能更加贴近学习者已有的学习经验，减少其认知负担。

（4）创设情境。故事具有天然的"情境"性，是创设教学情境的常用方法之一。故事型微课可以融入学习者感兴趣的人物形象或卡通形象，通过精心设计的情节将故事与教学内容联系起来，构建一个崭新的教学情境。利用生动形象的图片、音乐、视频、动画制作故事型微课，可以创造出生动活泼的人物形象，渲染出扣人心弦的故事情节，使学习者们犹如身临其境，全身心投入其中，因而更深刻地理解和记忆教学内容。

3. 故事型微课展示步骤

（1）教学内容分析。不是所有内容都适合制作成故事型微课。对教学内容进行分析，判断该内容是否适合运用故事叙述的策略进行教学是首要任务。教学内容的选取应注重与故事的联系，要注意挖掘该教学内容的故事性。教学内容是否适合故事化，直接影响到故事型微课的应用价值，所以要合理选择。明确教学内容后，教师心里应该有个大概的故事雏形，后续故事的编写要紧扣教学内容。

（2）学习特征分析。故事型微课要想达到好的教学效果，就必须依照学习者的学习风格去设计。在设计故事型微课时，要提前考虑学习者的学习兴趣、初始能力、学习风格等特征，以适应学习者的真实学习需求。例如，低年级的学习者会对卡通动画感兴趣，他们的风格比较适合以听故事的方式来学习。这时就可以结合时下流行的动画片来设计微课。如果采用文学名著如古典小说里的故事情节，可能就超过了低年级学习者的认知水平，使学习者更加困惑，产生相反的教学效果，而这类情节却又往往能迎合高年级学习者的喜好，与他们产生共鸣。

（3）教学过程设计。故事型微课的教学设计过程，主要指将教学内容与故事情节相融合的设计过程。此阶段，应该明确设计出故事的主线，并运用该主线将知识点串联起来。特别需要说明的是，教学过程设计应该注意与教学目标相结合，要明确故事叙述的目的是要创设情境、启发思考，让故事始终围绕教学目标而展开，真正做到寓教于乐。

（4）故事脚本设计。故事脚本是故事发展的大体框架。故事脚本设计常常用到故事板。故事板也叫故事情节串联图板，是用图文结合的方式对镜头顺序、动作、情节变化等一系列过程进行的可视化预览。一个优秀的故事板要能比较完整地呈现一节故事型微课的创意思路，并预先提供一个视觉草图。

(5) 收集微课素材。依照故事脚本的规划，搜索微课制作中需要用到的各类素材。素材质量的高低直接影响一节微课的呈现效果。我们应该尝试寻找所有可被借鉴和利用的资源，如别人的教学设计方案、相关故事情节设计文案、教学PPT等，将它们保存到自己的计算机终端并进行整理。

对故事型微课而言，往往需要找到一整套的人物形象、卡通形象或动画音效等资源作为素材，有时甚至要自己创造和设计角色形象。

(6) 编辑合成微课。如今制作微课的技术已经十分成熟，常用的制作软件有Camtasia Studio、iMovie、Articulate Storyline等。这些软件能把图片、音频导入至制作微课的软件程序，如有必要可以对收集的素材进行编辑加工，最后导出成视频。对于故事型微课，常常需要配上合适的背景音乐和故事解说。因此，可以先录制好微课视频，再使用计算机麦克风记录微课解说，最后再把相应的音频与视频合成，完成故事型微课的编辑制作。

4. 故事型微课编导原则

(1) 注重故事的导入环节。苏霍姆林斯基说过，如果教师不想办法使学习者产生情绪高昂的、智力振奋的内心状态，就急于传授知识，那么这种知识只能使人产生冷漠的态度，而给不动感情的脑力劳动带来疲劳。导入环节对于故事型微课来说尤为重要。只有创设既能吸引学习者，又有利于教学的良好故事情境才能使得故事主线和各个教学环节顺利展开。在创设故事情境时，可以采用一些策略来吸引学习者的注意，如播放一段动画、设计有意思的台词或者添加效果音等。中间可以适当加入问题进行引导，从而顺利地把学习者带入故事情境。

(2) 注意故事的趣味性和曲折性。有趣的故事能吸引人，而曲折的故事则往往能打动人。在故事型微课中，可以设计有趣的元素或情节引导学习者关注故事的变化，让学习者按照故事线索去自觉思考故事的发展。在故事情节中可以设计矛盾，引入情感，增添曲折性，从而使学习者注意力得到持久保持。特别是可以尝试设计一些翻转性的故事结尾，这样更有利于加深学习者的印象。但是，微课的目的应紧盯教学目标，切忌为了趣味性和曲折性而生搬硬套。

(3) 注意故事选材要有共鸣。所谓"知己知彼，百战不殆"，优秀的教师应该既是教师又是学习者。我们要了解学习者的所喜所好，选取贴近学习者真实生活的主题和素材来设计微课，使教学生活化、艺术化。让学习者在自己熟悉的情境中开展学习往往能够很好地拉近师生间的距离，并达到良好的教学效果。设计故事型微课时，应该了解时下学习者关注的人、事，选材的时候着重使用学习者喜欢的卡通形象或人物形象，投其所好，让学习者学得"过瘾"。

(4) 注重渗透情感教育。在现代教学中，情感态度被赋予很高的地位，被认为是素质教育的重要组成部分。教师应该善于发觉故事型微课的情感教育价值，在故事中渗透积极乐观的情感因素，激起学习者的共鸣。在故事型微课的设计中可以适当地配上背景音乐，或是添加合适的音效，从而烘托故事氛围。恰到好处的字幕提示也能起到润物细无声的效果。

5. 故事型微课的传播特点

听故事，是男女老少都喜闻乐见的一种信息传播方式。故事情节丰富有趣、生动形象，能够给听众留下深刻的印象。在微课的授课过程中穿插故事或者以故事为载体，可以引起学生的好奇心和求知欲，故事教学法的形式还能让学生更容易接受学习内容。在设计微课时，也可以使用故事的形式来展开。

故事源于生活，生活始于故事。可以选择来自生活中的好故事穿插在微课当中，或者把微课内容融合在故事载体中进行呈现传递。有好的故事，更要会讲好故事。想要把选好的故事在微课中讲好，可以遵守16个字原则：贴近主题，符合情境，关注细节，巧设悬念。

（1）贴近主题。无论选择什么故事，目的都是服务于微课教学内容。即使有些故事的趣味性很高，但如果偏离教学主题，也不是好的选择。因此，在用故事叙述法来呈现微课时，需要注意根据主题来选择故事。

（2）符合情境。西蒙斯（Annette Simmons）在他所著的《讲故事：故事的结构和讲故事的技巧》一书中曾说过"一个好的故事，就是讲值得讲且人们都喜欢听的东西。"在选择故事之前，我们需要对学习者特征和使用场景进行分析，并以此作为选择故事的参考。

（3）关注细节。一个故事就像一场电影，而故事细节就像是一个个细致的镜头，带领观众进入故事。有细节的故事才容易打动人，把充满细节的故事放在微课中能让学习者增强代入感，加深印象。

（4）巧设悬念。在微课中讲故事的时候，要自然地将教学内容贯穿在故事当中，借事喻理、传达知识。以适当的悬念作为叙事技巧，能够提升微课内容的吸引力。通过把故事巧妙地转化为问题，以提出问题、解决悬念的方式来讲故事，更能增强微课的吸引力。

其实，故事没有绝对的好坏，用恰当的方式讲合适的故事才是最好的。

6. 故事型微课适用范围

（1）相对来说比较适合人文和文史学科。故事型微课多应用在以语文、思想品德、历史等为代表的文史学科，而数学、物理、地理、化学等数理学科则相对较少。一方面，故事本身就属于文学体裁的一种，这与文史学科的教学特质不谋而合。另一方面，哈佛大学加德纳（Howard Gardner）教授提出的"多元智能"理论也能很好地解释这一现象。"多元智能"理论将人的智能分为9类，分别是：言语-语言、音乐-节奏、逻辑-数理、视觉-空间、身体-动觉、自知-自省、交往-交流、自然探索-存在。文史学科和故事都偏向"言语-语言智能"，而数理学科则强调"数理逻辑"技能，所以其故事叙述的策略运用较少。

（2）比较适合低年级学习者的学习风格。故事型微课具有趣味性、可视化、有情感等特点，比较适合低年级学习者的学习风格。它打破了传统用抽象文字与口头叙述来呈现故事的形式，转而用更加直观的图片、动画来叙述故事。其基本理念来自于教育心理学中认知的直观性理念，尤其是基于感性认识基础上的情境教学法，意在用故事来提供更为感性、直观的经验。优秀的故事型微课更是以学习者的视角，以学习者喜爱的人物、卡通形象，按照学习者期待的剧情展开，无形中增加了学习的参与感与归属感。

（3）合理运用故事型微课，调节教学节奏。研究表明，较为紧凑的故事节奏有益于引起读者的注意而较为缓慢的节奏则有利于舒缓心情，使大脑得到放松。所以，可以根据不同的应用情境，设计和调整微课的节奏。一般在微课中运用故事型微课讲授新知识，可以稍微加快微课的节奏，这样有利于吸引学习者的注意，使微课教学更紧凑。而在其他应用情境中，则可以将节奏适当放缓，并配合缓和的背景音乐，使学习者在放松的状态下进行学习。

7. 故事型微课案例——幼儿微课《千万别玩火》

本套幼儿微课视频以有趣的故事和生动的漫画，结合幼儿的心理，讲述了与孩子有关的各种安全问题，让孩子在看故事的同时了解生活中的各种危害，学习正确的处理方法，如图5-5和图5-6所示。

图5-5　故事型微课案例《儿童安全常识》

图5-6　微课《千万别玩火》故事板

8. 小结

故事型微课，是由教师根据教学目标设计故事主线，加工相关的图片、视频、音乐、动画及字幕等素材，用故事来串联知识点而制成的微课。

5.1.4　情境型微课

情境也即情景、境地，是在一定时间内各种情况的相对的或结合的境况。从社会学角度讲，情境指与个体直接联系着的社会环境，与个体心理相关的全部社会事实的一种组织状态；从心理学角度讲，情境指对象和时间等多重刺激模式，对人有直接刺激作用，有一定的社会学意义和生物学意义的具体环境。综上所述，情境是指能使人引起情感变化的具体自然环境或社会环境。建构主义强调用真实背景中的问题启发学生的思维，其所指的真实背景就是情境。从学习者角度看，情境可以理解为促使学习者产生学习行为或从事学习活动的环境和背景，它是提供给学习者思考空间的智力背景，能产生某种情感体验并诱发学习者提出问题和解决问题的一种刺激事件或信息材料。

情境可分为三类：一类是真实的情境，指人们身边真实而具体存在的群体和环境；另一类是想象的情境，指在人的意识中有的群体和环境，人与意识通过各种媒介互相影响和作用；第三类是暗含的情境，指某人或群体某种行为中包含的某种象征意义。构成情境的要素有目标、角色、时空、设施、阻碍因素等。

情境教学是指在教学过程中，依据教育学和心理学的基本原理，根据学习者年龄和认知特点的不同，通过建立师生间、认知客体与认知主体之间的情感氛围，创设适宜的学习环境，使教学在积极的情感和优化的环境中开展，让学习者的情感活动参与认知活动，以期激活学习者的情境思维，从而在情境思维中获得知识、培养能力、发展智力的一种教学活动。它是利用具体的场景或所提供的学习资源以激起学习者主动学习的兴趣、提高学习效率的一种教学方法。

传统教学与情境教学的区别在于：传统教学是把存在于自然状态中、时间、空间上零散存在的知识本身抽取出来，直接呈现和传授给学习者去理解记忆；情境教学是教师把自然状态的、在时间和空间上分散存在的情境，有目的地进行加工并组成有机的学习情境来组织课堂教学，学习者在情境中发现问题和获取知识。不同的教学方式会引起完全不同的教学效果，传统教学中学习者完全脱离知识和应用的背景，无法发现知识形成的途径，获得的知识难以应用于实践解决实际问题；情境教学中的学习者得到学习策略和方法的锻炼，获得的知识与实践紧密结合。

在情境式微课中，情境的创设要贴近生活，以吸引学习者，与学习者产生共鸣，增加关注度；知识的讲解要注意层次性，注重引导学习者思考；教学媒体的选择要适合表现形式，注重直观形象、通俗易懂；问题的讲解要注意情境的延续性，最终要解决情境中的问题；总结考核最好设置一些问题，以检验学习者的学习效果，如果存在没有掌握的知识，可重新学习。

生活展现情境能使学习者直接、鲜明地感知目标，易于在观察中启发想象，比较适合认知类、思政类和素养类课程。实物演示情境具体直观，易于展示现场观摩、操作，适用于汽车、机床等实践操作类的实践操作演示。图画视频再现情境易于针对问题，分析问题，贯穿解决问题，适用于案例分析类课程，如会计、心理健康、法律基础等。虚拟仿真情境可以描述成本较高、难以演示、有安全隐患的场景，如医学类、SMT、网络基础、通信类、电子与电气类、数控加工模拟等课程。音乐渲染情境适用于大学语文、大学美育、体育等课程。表演体会情境可分为进入角色和扮演角色，适用于情境剧式微课的制作。语言描绘情境中，语言要具有主导性、形象性、启发性和可知性，比较适用于素养类、讨论式的课程。情境的创设要选择适合的老师，恰当的数字媒体资源，表现力较强的老师可以使用语言描绘情境，音乐可以衬托音乐渲染情境，图画、视频、动画可以描述主画视频再现情境，还可以描述生活展现情境等。

1. 基本含义

情境教学法是指在教学过程中，教师有目的地引入或创设具有一定情绪色彩的、以形象为主体的生动具体的场景，以引起学习者一定的态度体验，从而帮助学习者理解教学内容，并使学习者的心理机能能得到发展的教学方法。情境教学法的核心在于激发学习者的情感。情境教学，是在对社会和生活进一步提炼和加工后才影响学习者的。诸如榜样作用、生动形象的语言描绘、课内游戏、角色扮演、诗歌朗诵、绘画、体操、音乐欣赏、旅游观光等，都是寓教学内容于具体形象的情境之中，其中也就必然存在着潜移默化的暗示作用。

2. 情境教学法的理论依据

（1）情感和认知相互作用。情绪心理学研究表明：个体的情感对认知活动至少有动力、强化、调节三方面的功能。动力功能是指情感对认知活动的增力或减力的效能，即健康的、积极的情感对认知活动起积极的发动和促进作用，消极的、不健康的情绪对认知活动起阻碍和抑制作用。情境教学法就是要在教学过程中引起学习者积极的、健康的情感体验，直接提高学习者对学习的积极性，使学习活动成为学习者主动进行的、快乐的事情。

情感的调节功能是指情感对认知活动的组织或瓦解作用，即中等强度的、愉快的情绪有利于智力操作的组织和进行，而情绪过强和过弱以及情绪不佳则可能导致思维的混乱和记忆的困难。情境教学法要求创设的情境就是要使学习者感到轻松愉快、心平气和、耳目一新，促进学习者心理活动的展开和深入进行。课堂教学的实践中，也使人深深感到：欢快活泼的课堂气氛是取得优良教学效果的重要条件，学习者情感高涨和欢欣鼓舞之时往往是知识内化和深化之时。

脑科学研究表明：人的大脑功能，左右两半球既有分工又有合作，大脑左半球是掌管逻辑、理性和分析的思维，包括言语的活动；大脑右半球负责直觉、创造力和想象力，包括情感的活动。传统教学中，无论是教师的分析讲解，还是学习者的单项练习，以至机械的背诵，所调动的主要是逻辑的、无感情的大脑左半球的活动。而情境教学，往往是让学习者先感受而后用语言表达，或边感受边促使内部语言的积极活动。感受时，掌管形象思维的大脑右半球兴奋；表达时，掌管抽象思维的大脑左半球兴奋。这样，大脑两半球交替兴奋、抑制或同时兴奋，协同工作，大大挖掘了大脑的潜在能量，学习者可以在轻松愉快的气氛中学习。因此，情境教学可以获得比传统教学明显良好的教学效果。

（2）认识的直观原理。从方法论看，情境教学是利用反映论的原理，根据客观存在对学习者主观意识的作用进行的。而世界正是通过形象进入人的意识的，意识是客观存在的反映。情境教学所创设的情境，因其是人为有意识创设的、优化了的，有利于人类发展的外界环境，这种经过优化的客观情境，在教师语言的支配下，使学习者置身于特定的情境中，不仅影响学习者的认知心理，而且促使学习者的情感活动参与学习，从而引起学习者本身的自我运动。三百多年前，捷克教育家夸美纽斯在《大教学论》中写道："一切知识都是从感官开始的。"这种论述反映了教学过程中学习者认识规律的一个重要方面：直观可以使抽象的知识具体化、形象化，有助于学习者感性知识的形成。情境教学法使学习者身临其境或如临其境，就是通过给学习者展示鲜明具体的形象（包括直接和间接形象），一则使学习者从形象的感知达到抽象的理性的顿悟，二则激发学习者的学习情绪和学习兴趣，使学习活动成为学生主动的、自觉的活动。

（3）思维科学的相似原理。相似原理反映了事物之间的同一性，是普遍性原理，也是情境教学的理论基础。形象是情境的主体，情境教学中的模拟要以范文中的形象和教学需要的形象为对象，情境中的形象也应和学习中的知识经验相一致。情境教学法要在教学过程中收入或创设许多生动的场景，也就是为学习者提供更多的感知对象，使学习者大脑中的相似块（知识单元）增加，有助于学习者灵感的产生，也培养了学习者相似性思维的能力。

（4）智力与非智力因素统一。教学作为一种认知过程，智力因素与非智力因素统一在其中。否则，人们常言的"晓之以理，动之以情"就失去了理论依据。在教学这种特定情境中的人际交往，由教师与学习者的双边活动构成，其中教与学之间存在着两条交织在一起的信息交流回路：知识信息交流回路和情感信息交流回路。二者相互影响，彼此依存，从不同的侧面共同作用于教学过程。知识回路中的信息是教学内容，信息载体是教学形式；情感回路中的信息是师生情绪情感的变化，其载体是师生的表情（包括言语表情、面部表情、动作表情等）。无论哪一条回路发生故障，都必然影响到教学活动的质量，只有当两条回路都畅通无阻时，教学才能取得理想的效果。运用情境教学首先需用"着眼发展"的观点，全面地提出教学任务，而后优选教学方案，根据教学任务、学习者特点及教师本人素质，选择创设情境的途径。

3. 创设情境的途径

基本途径初步归纳为图画再现情境，图画是展示形象的主要手段，用图画再现教学情境，实际上就是把教学内容形象化。插图、特意绘制的挂图、剪贴画、简笔画等都可以用来再现教学情境。

（1）用好影像。大家常常会有这样的生活经验，同样的内容用视频和文本分别呈现，大家更愿意看视频形式的内容；图文并茂的文章和纯文字之间，大家则会更愿意选择前者。你知道吗？人脑处理图片的速度，是处理文字的 60 000 倍！所以，常人其实更加容易接受色彩丰富、可视化的画面。因此，视觉效果设计，在微课中扮演着重要的作用。

首先，从整体上来说，在设计微课画面时，要结合微课的内容和学习者的特征来选择合适的色调。一般来说，明亮、鲜艳、纯真的色彩都是儿童所喜欢的，比如温暖的橙色，饱和度比较低的红色、黄色、粉红，纯度高的蓝色、绿色等。而面对年纪稍长的学习者，中等明度、较高纯度的原色更能够吸引学习者。

其次，从细节上来说，可以根据学习内容的特点，利用符号、画线、标注、关键词变色或者放大等的技巧，来吸引学习者的注意力。在微课的关键内容处加入适当的标识符号也是十分重要的，这可以强化学习者的视觉认知，提醒学习者关注重点信息。

最后，从呈现方式上来说，可以将文字内容转换成为学习者更容易接受的图片、表格、动画，甚至是真人出演的视频。别以为微课中只能放文字和图片，适当地插入关联视频，也是一种很好的表现方式。

视觉画面设计很重要，但是形式最终是为内容服务的，不能喧宾夺主。在设计微课视觉感的时候，风格要尽量统一，避免无关的视觉干扰。

（2）音画同步。心理共鸣理论认为，音乐能对人的行为施以影响，影响人对客观事物的态度和评价，从而改善和协调人与周围环境的关系，锻炼人的注意力和记忆力，启发和丰富人的想象力、创造力。给一堂优秀的微课配上合适的音乐 从而达到有声胜无声的效果。在微课设计时，还可以添加很多不同类型的声音素材，比如旁白、音效等。利用这些声音素材的音色、音调、节奏等不同的特性，可以为微课增添趣味性、吸引力、感染力。

①旁白。旁白可谓是微课必不可少的声音素材，对微课内容讲解起着至关重要的支持作用。一个好的旁白，需要口齿清晰的表述。含糊不清的表达会影响学习者对信息的接收。除此以外，还可以结合微课内容需要来选择不同的声线，比如稚嫩的童声、甜美的女声或是浑厚的男声。除了声线以外，还需要注意旁白的语调起伏。

②音效。音效与标注功效类似，也能起到引起注意、突出重点的作用。音效的使用要结合教学内容来设计，并且需要搭配视频画面。比如，在关键的标识出现时，可以搭配一声清脆的音效，但切忌音效出现突然发声或者声量过大。

③背景音乐。可以利用轻重缓急、抑扬顿挫的音乐帮助学生融入教学情境，激发学习兴趣和积极性，达到事半功倍的效果。背景音乐的节奏会影响学习者的学习节奏，比如快节奏的音乐可以加快学习者的学习步伐和进度，但不利于学习者深入探究；缓慢柔和的音乐可以使学习者的思绪沉静下来，有利于思考。

（3）传递情感。一节好课，施教者与受教者之间必定能够进行很好的情感沟通。积极的情感能有效促进学习，传达知识、态度和价值观。这些情感可以激发学生以更积极的态度进行学习，达到好的效果。

微课通常只有几分钟的时长，是不是没法和学习者交流情感呢？其实，通过有效的设计，在微课中也能很好地传递情感。

①用配音来表达。语言的抑扬顿挫、高低起伏，可以让人更容易抓住话语的重点，也可以

很好地表达情感和传递态度。在微课的旁白配音中，可以设计一些富有情感色彩的语句，也可以利用语气、语调、语速的不同，来表达微课内容想要传达的情感。

②用音乐来表达。音乐是反映人类现实生活情感的一种艺术形式，它可以反映和衬托教学内容当中无法用言语和字句表达的情感。在微课当中，穿插各种不同的背景音乐能使学习者直接地感受到潜在的情感，使微课富有生命力。

③用色彩来表达。色彩对人的心理有着不同程度的影响和暗示，可以利用色彩心理学来引导学生感知微课想要表达的情感。比如，你的教学目标是想给学习者传达一种充满正能量的情感，就很适合用红色作为基本配色。因为红色给人以热情、权威、自信、充满能量的感觉。

④用设计来表达。微课当中加入文字样式、配图、装饰等设计，这有助于从视觉感官上传达情感。比如圆润的幼圆字体给人以一种轻松、活泼的感觉，搭配上可爱俏皮的配图和装饰，能够营造出轻松愉悦的气氛。

（4）教学互动。从数据分析结果来看，能让学习者感觉到"一对一教学"的微课更吸引人。这说明了一个现象：交互，能让微课教学变得更精彩！互动式微课，指的就是在微课使用者与微课内容之间、学习者与教师之间进行互动的一类微课。它囊括一般微课的内容呈现功能，同时更加注重让互动贯穿始终，使学习变成一个双向互动的过程。学习互动式微课的时候，学习者需要不停地"输入"或"输出"信息，这不仅让学习者"看"了微课，也让学习者在操作、反馈、反思的过程中"懂"了微课。

①从教学内容呈现的角度来看：一般微课通常多采用平铺直叙的方式来讲解，而互动式微课一般使用引导性或者互动对话的方式来讲解知识。

②从教学方式的角度来看：一般微课多采用单纯的讲授者"输出"，使用者"输入"的方式进行；而互动式微课则是通过不断启发、问答、反馈来进行双向交流，利用互动来逐步推进教学。

③从教学互动方式来看：一般微课可以配合面对面课堂或者在线交流平台进行互动交流，而互动式微课除了以上交流方式之外，微课视频本身就包含互动式练习、超链接探究等互动方式。

4. 情境教学的功能

众所周知，人的社会化过程即形成"一切社会关系的总和"。这一从自然人转化为社会人的过程，实际上完全是环境——社会、家庭、学校、种族、地理等因素共同作用的结果。这些影响作用有的被我们感知到，但更多的则是不知不觉地影响着我们。因此，保加利亚暗示学家G·洛扎诺夫指出："我们是被我们生活的环境教学和教育的，也是为了它才受教学和教育的。"

人要受环境的教学和教育，原因就在于人有可暗示性。这是心理学和暗示学研究所共同证明了的。A·比耐的实验证明，在儿童身上天然存在着接受暗示的能力，接受暗示是人的一种本能。因而在他的《可暗示性》一书中，"可暗示性"就成了"可教育性"的同义语。其实，这些结论在社会学的背景上也是成立的：既然"人是一切社会关系的总和"，因而必然要受到一切社会关系的影响，"人创造环境，同样环境也创造人"。

情境教学，是在对社会和生活进一步提炼和加工后才影响于学生的。诸如榜样作用、生动形象的语言描绘、课内游戏、角色扮演、诗歌朗诵、绘画、体操、音乐欣赏、旅游观光等，都是寓教学内容于具体形象的情境之中，其中也就必然存在着潜移默化的暗示作用。换言之，情境教学中的特定情境，提供了调动人的原有认知结构的某些线索，经过思维的内部整合作用，人就会顿悟或产生新的认知结构。情境所提供的线索起到一种唤醒或启迪智慧的作用。比如正处于某种问题情境中的人，会因为某句提醒或碰到某些事物而受到启发，从而顺利地解决问题。

5. 情景教学使用原则

（1）意识与无意识统一原则和智力与非智力统一原则。这是实现情境教学的两个基本条件。无意识调节和补充有意识，情感因素调节和补充理智因素。人的这种认知规律要求在教学中既要考虑如何使学生集中思维，培养其刻苦和钻研精神，又要考虑如何调动其情感、兴趣、愿望、动机、无意识潜能等对智力活动的促进作用。

无意识与意识统一，智力与非智力统一，其实就是一种精神的集中与轻松并存的状态。这时，人的联想在自由驰骋，情绪在随意起伏，感知在暗暗积聚，技能在与时俱增。这正是情境教学要追求的效果。

（2）愉悦轻松体验性原则。该原则根据认知活动带有体验性和人的行为效率与心理激奋水平有关而提出。该原则要求教师在轻松愉快的情境或气氛中引导学习者产生各种问题意识，展开自己的思维和想象，寻求答案，分辨正误，这一原则指导下的教学，思维的"过程"同"结果"一样重要，目的在于使学习者把思考和发现体验为一种快乐，而不是一种强迫或负担。

（3）自主性原则。教学本是一种特定情境中的人际交往，情境教学更强调这一点。情景型微课教学使学习者在教学中的主体地位决定了自主性侧重于学习者"独立思考"和"自我评价"，培养学习者的主动精神和创新精神。这一原则要求微课在情境教学中要从学习者的实际出发，使学习者在完成教学内容的同时得到做人角色的体验。它意味着一切教学活动都必须建立在学习者积极、主动和快乐的基础上。

6. 情景教学的基本方法

（1）带入情境，在探究的乐趣中持续地激发学习动机——变被动学习为自我需要。

教学是有目的的行为，是学习者求得发展的有意义的活动。教学的目的，只有通过学习者本身的积极参与、内化、吸收才能实现。教学的这一本质属性决定了学习者是教学活动的主体，其能否主动地投入，成为教学成败的关键。情境教学正是针对学习者蕴藏着的学习的主动性，把学习者带入情境，在探究的乐趣中，激发学习动机；又在连续的情境中，不断地强化学习动机。一般来说，激发学习动机，在导入新内容时进行，这是学习新知识的重要一步。情境教学十分讲究这一环节的掌握，根据不同的教材，采用不同的形式：或创设问题情境，造成悬念，让学习者因好奇而要学；或描绘画面，呈现形象，产生美感，使学习者因爱美而要学；或出示实物，在观察中引起思考，使学习者因探究而要学；或联系学习者已有的生活经验，产生亲切感，使学习者因贴近生活形成关注而要学；或触及学习者的情绪领域，唤起心灵的共鸣，使学习者因情感的驱动而要学……无论是好奇求知，还是情感、关注的需求求知，都能促使学习者形成一种努力去探究的心理。这种探究心理的形成，对具有好奇心、求知欲望的学习者来讲，本身就是一种满足，一种乐趣。其过程可简单地概括为：探究→满足→乐趣→内发性动机产生。这就保证了学习者在接触新知识点时，带着热烈的情绪，主动地投入到教学活动中来。

（2）优化情境，在体验审美的乐趣中感知微课——变单一的"听分析"为多侧面的感受。即通过优化情境，引导学习者从感受美的乐趣中感知知识。

通过优化情境，学习者在审美的乐趣中，获得形象的感染、情感的体验、智慧的启迪，学习动机在其间不断强化，所有这些都有效地促使学习者掌握教学内容。这样，由上述诸因子构成了相互作用的连续体，并不断地向前推进，其中的诸因子得到了深化，整体情境也随之而丰富。学习者的道德教育、思考教育、审美教育就是在这个过程中，潜移默化地进行着。这样，教学就不仅是学习工具的掌握，也包容了智慧、思想、道德、审美的收获，全面地完成认知、教育、发展三方面的任务。

（3）凭借情境，在创造的乐趣中，自然地协同大脑两半球的相互作用——变复现式的记忆为灵活运用知识。

情境的运用，给教学带来了生气，带来了欢乐，改变了以往的"注入式"教学那种闭门读书、单一的"听分析"、运用复现式的记忆学习语言所造成的学习者负担重、效率低的被动学习的状况。它针对学习者思维的特点和认识规律，以"形"为手段，以"美"为突破口，以"情"为纽带，以"周围世界"为智慧的源泉，促使学习者合理地使用大脑，且又有和谐的教学关系为保证，使学习者在学习过程中，能够获得探究的乐趣、审美的乐趣、认识的乐趣、创造的乐趣，从而使教学真正成为生动活泼、自我需求的活动，学习者的学习兴趣、审美兴趣、认识兴趣，乃至向往丰富精神世界的兴趣，也在其间培养起来。这样的教学为学习者成长为社会人打下了知识的、能力的、智力的、情感意志的坚实基础。

7. 情景型教学片案例——《电脑之家》

26集情景教学片《电脑之家》是北京电视台教育节目部、美国普利策出版集团旗下的RXL——普利策传播公司和该剧的资助人美国微软公司（Microsoft）及美国康柏电脑公司（Compaq）共同策划的。《电脑之家》是第一部由美国公司独资、由中国人拍摄的电视教育片，也是一部首开教育节目和情景喜剧形式的电脑知识普及教育片。笔者作为技术总监参与该片拍摄，主要工作就是把计算机知识融入到教学片故事情景中。《电脑之家》摄制现场照片如图5-7所示。

图5-7 情景教学片《电脑之家》摄制现场

8. 小结

情境可以理解为促使学习者产生学习行为或从事学习活动的环境和背景，在微课当中构建学习情境，给学习者搭建学习构架显得尤为重要。在微课中，教师可以有目的地引入或创设具有一定情绪色彩的、以形象为主体的生动场景，引起学习者的态度体验和情境共鸣，从而帮助学习者理解教学内容。

无论哪种类型的微课，可以采用不同的媒体表现形式来展现微课内容，教学媒体多样化。比如可以选择真人出镜式微课、动画式微课、录屏式微课，或者是混合以上几种形式的微课。有微课，更需要有好的微课。由于具有短小精悍、使用方便、技术门槛低、易于制作的特点，微课深受广大教师和学习者的欢迎。那么如何在海量的微课中脱颖而出，成为有理念、有方法、有特色的好微课？

拍摄制作出一门好的微课视频需要教师、学生、摄像师、后期制作人员相互密切的配合，根据教学内容、设计的不同来选择不同的拍摄、制作手法，最后才能满足教师教学的需要和学生学习的需求，形成丰富的教学资源。

对于微课视频的制作方式，根据教学设计类型，包括传授理论、训练技能、拓展知识、培养情趣等教学定位来确定制作方式，制作方式包括出境讲解、手写讲解、虚实结合、现场实景、动画等，根据具体情况可以选择自助制作方案和专业制作方案。

5.2 自助式制作方案

自助式制作方案是通过专业录课室或专业录屏软件、摄像等设备把课程录制下来，后期进行局部放大并对重要的知识点加以明显的注释，实现远程教学、网络培训等，其优点是周期短、成本低、简单易学。自助式制作方案方便易用，是教师自我实践微课视频教学的基本方法。

在微课开发中，慢工出细活不难，难的是快而不糙、简而不陋。在掌握了一定的自助方法后，能够在短时间内开发出学习者喜欢学、学得懂、学得会的微课，满足移动互联网络时代快速开发、快速传播、快速迭代的需求。

5.2.1 手机+白纸

使用可摄像的智能手机对教师声音和在纸上演算、书写的教学过程进行录制，如图5-8所示。

图5-8 "手机+白纸"制作方式

1. 教学材料

可进行视频录制的智能手机、几种不同颜色的笔、白纸、多媒体电脑、视频编辑软件。

2. 基本方法

使用可摄像的智能手机对教师声音和在纸上演算、书写的教学过程进行录制。

3. 制作流程

1）第一步：准备教案

选择微课程主题，进行详细的教学设计，形成教案。

2）第二步：教学录制

固定支架，将手机安放在支架上，调整位置，使手机镜头对准桌面。根据镜头录制的范围，在白纸上画定位框。用笔在白纸上展现教学过程，边演算边讲解；同时，在他人或辅助支架帮助下，用手机将整个教学过程拍摄下来；讲解过程中可以使用不同颜色的笔书写、画图、标记，突出重点；录制过程要保证语音清晰，画面稳定清楚。

3）第三步：编辑美化

录制完成后，后期进行视频编辑，添加字幕和美化，生成微课程视频。可对视频进行后期修改（简单的剪辑软件有QQ影音、格式工厂、Windows Player、Movie Maker、Windows Live、会声会影等；专业软件有Premiere、After Effects等）。

5.2.2 录屏软件+手写板

通过手写板或交互白板级演示软件对教学过程进行讲解演示，并使用屏幕软件录制，如图5-9所示。

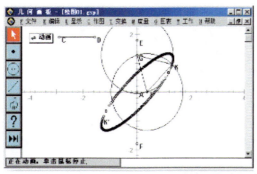

图5-9 "录屏软件+手写板"制作方式

1. 教学材料

演示软件（绘图软件、几何画板、Word、PPT等）。

2. 设备配置

多媒体电脑、麦克风耳机、手写板或交互白板、屏幕录制软件。

3. 基本方法

通过手写板或交互白板级演示软件对教学过程进行讲解演示，并使用屏幕软件录制。

4. 制作流程

1）第一步：准备教案

制作演示软件。选择微课程主题，进行详细的教学设计，形成教案。

2）第二步：安装设备

安装手写板或交互白板等工具，保证运行正常；将电脑声音输入设置为麦克风，调整好麦克风音量。

3）第三步：教学录制

主讲人边讲解边使用交互白板（或手写板）及演示软件对教学过程进行演示，同时利用白板自带摄录软件或专业录屏软件，录制教学过程和教师声音。

Camtasia Studio是一款非常受欢迎的屏幕录制和编辑软件。简单几步，就可以完成屏幕录制。

（1）首先打开Camtasia Studio，将会看到如图5-10所示的界面，单击录制屏幕。

图5-10　Camtasia Studio窗口界面

（2）在屏幕上会看到一个屏幕录制小窗口，如图5-11所示。

图5-11　录制屏幕窗口

（3）在Select area中选择Full screen为全屏录制，Custom中可以自定义录制的窗口大小，可以根据录制视频的要求自行设置录制窗口，如图5-12所示。

图5-12　选择录制窗口大小

（4）在Recorded inputs中可以设置摄像头和音频的打开或关闭，如图5-13所示。

图5-13　打开摄像头和音频开关

（5）设置好后，单击右边的rec按钮开始录制视频，如图5-14所示。录制过程中可按F10键停止录制，按F9键暂停。

图5-14　单击开始录制按钮

（6）录制完成按F10键停止，单击右下方的Save and Edit 按钮保存，如图5-15所示，建议保存为.camrec格式，后期编辑后可选择其他保存格式。

（7）保存之后会出现如图5-16所示界面。选择"正在录制的尺寸"，避免大小设置不当导致视频变形。

图5-15　停止录制

图5-16　保存录制文件界面

（8）然后就可以对录制好的视频进行编辑了。编辑好之后单击左上方的"生成并共享"，然后选择"自定义生成设置"，如图5-17所示。然后选择需要保存的格式（建议选avi格式），后面的默认下一步就完成了。

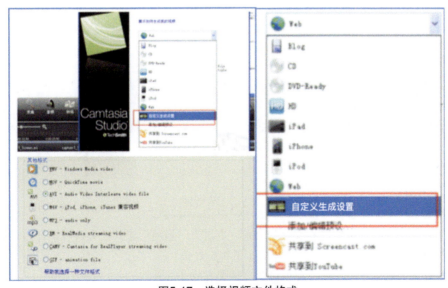

图5-17　选择视频文件格式

4）第四步：编辑美化

为增强微课程视频的效果，可以使用视频编辑软件进行后期的美化编辑。

5.2.3 录屏软件+课件

对课件演示进行屏幕录制，辅以录音和字幕，如图5-18所示。

图5-18 "录屏软件+课件"制作方式

1. 教学材料

课件（PPT、Flash动画等）。

3. 设备配置

多媒体电脑、麦克风耳麦、录屏软件（如屏幕录像专家或Camtasia Studio等）。

3. 基本方法

对课件演示进行屏幕录制，辅以录音和字幕。

4. 制作流程

1）第一步：制作课件

选定教学主题，搜集教学材料和多媒体素材，制作课件。

2）第二步：设置电脑

将电脑声音输入设置设为麦克风，调整好麦克风音量；调出要讲解的课件，调整好显示界面。

3）第三步：教学录制

（1）启动软件，选择录制屏幕。

（2）进入屏幕录制界面，设置录制选项，单击rec按钮。

（3）根据需要，选择幻灯片或录制场景，主讲人一边演示课件一边讲解，开始录制。

（4）讲解完成，按F10键停止录制，预览视频效果。

（5）保存，编辑文件名，选择保存路径，保存文件。

4）第四步：编辑美化

对录制的微课程视频用后期视频编辑软件进行适当的编辑和美化。

5.2.4 场景平台+课件

使用在线动画制作平台，可以快速制作包含动画场景、卡通角色、语音旁白、交互测试等在内的交互式动画微课，例如，使用MAKA如图5-19所示。

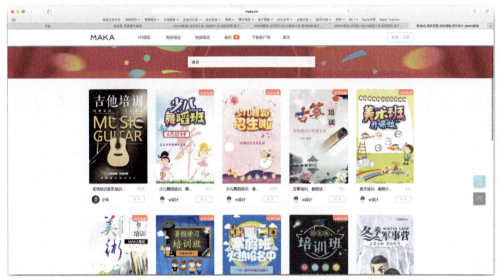

图5-19 "场景平台+课件"制作方式

1. 教学材料

课件（PPT、脚本文档等）。

2. 设备配置

多媒体电脑、麦克风耳麦、连入互联网。

3. 基本方法

对课件演示进行。

4. 制作流程

第一步：制作竖版PPT。

第二步：将PPT转换为图片。

第三步：在微场景平台进行账号注册。

第四步：创建场景。

第五步：编辑页面。

第六步：保存发布。

5.2.5 互动平台+课件

交互式动画微课与其他形式的微课相比，具有情景片段，注重交互的微课其实更受欢迎。所谓的交互式动画微课，是指在微课中能实现简单的互动，包含故事情境、人物形象的微课，如图5-20所示。

图5-20　"互动平台+课件"制作方式

从微课技术的层面而言,交互式动画微课因为其技术门槛高,令许多微课制作者都望而却步。然而,现在很多微课制作工具能够通过简单的拖拉编辑,实现交互式动画微课的制作。常用的制作工具包括万彩动画大师、优芽互动电影、Storyline等。

总体而言,这种交互式动画微课具有趣味互动、制作零门槛的特点。

这类型的微课制作工具操作方式不统一,在此将以优芽互动电影工具为例,介绍如何快速实现交互式动画微课的制作。

1. 教学材料

教案。

2. 设备配置

多媒体电脑,麦克风耳麦,安装相关软件,如炫课、Artioulate Storyline等。

3. 基本方法

使用在线动画制作平台,可以快速制作包含动画场景、卡通角色、语音旁白、交互测试等在内的交互式动画微课。

4. 制作流程

1）第一步：申请账号

进入优芽网（http://www.yoya.com）,申请一个免费账号。

2）第二步：开始制作

登录后单击"开始制作",即可来到私人账户的界面,单击"新建影片",即可对微课进行命名。

3）第三步：新建场景

进入制作界面,进入后可新建场景,选择所需要的角色、动作、道具等。

对于新增角色,在优芽工具栏中单击"角色"栏,然后单击"新增角色",编辑角色属性,编辑角色动作,单击"动画",选择所需要的动作功能,预览角色动作效果。例如,选择说话功能,单击"说话",弹出"说话"属性框,在"字幕内容"中输入文字,编辑属性。

4)第四步：添加元素

选择"插入"，可以有选择性地添加旁白、音效、背景音乐等不同类型的元素，丰富微课内容。插入旁白与背景音乐。在优芽的工具栏中单击"插入"栏，然后单击"旁白"，编辑属性。旁白中的特色功能有：自动配音、我来配音、导入配音。值得注意的是，插入旁白和角色讲话的不同之处在于，插入旁白只有声音和字幕，没有角色的出现。

插入背景音乐的方法和插入旁白的方法相似，在"插入"栏中单击"音乐"，可以使用已有音乐库中的音乐进行属性设置，也可以通过自定义导入本地的音乐素材。值得注意的是，插入的背景音乐默认是"本场景播放"，如需在整个影片中播放，需要更改播放设置。

5)第五步：插入交互式题目

首先，单击菜单栏中的"试题"按钮，切换到试题的编辑界面，可选择普通试题和游戏试题。虽然这里题型比较简单，但是形式多样，如选择趣味试题中的"苹果树"，编辑试题内容后，单击"确定"按钮即可。

然后，对题目进行编辑，填写答案的选项，并且勾选正确答案。值得注意的是，单击"详细设置"，可以在发现答题错误后，跳转到对应知识点。

6)第六步：预览发布

最后，对相应内容进行设置、调整后，单击"确定"按钮，单击右方动作列表中的"从当前动作开始播放"，即可预览。完成后，可先行预览，再行发布，既可分享到优芽网上，也可复制链接分享给其他人。

5.2.6 课件转换视频

将PPT直接转换为不同形式的微课，是微课制作中最便捷的一种方式。现有的微课形式以PPT演示录屏最为常见，幻灯片演示型微课常用于制作知识讲解类型的微课。随着幻灯片的功能和种类日益丰富，教师常用的 Microsoft Office PowerPoint 2016 也能就每页幻灯片录制讲解旁白，并保存成视频格式。

1. 教学材料

课件PPT。

2. 设备配置

多媒体电脑，麦克风耳麦，演示软件如 PowerPoint 2016（2010 及以上版本均可）等。

3. 基本方法

利用 Microsoft Office PowerPoint 2016 版软件自带的录制旁白并导出为视频的功能，对教学内容进行讲解、演示后导出为微课视频。

4. 制作流程

1)第一步：制作课件

针对选定的教学主题，搜集教学材料和媒体素材，制作 PPT 课件。

2)第二步：配置电脑

调整好麦克风的位置和音量，控制好制作场所的噪声。

3）第三步：教学录制

利用PPT的录制旁白功能开始录制，授课者讲解并演示教学内容。

（1）录制旁白。通过PPT工具窗口栏找到"幻灯片放映"→"录制幻灯片演示"→"从头开始录制"，勾选"幻灯片和动画计时"以及"旁白、墨迹和激光笔"，即可逐页进行幻灯片旁白录制，如图5-21所示。

（2）清除错误旁白的方法有许多种，其中一种方法是可以选择"从头开始录制"或"从当前幻灯片开始录制"，重录旁白。

（3）在完成录制和美化后，单击"文件"中的"导出"命令，如图5-22所示。

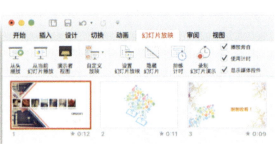

图5-21　录制旁白设置　　　　　　　　图5-22　在"文件"菜单中选择"导出"命令

（4）在"文件格式"菜单中，选择所需的视频格式（MP4或MOV），如图5-23所示。

图5-23　选择视频格式

（5）选择所需的视频质量："演示文稿质量""Internet质量"或"低质量"。视频的质量越高，文件大小就越大，如图5-24所示。

图5-24　设置导出视频质量

（6）如果演示文稿有录制的计时，并想将其用于从演示文稿创建的视频，选中"使用录制的计时和旁白"复选框。如果没有设置的计时，也可以选择设置视频中每张幻灯片将持续的时间量。

第 5 章 微课方案流程

(7) 完成全部选择后，单击"导出"按钮。

4) 第四步：编辑美化

录制结束后，保存并创建视频，后期可将微课视频进行必要的编辑和美化。

将演示文稿保存为视频后，可以使用可以打开并播放视频的应用程序或设备共享它，就像共享其他任何视频一样。

 将演示文稿导出为视频时，演示文稿中的任何嵌入式媒体文件都将无法播放。将演示文稿另存为影片时不保存旁白。

5.2.7 课件生成长图

长图片是目前微信微课中经常用到的一种方式，可以用PPT文档直接制作。

第一步：在工具栏中选择"设计"，单击"幻灯片大小"，选择"页面设置"菜单，如图5-25所示。

第二步：在"方向"区域选择纵向幻灯片，如图5-26所示。

图5-25　打开幻灯片页面设计

图5-26　选择纵向幻灯片

第三步：导出PPT图片。单击"文件"中的"导出"命令，选择导出PDF图片，如图5-27所示。

第四步：将图片拼接为一张图片，如图5-28所示。

图5-27　导出图片

图5-28　幻灯片长图

> **提示** 也可以安装PPT插件Noudri Tools或"美化大师",一键导出长图片。

无论采取何种方式,微课都是用简短的形式,承载有用的内容。可以是一点儿知识、一项技能,也可以介绍一种新产品、解决一个小问题。学完后就能即时掌握。自助式微课选题独立、内容简明、简洁易行、轻松上手。

5.3 专业式制作方案

专业式制作方案通过导演、策划到后期制作等多种角色与老师的紧密配合,采用现场教学式、影棚录制式等制作手法提升微课课程品质,实现情景式教学。其中包括将课程的教学内容以故事为主题的形式进行串联,形成生动的教学场景,帮助学习者理解教学内容。专业式制作流程如图5-29所示。

图5-29 专业制作常见流程

5.3.1 人像+大屏幕电视

主讲人以屏幕显示方式,讲解课程内容;同时技术人员利用摄像机将整个过程拍摄下来,再经过后期加工剪辑,制作出视频微课程,如图5-30所示。

图5-30 "人像+大屏幕"制作方式

(1) 设施：专业影视拍摄设备，根据题材而定。
(2) 范围：不容易讲授的隐性知识、技能、哲学等。
(3) 优点：通俗易懂，在电影中得到知识的启迪。

1. 教学准备

（1）教案及演示文件。
（2）设备配置：数码摄像机、大屏幕电视、无线话筒。

2. 基本方法

主讲人以屏幕显示方式，讲解课程内容；同时技术人员利用摄像机将整个过程拍摄下来，再经过后期加工剪辑，制作出视频微课程。

3. 制作流程

1）第一步：教学准备
准备教案及演示文件。
2）第二步：设备调试
为保证录制效果，应该对大屏幕、摄像机、话筒等设备预先进行调试，保证拍摄图像的色温、亮度、对比度等参数正确，保证声音清晰、无杂音。
3）第三步：拍摄准备
现场灯光调试。保证拍摄对象色彩、亮度等参数正确，无反光现象。
4）第四步：现场录制
对教学过程进行录制。录制中注意画面构图，保证画质清楚、声音清晰。
5）第五步：后期剪辑
对讲解的内容进行剪辑处理，保证课程的正确性和连续性；添加字幕和特技效果，突出重点；最后生成优质的微课视频课程。

5.3.2 人像+黑板（白板）

讲课人通过黑板或白板板书方式，呈现课程内容，同时进行现场讲解；技术人员利用摄像机将整个过程拍摄下来，再经过后期加工剪辑，制作出视频微课程，如图5-31所示。

图5-31 "人像+黑板"制作方式

（1）设施：摄像机、轨道等，采用外景、多景别（单/多机位）拍摄。

（2）范围：实景教学、户外教学等。

（3）优点：可在办公室、教室、户外等多种环境进行。

1. 教学准备

教案设备配置：数码摄像机、黑板或白板、无线话筒。

2. 基本方法

讲课人通过黑板或白板板书方式，呈现课程内容，同时进行现场讲解；技术人员利用摄像机将整个过程拍摄下来，再经过后期加工剪辑，制作出视频微课程。

3. 制作流程

1）第一步：教学准备

准备教案。

2）第二步：设备调试

为保证录制效果，应对摄像机、话筒等设备预先进行调试，保证拍摄图像的色温、亮度、对比度等参数正确，保证声音清晰，无杂音。

3）第三步：现场准备

现场灯光调试。保证拍摄对象色彩、亮度等参数正确，无反光现象。

4）第四步：教学录制

对教学过程进行录制。录制中注意画面构图，保证画质清楚、声音清晰。

5）第五步：后期剪辑

对讲解的内容进行剪辑处理，保证课程的正确性和连续性；添加字幕和特技效果，突出重点；最后生成微课程视频。

5.3.3 人物抠像+虚拟背景

虚拟场景式：将虚拟场景与摄像机现场拍摄的人物活动图像进行实时合成，同步变化以获得完美的合成画面，如图5-32所示。

图5-32 虚拟背景制作方式

（1）设施：虚拟室、虚拟设备、摄像机、计算机等。

（2）范围：特殊规定场景、科普类课程等。

（3）优点：画面结构生动，视觉感官新颖，教学表现力丰富。

1. 教学准备

教案。

2. 设备配置

数码摄像机，无线话筒，抠像背景布，提词设备。

3. 基本方法

主讲人在抠像背景幕布前讲解课程内容；同时技术人员利用多台摄像机从不同角度将整个过程拍摄下来；后期将拍摄内容做抠像处理，插入背景、字幕、图像，最终制作出视频微课程。

4. 制作流程

1）第一步：教学准备

准备教案。

2）第二步：设备调试

为保证录制效果，应对摄像机、话筒等设备预先进行调试，保证拍摄图像的色温、亮度、对比度等参数正确，保证声音清晰，无杂音。

3）第三步：现场准备

现场灯光调试。抠像拍摄对现场灯光有很高的要求，要保证布光均匀，人像要有轮廓光，这样抠像效果才能保证。

4）第四步：教学录制

对教学过程进行录制。录制中注意画面构图，保证画质清楚、声音清晰。

5）第五步：后期视频剪辑

这种形式的后期制作，首先是将拍摄内容做抠像处理，要精心调整抠像参数，既要保证人像色彩正确，又要保证边缘无痕；其次，要设计制作合适的背景、字幕、图像，将人像与之重合在一起。

5.3.4 演播室实景+后期剪辑

演播室现场实录式：通过演播棚制景或实景拍摄的手法，现场实地，多机位拍摄切换，后期经过剪辑特效包装，最大限度还原真实授课场景，如图5-33所示。

（1）设施：访谈室、摄像机、无线麦克、专业灯光等。

（2）范围：人物访谈、专题探讨类课程等。

（3）优点：针对性、感染力强，表现手法多样化。

图5-33　演播室实景制作方式

1. 教学准备

教案。

2. 设备配置

数码摄像机，无线话筒，背景，提词设备，电脑。

3. 基本方法

（1）主讲人在背景前讲解课程内容。

（2）同时技术人员利用多台摄像机从不同角度将整个过程拍摄下来。

（3）后期将拍摄内容做剪辑处理，插入相关字幕、图像或演示文件，最终制作出视频微课程。

（4）也可以采用现场切换的方式，将多机位摄像信号和电脑信号进行选择，现场制作出视频课程。

5.3.5　实景拍摄+后期剪辑

实景拍摄：拍摄场景选用图书馆、书吧、实训室等，缓解课堂压力感，营造轻松活泼的学习方式，如图5-34所示。

图5-34　实景拍摄制作方式

（1）设施：摄像机、轨道、柔光箱等专业外拍器材。

（2）范围：实景教学、户外教学等。

（3）优点：智能，录制灵活，支持远程教学直播。

1. 教学准备
教案。

2. 设备配置
数码摄像机，无线话筒，便携灯光，轨道等。

3. 基本方法
（1）主讲人在实景前讲解课程内容。
（2）技术人员利用摄像机将整个教学过程拍摄下来。
（3）拍摄与教学相关的实景，如实物、实验过程等。
（4）后期将拍摄内容做剪辑处理，插入相关字幕、图像或演示文件，最终制作出视频微课程。

5.3.6 动画传媒式

通过动画形式更能直观形象地展现难以表达的知识点，便于激发学习热情和调动学习积极性，如图5-35所示。

图5-35　动画传媒制作方式

（1）设施：专业计算机、扫描仪、绘图板等。
（2）范围：企业培训、技能培训、学前课程等。
（3）优点：制作过程轻松，容量小，传输快。

建构主义学习理论强调"以学习者为中心"的学习过程。在日常学习中，学习者是认知主体，是意义的主动构建者，学习的最终目的是使学习者获得知识的意义建构。由于构建主义所要求的学习环境（教学场景）得到了当代最新信息科技成果数码影像技术的强有力支持，这就使构建主义理论与教师的教学实践能够普遍地结合起来，从而成为深化教学变革的指导思想。

微课的教学过程就是学习者通过网络方便获取教育资源，自主学习所需要的课程，达到对知识的意义构建。微课是一个精彩的短课，需要尽量突出其课程的特色。微课离我们既近又远，既陌生又熟悉，如何对待和使用微课，需要在实践中不断摸索和总结。

这是一个充满创新的时代，每一天都有新的事物诞生；这是一个充满创造的时代，越来越多的新型科技被应用到我们的生活里；这是一个充满希望的时代，未来的生活将会变得越来越美好！

下 篇
微课视频制作软件

第6章　演示软件Keynote

演示文稿是现代社会人们工作生活的重要组成部分，在工作汇报、企业宣传、产品推介、婚礼庆典、项目竞标、管理咨询、教育培训等领域占有举足轻重的地位。

利用演示软件制作课件，通常包括确定教学内容、制作幻灯片、设置幻灯片动画效果、播放幻灯片及生成幻灯片课件几个步骤。

1. 确定教学内容

首先要从教学的角度考虑内容本身，然后确定内容的组织结构、媒体表现形式以及需要在制作中注意的问题，制定制作提纲。

2. 制作幻灯片

制作者按照提纲选择合适的版式，在空白幻灯片上添加文字、图像、声音、视频等内容，就可以构成一张幻灯片，按照同样的方法制作多张幻灯片就可以构成一个演示文稿。

3. 设置动画效果

为了恰当地表现教学内容并使其具有生动活泼的效果，应该为幻灯片的出现指定切换效果，并为各种媒体对象指定动作，故定义动画和定义同其他媒体对象的连接关系等，可以通过"幻灯片放映"菜单中的选项实现。

4. 播放幻灯片

播放幻灯片是最后的目的。播放中如果发现效果不满意可以返回前面的步骤修改，也可以利用"幻灯片放映"菜单中的"排练计时"和"设置放映方式"选项，指定幻灯片是自动播放还是由演讲者控制播放。

5. 生成幻灯片课件

幻灯片播放可能要在其他计算机中进行，而且有时用户在自己制作的幻灯片中要用到其他路径（如本地硬盘的不同文件夹、光盘及局域网中的其他微机）的多媒体文件，所以为了把这些其他路径下的多媒体文件一起放到用户制作的幻灯片课件中，可以利用"文件"菜单中的"导出"功能，该功能同时也可以将幻灯片备份到另外的磁盘中。

6.1　认识 Keynote

Keynote是诞生于2003年1月，由苹果公司推出的运行于Mac OS X操作系统下的演示幻灯片应用软件。Keynote不仅支持几乎所有的图片字体，还可以使界面和设计更图形化，借助Mac OS内置的图形技术，制作的幻灯片也更容易夺人眼球。另外，Keynote还有真三维转换，幻灯片在切换的时候用户可选择旋转立方体等多种方式。随着iOS系列产品的发展，Keynote也推出了iOS版本，以便在移动设备上编辑及查阅文档，并可以通过iCloud在Mac、iPhone、iPad、iPod Touch以及PC之间共享。

Keynote 所具有的强大功能，可帮助教师和学生创建和发表精美的演示文稿。有了

Keynote，教师和学生可以利用动画和过渡效果，使引述、历史图表、数学图表和科学实验栩栩如生。不但如此，还可以通过添加交互式元素来促进个性化的自主学习。

Keynote 通过简单易用的可视化工具和影院级的过渡效果来构建超级的演示文稿。在开始构建演示文稿之前，先了解Keynote 工具栏和界面的使用。

6.1.1 主题类型

Keynote用于创建和显示精美的演示文稿从其中一个主题开始，主题选取器显示可以用来新建演示文稿的主题的缩略图，其中包括33种主题类型，如图6-1所示。每个主题都附带适用于文本、形状、照片、视频和其他对象的预设计样式，即颜色、边框、效果等的协调集，然后可根据需要随意修改。

图6-1　选择"主题"界面

在选择某个主题来创建新的演示文稿之后，需要对其进行自定义，方法是添加自己的文本，替换占位符图形或将它们删除，然后添加新的对象，例如文本框、图像、形状、表格和图表。

如若主题选取器不可见，要查看主题选取器，可从屏幕顶部的"文件"菜单中选取"文件"→"新建"命令。

6.1.2 界面导航

熟悉和了解在 Keynote 中会用到的界面和工具栏按钮，能更方便地构建演示文稿。Keynote的工作界面由下面几个部分组成，如图6-2 所示。

（1）菜单栏。菜单栏囊括Keynote对幻灯片处理变化的所有命令，每一个菜单所执行的功能都显示在菜单命令中。

（2）工具栏。工具栏是 Keynote 窗口中演示文稿上方的一排按钮，单击这些按钮可查看插入对象（如形状、图表和表格）的选项；可打开和关闭边栏；可显示或隐藏幻灯片缩略图等。

图6-2　Keynote界面

（3）格式、动画和文稿控件。Keynote窗口在右侧具有边栏，其中显示"格式"检查器、"动画效果"检查器或"文稿"检查器。这些检查器具有用于格式化对象、动画处理对象和设定演示文稿和音频选项的控制。可以根据需要显示或隐藏边栏。

（4）幻灯片导航栏。显示垂直列表中每张幻灯片的缩略图图像，可以单击缩略图以跳到特定幻灯片，或者拖移幻灯片以重新组织演示文稿。

（5）幻灯片内容区域。在该区域添加、编辑、设置对象格式。

（6）演讲者注释。将注释添加到幻灯片以帮助演示。如果是在外置显示器上显示演示文稿，则在回放演示文稿过程中，可以参阅演讲者注释。在这种情况下，必须设置演讲者显示布局以显示演讲者注释。

6.1.3　工具按钮

使用Keynote工具栏按钮，可以方便快捷地完成操作。位于屏幕顶部的菜单栏包括一些与工具栏中的按钮具有相同名称的菜单。这些菜单包含的选项不是总与工具栏项目中的选项相同。在大多数情况下，菜单栏菜单包括的命令比工具栏中可用的命令更多。

可通过更改要显示哪些按钮及其排列来自定义工具栏。如果看不到说明中提到的按钮，可能按钮已移除，可以通过再次自定义工具栏来恢复按钮。

自定义工具栏，从屏幕顶部的"显示"菜单中选取"显示"→"自定工具栏"，打开自定义工具栏窗口如图6-3所示。拖动相应工具图标到工具栏后单击"完成"按钮。

构建Keynote演示文稿时可使用的工具如下。

（1）显示：通过不同方式查看幻灯片有助于整理和编辑演示文稿。"导航器"是默认视图，如图6-4所示。

（2）缩放：单击工具栏中的"缩放"，然后选择一个选项，如图6-5所示。

（3）添加幻灯片：单击工具栏中的"添加幻灯片"，然后选择幻灯片布局，如图6-6所示，可将其添加到演示文稿。

第 6 章　演示软件 Keynote　　111

图6-3　自定义工具栏

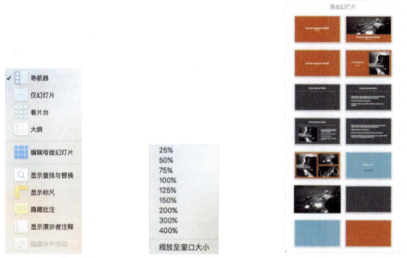

图6-4　"显示"工具　　图6-5　"缩放"工具　　图6-6　选择"幻灯片布局"

（4）播放：选择要开始播放的第一张幻灯片，然后单击工具栏中的"播放"。要停止播放演示文稿，可按 Esc 键退出。

（5）Keynote Live：使用 Keynote Live 可通过互联网来播放演示文稿，让每个人都可以同时在他们自己的设备上查看演示文稿，如图6-7所示。

（6）表格：添加可编辑的表格，如图6-8所示。

（7）图表：添加可编辑的图表，如图6-9所示。

图6-7　使用Keynote Live　　图6-8　添加"表格"　　图6-9　添加"图表"

（8）文本：单击内容区域中的任意位置，向幻灯片中添加可自定义的文本框，如图6-10所示。

（9）形状：向演示文稿中添加各种可编辑的形状，如图6-11所示。

（10）媒体：选择图像、影片或音频文件来添加到Keynote演示文稿中，如图6-12所示。

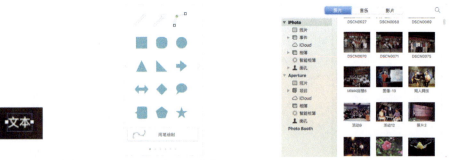

图6-10　添加"文本"　　　图6-11　添加"形状"　　　图6-12　添加"媒体"

（11）批注：向幻灯片中添加"批注"。批注对于添加注释、向审阅人员提问以及提供编辑建议非常有用，如图6-13所示。

图6-13　添加"批注"

（12）格式：更改对象的颜色、文本规格、边框或样式。也可以在图像周围绕排文本，或者执行移至后面/前面等操作，如图6-14所示。屏幕上只会显示适合所选对象类型的控件。

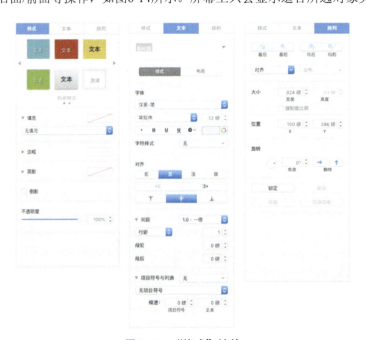

图6-14　"格式"控件

（13）动画效果：为各个对象和幻灯片过渡创建动画效果，如图6-15所示。

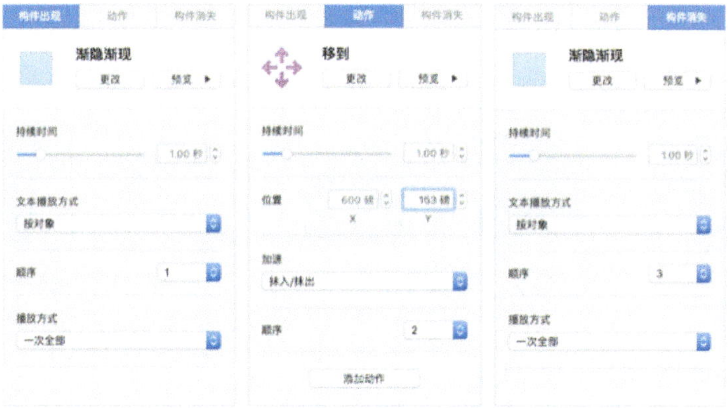

图6-15　创建"动画"效果

（14）文稿：更改演示文稿的主题或宽高比，并添加音频，如图6-16所示。

（15）协作：与其他人协作来处理此文稿，如图6-17所示。

图6-16　"文稿"工具

图6-17　"协作"工具

6.1.4　对象的基本操作

在幻灯片内容区域，对插入对象的基本操作如下。

1. 重新定位

要重新定位幻灯片上的某个对象，可单击选择该对象，然后根据需要将它拖移到适当的位置。

2. 对齐

使用 Keynote 中的标尺和对齐参考线可以轻松地将幻灯片上的元素排列至完美的效果。当对象对齐且间距相等时，即会显示黄色参考线，如图6-18所示。

3. 调整大小

对象边缘有8个白色选择控制柄，拖动其中任意一个控制柄即可将对象向不同方向进行拉伸，如图6-19所示。

图6-18　对齐对象　　　　　　　　图6-19　调整对象大小

按Shift键并拖移角上的控制柄，即会出现一条黄色的对角虚线。在沿对角线拖动角上的控制柄时使用它作为参考线以确保与原始对象的比例一致。

熟悉了Keynote的基本工具，下面开始构建Keynote演示文稿。

6.2　创建演示文稿

在Keynote中创建出色的幻灯片是从鲜明的主题、富含创意的文字和详尽的大纲开始的。有经验的演讲者甚至在建立演示幻灯片前就已经写下了所有的内容。

需要牢记一个简单的原则：先思考，再设计，最后呈现。

1. 保持简洁

简单的幻灯片可以让观众迅速抓住要点。就像在一条不熟悉的高速公路上，指示牌的简单明了很重要，不应当让过多的图片分散观众的注意力。优秀的演讲者善于将复杂的概念分解为尽可能简单的结构。充斥着杂乱箭头、图表的画面会让听众产生困惑，冗长的段落文字会诱导听众阅读幻灯片而不再集中精力听演讲。如果必须呈现大量的文字，可将它们分解在若干张幻灯片中，并尽可能保持每张幻灯片的简洁。

2. 保持一致性

演示文稿设计上的前后一致有助于观众将注意力集中在内容上，而不是新的字体或背景颜色。演示文稿中的文字颜色、大小与样式应当始终保持一致。用Keynote中的主题呈现信息具有条理性且吸引人。也可以在Keynote中创建自己的主题。无论是哪种情况都必须保证一致的设计风格。在"看片台"视图下，可以迅速检查幻灯片设计的一致性。

3. 使用演讲者支持

在建立幻灯片时，常常要设计"演讲者支持"，也就是通过图片来使演示更加生动，就像晚间新闻的主持人在播报时有背景支持一样。在演说的时候，身后的幻灯片要能够帮助补充要点。必须使用幻灯片时，可以暂停讲解，给听众一段时间阅读幻灯片，然后再继续演讲。

4. 图文相宜

Keynote主题提供了多张带有图像占位符的母版，因为图像能比文字更有效地传递信息。可以通过简洁、有力的信息来确保听众能够领会要点，迅速理解演讲的主题。简单地说，就是需要表达清晰、完整的思想。

6.2.1 选择主题

1. 选择主题

（1）在 Mac 中运行 Keynote APP，将打开名为"主题选取器"的屏幕，如图6-20 所示，这将显示 Apple 设计的主题。从"主题选取器"的"宽幅"标签中选择"即兴"。

图6-20　选择"即兴"主题

（2）Keynote 会自动将演示文稿命名为"未命名"。单击窗口顶部默认名称右侧的箭头，然后输入新标题"蝴蝶花园"，如图6-21 所示。

图6-21　输入标题"蝴蝶花园"

2. 复制和粘贴文本

新演示文稿会自动以默认的标题幻灯片开始。继续使用这个纯文本的基本布局，也可以向标题幻灯片中添加引人入胜的图像。

（1）单击"添加幻灯片"按钮，打开幻灯片导航器，如图6-22 所示，添加新幻灯片。

图6-22　添加新幻灯片

（2）单击选择"照片-水平"幻灯片布局，如图6-23 所示。在幻灯片导航器中选择原始"标题"幻灯片，然后按Delete 键将其删除。

图6-23　选择"照片-水平"幻灯片布局

（3）然后双击标题文本框，输入文本"蝴蝶花园"，如图6-24所示。

图6-24　在标题文本框中输入文本"蝴蝶花园"

3. 插入图像和为幻灯片添加动画效果

（1）打开Keynote 项目素材文件夹，然后找到 title.jpg 图像，将其拖到幻灯片上以替换占位符图像，如图6-25 所示。

（2）单击工具栏中的"动画效果"按钮 ◆。

（3）单击"添加效果"按钮 添加效果 ，向下滚动并选择"掀开"动画效果，如图6-26所示。

（4）使用"持续时间与方向"滑块，将持续时间设置为 1.50 秒，如图6-27所示。

第 6 章 演示软件 Keynote

图6-25 替换占位符图片

图6-26 选择"掀开"动画效果

图6-27 设置动画时间

6.2.2 插入视频

内容安排幻灯片是介绍演示文稿中要讨论的主题的最佳方式。使用"主题选取器"中的内容安排幻灯片来插入视频、创建形状、调整形状大小和应用样式。

1. 插入视频

（1）单击"添加幻灯片"按钮 ，来添加新的幻灯片，然后选择"照片"布局主题，如图6-28 所示。

（2）打开 Keynote 的项目素材文件夹，然后找到 butterfly.mov 影片，将其拖动到新幻灯片上放好，如图6-29所示。

（3）单击"格式"按钮 ，再单击"影片"标签，然后取消选择"在点按时开始播放影片"选项，如图6-30 所示。

（4）单击"排列"标签，将影片的宽度和高度调整为 1920磅×1080磅，然后将它定位到 0 磅 X、0 磅 Y，如图6-31 所示。

图6-28　添加"照片"布局幻灯片

图6-29　添加蝴蝶影片

图6-30　取消选择"在点按时开始播放影片"选项　　图6-31　调整影片的大小、位置

2. 创建形状和应用样式

形状是用来高亮显示幻灯片中文本的最有效途径。尝试使用不同的形状和文本样式来创建合适的效果并进行适当的陈述。

（1）单击工具栏中的"形状"按钮 添加一个形状。选择"形状"菜单左上角的正方形，如图6-32所示。

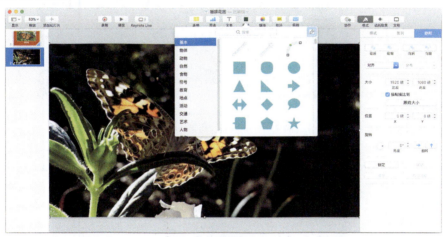

图6-32 添加"形状"

（2）将该形状拉伸并调整为水平矩形，然后将它重新定位到蝴蝶翅膀的右边，如图6-33所示。

图6-33 定位"矩形"对象

（3）选中该矩形后，单击"格式"按钮 ，然后单击"样式"标签。

（4）选择"砖红色"色板，更改矩形的颜色，如图6-34所示。

（5）通过"拷贝""粘贴"命令或按Command+D组合键进行复制的方式再添加两个方框，使方框总数达到三个，如图6-35所示。

（6）将这两个方框依次放置在第一个方框的下面，如图6-36所示。当开始移动这些方框时会显示黄色参考线，使用这些参考线可确保它们均匀地隔开且相互对齐。

图6-34　更改"矩形"颜色

图6-35　选择"拷贝"命令

图6-36　移动、排列方框

（7）双击第一个方框，然后输入"我们的目标"作为第一个内容安排要点，如图6-37所示。

（8）将其余内容安排项目直接输入添加到其他两个方框中，如图6-38所示。

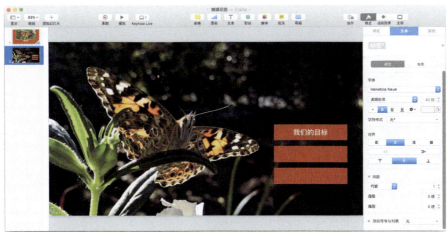

图6-37 在方框中输入文字

图6-38 输入文字到其他两个方框中

（9）单击影片后面的灰色背景以取消选中方框。单击工具栏中的"动画效果"按钮 ◆。

（10）单击添加效果，然后从出现的菜单中选择"掀开"命令。

（11）使用"持续时间与方向"滑块，将持续时间设置为 1.50 秒。

6.2.3 制作项目符号列表

1. 制作项目符号列表

现在，利用构建第三张幻灯片这一过程来探索一下使用预定义主题有哪些好处。

（1）添加布局为"标题、项目符号与照片"的新幻灯片。

（2）在标题框中输入"我们的目标：蝴蝶花园"。

（3）在 Keynote 项目素材文件夹中找到 greengarden.jpg 图像，然后将其拖动到幻灯片上以替换图像占位符，如图6-39 所示。

图6-39　创建布局为"标题、项目符号与照片"的幻灯片

（4）从蝴蝶花园内容.txt 文稿中"拷贝"项目符号文本并使用"编辑"→"粘贴并匹配样式"粘贴进来，如图6-40 所示。

图6-40　粘贴并匹配样式

2. 为项目符号列表添加动画效果

在进行实际演示时，或许会想要一次只显示一项要点，或是在将要点添加到幻灯片后，添加更多注解。现在就来学习如何提升演示文稿的专业水准。

（1）要为项目符号列表添加动画效果，选择该框并单击"动画效果"按钮◆。单击"构件出现"，再单击"添加效果"，然后选择"渐现"，如图6-41 所示。

（2）在"播放方式"菜单中选择"按项目符号"。

（3）使用"持续时间"滑块，将持续时间设置为 0.50 秒，如图6-42 所示。单击项目符号列表文本框的外部。

（4）选定幻灯片，单击"动画效果"按钮◆，再单击"添加效果"，然后选择"翻转"。将持续时间设置为 1.50 秒，如图6-43所示。

图6-41 添加"渐现"动画效果　　图6-42 设置"渐现"动画效果

图6-43 为幻灯片添加"翻转"效果

6.2.4 添加背景图像

有时需要在演示中创造一个戏剧性的瞬间,使演示给观众留下深刻的印象。要达到这样的目的,可以使用鲜明的图像、动画和自定文本标题。在这个例子中,制作的蝴蝶图像将犹如飞翔在花丛中一样。

1. 添加背景图片

(1)添加布局为"照片"的新幻灯片。

(2)将 Keynote 项目素材文件夹中的 flowers.jpg 拖动到图像占位符上。

(3)选择该图像,然后单击"格式"按钮 。单击"排列"标签,然后单击"锁定",将背景图像固定到适当的位置,如图6-44 所示。

2. 使用"即时 Alpha"

使用"即时 Alpha"可以移除照片的背景,能够更加灵活地发挥创造力。在这个例子中,使用"即时 Alpha"功能将展翅飞翔的蝴蝶图像的背景颜色移除,使它与花丛背景融为一体。

(1)返回到素材文件夹,然后将 butterflyfly.jpg 拖动到幻灯片上。根据自己的需要调整它的大小,如图6-45 所示。

(2)选中蝴蝶图像之后,单击"格式"按钮 。

图6-44　添加背景图片

图6-45　添加蝴蝶图像

（3）单击"图像"标签，然后单击菜单中的"即时Alpha"。单击蝴蝶图片背景内部，将其选中以便移除，如图6-46所示。

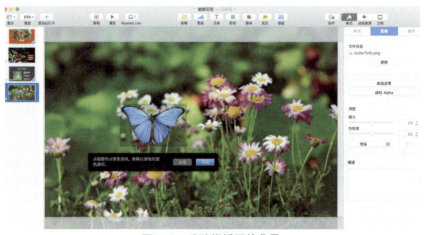

图6-46　移除蝴蝶图片背景

(4)单击图像底部的"完成"按钮▄▄,完成"即时Alpha"效果。将图片调整到需要的位置、大小、方向,如图6-47所示。

图6-47 完成"即时Alpha"效果

3. 为图像添加动画效果

现在已经完成重叠图像,用动画效果让幻灯片生动起来。

(1)单击蝴蝶图像,然后单击"动画效果"按钮 ◆,将图像设计成以动画形式进入幻灯片,单击"构件出现"标签。

(2)单击"添加效果",然后选择"缩放"。

(3)使用"持续时间与方向"滑块,将持续时间设置为0.75秒,如图6-48所示。

图6-48 为蝴蝶图像出现添加"缩放"效果

(4)单击"形状"按钮 ▢ 添加新方框。将该方框调整成条形放置在右上角。

(5)单击"格式"按钮,然后单击"样式"标签,将该方框的样式更改为砖红色,如图6-49所示。这种颜色有助于清楚地阅读背景图像上的文本。

图6-49 添加砖红色"形状"

4. 添加形状和设置文本样式

虽然一张图片可能抵过千言万语,但恰到好处的简要说明也必不可少。为了使图像更加有说服力,添加一个文本框,并在其中加入信息丰富又饶有趣味的文字描述。

(1)创建一个新文本框,然后将它移动到红色方框内部。添加文本"植物的朋友"。应用"标题(小)"文本样式,如图6-50所示。

图6-50 创建文本框

(2)重复上一个步骤,添加标题"能干的授粉昆虫",应用"说明正文(小)"样式。

(3)选择该文本,然后单击格式工具中的文本标签,将样式从"紧缩粗体"更改为"中等",然后单击上箭头将大小增加到92磅,如图6-51所示。

(4)单击文本框的外部,然后单击"动画效果"按钮 ◆ 。

(5)单击"添加效果",然后选择"掀开"。将持续时间设置为1.50秒,如图6-52所示。

图6-51 添加并设置文本

图6-52 幻灯片添加动画效果

6.2.5 为多个对象添加动画效果

构建下一张幻灯片时,为更多的对象添加动画效果,让作品看起来动感十足。这是 Keynote 中较为复杂但很有用的一项功能。

1. 为多个对象添加动画效果

(1)添加布局为"标题-顶部对齐"的新幻灯片。

(2)在标题文本框中输入"蝴蝶的种类",应用"标题(小)"文本样式,如图6-53所示。

(3)将三张蝴蝶插图(butterfly1.png、butterfly2.png 和 butterfly3.png)从项目素材文件夹中拖过来。调整图片的大小,并按如图6-54所示的顺序将它们从左向右进行排列。

(4)添加文本框,为每个蝴蝶输入标签,然后将这些文本框排列在对应蝴蝶的上方。

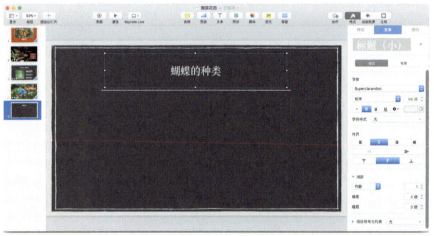

图6-53　添加标题"蝴蝶的种类"

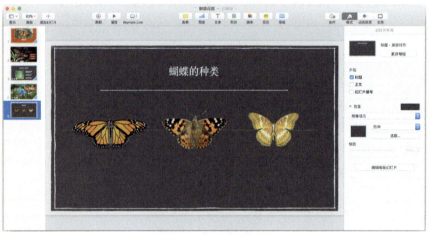

图6-54　排列蝴蝶图片

（5）要与示例演示文稿中的文本样式一致，选择每个文本框，然后应用说明样式。将文本框和蝴蝶的大小及位置调整为与示例项目一致，如图6-55所示。

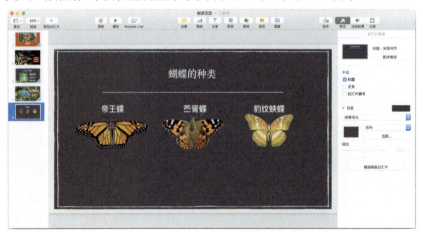

图6-55　添加排列文本框

（6）现在一切就位，可以添加动画效果了。选择第一个蝴蝶。单击"动画效果"按钮 ，然后依次单击"构件出现""添加效果"和"翻转"。

（7）使用"持续时间与方向"滑块，将持续时间设置为 1.00 秒，设置完成后如图6-56所示。

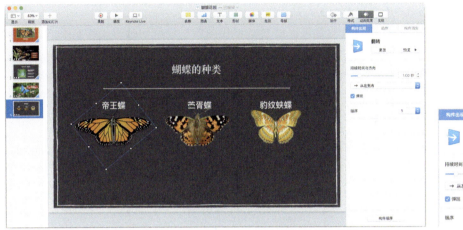

图6-56　第一个蝴蝶添加动画效果

（8）选择第一个蝴蝶上面的文本框，然后依次单击"动画效果""构件出现""添加效果"和"渐现"，如图6-57所示。

图6-57　选择第一个文本框设置动画效果

（9）将持续时间更改为 1.00 秒，使文本和图像动画的持续时间保持一致。对其余的蝴蝶及其标签重复上述步骤。

（10）要查看动画的顺序，单击"动画效果"面板底部的"构件顺序"按钮。

（11）在"构件顺序"面板中，拖动列出的项目以更改其顺序，使蝴蝶位于其相应的文本框之前，如图6-58 所示。

（12）要更改项目的动画开始时间，可从列表中进行选择。在"起始"菜单中，将第一个蝴蝶的"在单击时"更改为"过渡之后"，将其对应的文本框更改为"与构件 1 一起"，以便它们可以同时进入。

（13）对其余的对象重复操作，使蝴蝶在"在构件 2 之后"和"在构件 4 之后"进入，并使文本框"与构件 3 一起"和"与构件 5 一起"进入，如图6-59所示。单击"预览"查看动画显示方式。

2. 使用神奇移动为多个对象添加过渡效果

Keynote 中的"神奇移动"过渡效果能够自动将相同的对象以动画形式移到下一张幻灯片。这里要缩小蝴蝶，使其"落"在图示的花上。

（1）在幻灯片导航器中单击幻灯片 5，然后从"编辑"菜单中选择"复制所选内容"，如图6-60所示。

图6-58 "构件顺序"面板　　图6-59 设置构件顺序　　图6-60 复制第5张幻灯片

（2）删除第6张幻灯片中的标签并移除蝴蝶的"翻转"动画效果，选择每个蝴蝶，单击"构件出现"标签中的"更改"，然后在"添加效果"菜单中选择"无"，如图6-61所示。

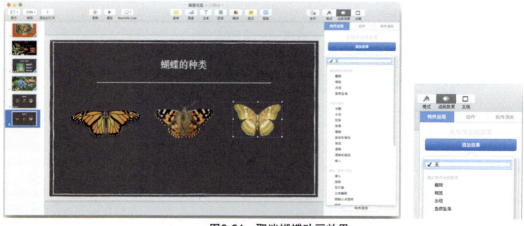

图6-61 取消蝴蝶动画效果

（3）将项目素材文件夹中的插图butter-flower.png 拖动到幻灯片上，如图6-62 所示。

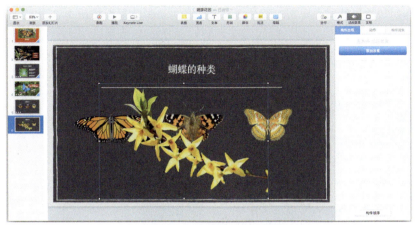

图6-62　拖动花枝图片到换灯片上

（4）调整花的大小，并调整蝴蝶落在树上的位置。要将树放在蝴蝶的后面，单击"排列"，然后单击"最后"，如图6-63所示。

图6-63　调整花枝的大小、位置、前后

（5）缩小并移动蝴蝶，让它们看起来仿佛落在花枝上，如图6-64所示。

图6-64　移动蝴蝶位置、方向

（6）在幻灯片导航器中单击幻灯片5，再单击"动画效果"按钮◆，然后单击"添加效果"，选择"神奇移动"，将持续时间设置为1秒，如图6-65所示。

图6-65　添加神奇移动

（7）在幻灯片导航器中选择幻灯片6缩略图，单击"动画效果"按钮◆，然后单击"添加效果"，选择"开门"，将持续时间设置为2秒，如图6-66所示。

图6-66　设置幻灯片6的动画效果为"开门"

（8）在播放模式▶下测试幻灯片5，查看动画效果。

6.2.6　插入转换幻灯片

转换幻灯片用于将演示文稿从一个部分转换到下一个部分。相较于演示文稿中的其他幻灯片，这张幻灯片应该在视觉上非常突出，能够重新抓住学习者的注意力。

在这个例子中，将从演示文稿中介绍背景信息，有关蝴蝶的信息，以及为什么应该将蝴蝶吸引到花园的上半部分转而进入引导找到解决办法的过程。

（1）添加布局为"标题-居中对齐"的新幻灯片。

（2）输入这张转换幻灯片的文本"如何吸引蝴蝶，我们来打造绿色空间"到文本框中。

（3）要增添令人期待的时刻，在这张幻灯片上提出问题，然后在前进到下一张幻灯片时再给出答案。单击文本框，然后单击工具栏中的"动画效果"按钮 ◆。单击"构件出现"，选择添加效果，然后选择"渐现"。

（4）从"播放方式"弹出式菜单中选择"按段落"。在"构件顺序"菜单中选择 2，这样第一行会显示在幻灯片上，并且只有在单击时才会将第二行放在幻灯片上，如图6-67所示。

图6-67　设置"播放顺序"和幻灯片2的"起始"动作

（5）单击文本框的外部，单击"动画效果"按钮，然后单击"添加效果"按钮。

（6）在"添加效果"面板中选择"掀开"。将持续时间设置为 1.50 秒，如图6-68 所示。

图6-68　设置转换幻灯片动画效果

6.2.7　创建自定表格

表格是组织数据的有效方式，可以让观众一目了然。可以从大量设计好的样式中选择适合主题的样式。添加表格之后，可以自定义表格的外观。

（1）添加布局为"标题-顶部对齐"的新幻灯片。

（2）将标题文本"打造绿色空间"输入到幻灯片 8中。

（3）单击"表格"按钮，然后选择右上角的样式。这样可以创建一个五行四列的表格。这里需要两列四行（其中一行将为表尾行），如图6-69所示。

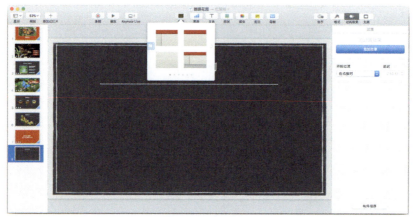

图6-69　添加表格

（4）选择该表格，然后单击右上角的列数控制柄。单击下箭头，从四列更改为两列。使用左下角的行数控制柄，将行数从五行调整为四行，如图6-70所示。

图6-70　调整表格行列数

（5）单击表格，输入文本进行填充，如图6-71所示。

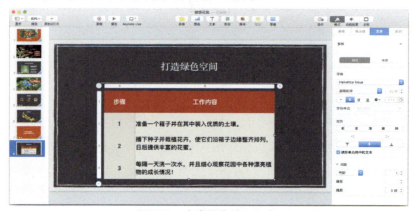

图6-71　在表格中输入文本

（6）要为表格添加动画效果，将其选中，然后单击"动画效果"按钮 ◆。单击"构件出现"，再单击"添加效果"，然后选择"渐现"。从"播放方式"菜单中选择"按行"，如图6-72 所示。

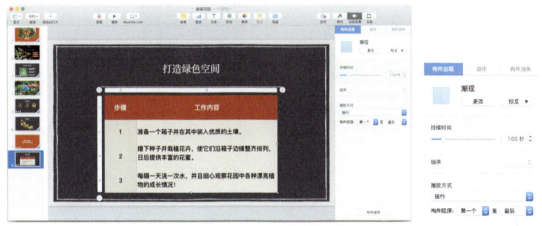

图6-72　为表格添加动画效果

（7）单击图像的外部，单击"动画效果"按钮，然后单击"添加效果"，选择"掀开"。将持续时间设置为 1.50 秒，如图6-73 所示。

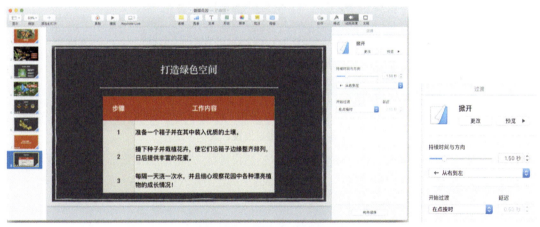

图6-73　设置幻灯片动画效果

6.2.8　构建交互式图表

可以在一个动画图表中比较多个数据集，还可以按照想要的方式自定义演示文稿中的图表。

（1）添加布局为"标题-顶部对齐"的新幻灯片。

（2）在标题文本框中输入文本"记录成果"。

（3）单击"图表"按钮，然后单击"交互式"按钮。

（4）选择垂直条形图样式，如图6-74 所示。

（5）调整图表大小并把它放在标题下面，在底部留出一点儿空间用于显示总结说明，如图6-75 所示。

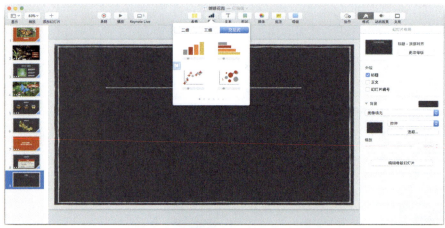

图6-74 选择"交互式"垂直条形图表

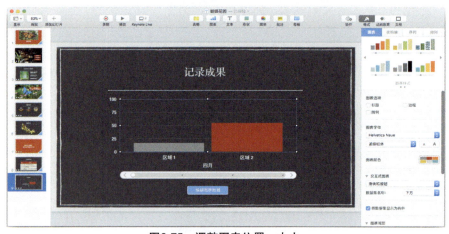

图6-75 调整图表位置、大小

（6）选择该图表，单击"编辑图表数据"，然后将素材文稿中的数据添加到图表中。要向图表中添加行，只需在"编辑图表数据"表格中底部的空白行中输入数据即可，如图6-76所示。

图6-76 编辑图表数据

（7）Y轴没有标签。选中该表格后，单击"格式"按钮，然后单击"坐标轴"标签。在"值（Y）"面板中，选中"坐标轴选项"下的"轴名称"复选框，如图6-77所示。

（8）将名为"第1周"的数据集移动到图表的顶部，选择图表下面的"数据集名称"文本框。在格式工具的"数据集名称"选项卡中，将"位置"选项从"下方"更改为"上方"，如图6-78所示。如果需要，调整文本框位置。

图6-77 显示"数值轴"

图6-78 调整"第一周"数据集名称位置

（9）要查看垂直条形上的数据集值，选择该图表，然后单击格式工具中的"序列"标签。选择"数值标签"菜单中的"数字"选项，如图6-79所示。

图6-79 设置显示垂直条形上的数据

（10）在图表之下添加一个文本框，将内容文稿中的总结说明粘贴到其中。将段落样式更改为"说明"，如图6-80所示。

（11）选择文本框中的总结文本，然后依次单击"动画效果""构件出现""添加效果"和"渐现"。将持续时间设置为0.75秒。

图6-80 添加文本框

（12）单击文本框的外部，再单击"动画效果"按钮，然后选择"添加效果"，选择"掀开"，将持续时间设置为 1.50 秒。

6.2.9 创建交互式链接

完成演示后，需要有一个简短的总结环节，让观众有机会提问。

1. 创建交互式链接

（1）添加布局为"照片"的新幻灯片。

（2）将 butterfly-perch.png 图像从素材文件夹中拖过来。

（3）在幻灯片的顶端中心位置添加一个文本框，然后插入文字"有问题吗？"。应用"标题"样式。

（4）从"形状"菜单的第一个面板中选择4个正方形，然后将它们均匀地添加到幻灯片的底部。将内容文稿中提供的文本复制并粘贴过来，如图6-81所示。

图6-81 创建交互式幻灯片中的形状

（5）按住 Shift 键的同时单击第一个文本框，然后再单击其他三个文本框，来选择所有 4 个文本框。单击"格式"工具 ，单击"样式"标签，然后选择白色轮廓样式，如图6-82 所示。

图6-82　修改文本框样式

（6）要向文本框中添加交互性，以及指向其他幻灯片、网页或电子邮件地址的链接，右击其中一个文本框，然后从菜单中选择"添加链接"。

（7）在"链接至"面板中，从弹出式菜单中选择"幻灯片"，然后单击"前往幻灯片"按钮，如图6-83 所示。

图6-83　选择要链接的幻灯片

（8）重复上面的步骤，直到为所有文本框分配交互式链接（幻灯片 3、4、7 和 9），如图6-84所示。

（9）单击文本框的外部，再单击"动画效果"按钮 ，然后单击"添加效果"，选择"淡入淡出颜色"，将持续时间设置为 1.50 秒，如图6-85所示。

图6-84 重复添加链接操作

图6-85 设置幻灯片动画为"淡入淡出颜色"

2. 添加交互式退出按钮

在问答环节通过快捷方式转到主幻灯片后,要再回到问答幻灯片,为接下来的问题做好准备。为此,可以创建不干扰视线的隐形按钮,它们会回到问答幻灯片上的那些链接。

(1) 转到幻灯片3,也就是从"问答"幻灯片上的"目标"文本框所链接到的幻灯片。

(2) 添加新的矩形,将其放大并放置在幻灯片的右下角,如图6-86所示。

(3) 选中新的文本框之后,单击"格式"按钮,然后单击"样式"标签。将"不透明度"滑块从100%移至0%,如图6-87所示。

(4) 右击该文本框,然后从"菜单"中选择添加链接。从"链接至"弹出式菜单中选择"幻灯片",然后选择"最后一张幻灯片",如图6-88所示。现在已经创建了交互式退出按钮。

(5) 将该按钮复制粘贴到幻灯片4~10上。

(6) 在演示时记住该按钮的位置,这样当播放演示文稿时就不会单击这一区域。浏览完整个演示文稿后,使用这个按钮工具来看一看在问答环节它会带来怎样的效果。

图6-86 添加"形状"到右小角

图6-87 移动"不透明度"滑块

图6-88 链接至最后一张幻灯片

3. 组合幻灯片

现在已经构建了自己的演示文稿,接下来要加入最后的润饰来完成收尾工作。为使幻灯片条理清晰，可以将它们套叠成组。这项功能在想要添加新幻灯片时会很方便。

到目前为止，已经完成了 Keynote 演示文稿。现在从头到尾播放一遍，看看效果如何。

6.2.10 检查、批注、导出

下面了解如何添加批注，以及如何导出和发送演示文稿。此外，还将了解如何使用 iCloud 与其他人一起实时完成演示文稿，以及如何使用 Keynote Live 在互联网上播放演示文稿。

1. 检查和添加批注

检查演示文稿时，可以在每张幻灯片的任意区域轻松添加批注。在播放模式下，这些注释不会显示。这对于与同行协作或向学生提供反馈非常有用。

（1）要添加批注，可在幻灯片导航器中单击幻灯片缩略图。

（2）单击幻灯片中的任意位置，然后单击工具栏中的"批注"，一个新的批注对象就添加到了幻灯片中。

（3）在新创建的方框中输入批注，随时可以在演示文稿中返回去编辑、删除批注，或使用"批注"对象中的箭头从一个批注转到下一个批注，轻松进行编辑。

2. 导出演示文稿

将演示文稿导出为各种格式，例如 PDF、PowerPoint、QuickTime 和 HTML。

从 Keynote 的"文件"菜单中选择"导出到"，如图6-89所示。选择要导出的文件类型，然后指定导出设置，不同文件类型的导出设置将有所不同。

3. 发送演示文稿

可通过邮件、信息或 AirDrop 等多种方式发送 Keynote 文稿。

图6-89　"导出"演示文稿命令

（1）单击 Keynote 菜单栏中的"共享"，选择"发送副本"，然后选择某个发送选项，如图6-90所示。

图6-90　发送演示文稿

（2）选择要使用的格式。将演示文稿以 Keynote、PDF、PowerPoint 或 QuickTime 文件格式进行发送，如图6-91所示。

图6-91　选择发送格式

其中最有效的方式是通过 AirDrop 共享，这种方式可以让教师和学生将项目直接发送给附近的其他设备。在"共享"菜单中选择 AirDrop，然后在"通过 AirDrop 发送"面板中单击"下一步"。现在选择一个设备，然后将文件直接发送给学生或教师。

4. 协作完成演示文稿

使用 macOS Sierra、iOS 10 和最新版本的 Keynote，教师和学生可以在 Mac、iPad 或 iPhone上进行实时协作，甚至还可以从 PC 通过 iCloud.com 使用 Keynote 来进行实时协作。需要在 Mac 上登录到 iCloud。前往"系统偏好设置"中的 iCloud，选择iCloud Drive，然后在"选项"中选择Keynote。

（1）要开始与他人协作，打开演示文稿，然后单击 Keynote 工具栏中的"协作"按钮。如果所处理的文件是存储在电脑上的文件，Keynote 会告诉你，只有 iCloud 中的文稿才能共享。单击"移到 iCloud"。

（2）单击共享选项，以选择哪些人员可以访问你的演示文稿，以及为这些人员设置权限来限制他们可执行的操作。你可以允许其他人仅查看或可更改文稿。

（3）选择发送演示文稿的方式。如果选择"邮件"或"消息"，那么在单击"共享"之后需要添加成员。如果选择任何其他选项，将会出现添加字段。输入要与之协作的成员的电子邮件地址或电话号码。虽然并非必要，但是最好在发送邀请时使用与个人 Apple ID 相关的电子邮件地址。没有 Apple ID 的人员可以创建一个。

5. 使用 Keynote Live 播放演示文稿

在Keynote中还可以使用 iCloud Drive 通过互联网来播放演示文稿，这样每个人都可以同时在他们自己的设备上查看演示文稿。

（1）在 Keynote 中打开演示文稿，单击Keynote Live按钮，如图6-92所示。

（2）单击"继续"，这将创建一个 Keynote Live 链接，如图6-93所示。

（3）单击"邀请观看者"。选择发送邀请时要使用的服务，然后添加观看者。还可以复制到演示文稿的链接，然后将其粘贴到任何位置，如图6-94所示。

（4）如果想要为观看者指定密码，单击"更多选项"，选择"要求密码"，然后输入密码并单击设定密码。一定要将该密码发送给所邀请的观看者，如图6-95 所示。

图6-92　单击Keynote Live按钮

图6-93　创建一个Keynote Live链接

图6-94　选择发送"邮件"邀请

图6-95　设定观看密码

（5）如果观看者已做好进行观看的准备，单击"现在播放"按钮即可。否则，单击"稍后播放"按钮，可以根据需要继续编辑演示文稿。准备就绪后，单击工具栏中的"播放"按钮。

最多可以邀请 100 位来自不同位置的观看者，或者最多可以邀请 35 位来自本地 Wi-Fi 网络的观看者。要进行观看，观看者的 iPhone、iPad、iPod touch 或 Mac 需要有 Web 浏览器或最新版本的 Keynote APP。观看演示文稿不需要有 iCloud 账户。

6.3　播放发布演示文稿

创建演示文稿的最终目的是要将它呈现给观众。观众是真实存在的、会思考的、能够被引导的。因此，修改演示文稿的最好的方法就是事先进行排练试讲。

通过排练演示，可以对文稿进行一些修订，比如重新组织排序，调整幻灯片的顺序，可以在文稿中插入注释或批注提醒演讲过程，也可以利用演讲者注释在演示时把握主题线索。

6.3.1　播放模式

Keynote可以方便地创建自动播放的幻灯片。在活动、展会、课堂或展示厅等场合，常常需要播放自动运行的幻灯片。

1. 演示文稿播放设置

（1）将演示文稿设置为自动前进（如同影片）而无须互动。

（2）将交互式演示文稿设置为当查看者单击链接时将更换幻灯片。

（3）设定演示文稿在其打开时播放，循环持续播放，以及在演示文稿闲置指定时间后重新开始播放。

当使用音乐台设置播放演示文稿的时候，这些选项尤其有用。

2. 制作交互式演示文稿或自动前进的演示文稿

（1）打开演示文稿时，单击右侧边栏顶部的"文稿"标签，如图6-96所示。

（2）选择放映选项，如图6-97所示。

①打开时自动播放：演示文稿打开后即开始播放。

②循环幻灯片放映：演示文稿将连续不断地播放。

③重新开始播放，若闲置：使用箭头来设定演示文稿重新开始播放前的闲置时长。如果演示文稿正在播放且在一段时间后没有与屏幕进行任何交互，演示文稿将返回到第一张幻灯片。

图6-96　"文稿"选项卡　　　图6-97　放映选项

（3）若要使演示文稿进入自行播放循环，从"演示文稿类型"弹出式菜单中选取"自行播放"。单击"演示文稿类型"弹出式菜单，如图6-98所示。

①仅链接：仅当演讲者（或查看者）单击某个链接时更改幻灯片。

②自行播放：无须任何交互即自动前进。

③返回默认状态：即使用左右箭头来更换幻灯片，选取"正常"，如图6-99所示。

（4）更改幻灯片过渡之间或构件效果之间的延迟，使用"延迟"旁边的控制，如图6-100所示。

图6-98　选取"自行播放"　　图6-99　选取"正常"播放　　图6-100　使用"延迟"

6.3.2 使用演讲者注释

将注释添加到幻灯片以帮助演示。如果是在外置显示器上显示演示文稿，则在回放演示文稿过程中，可以参阅演讲者注释。在这种情况下，必须设置演讲者显示布局以显示演讲者注释。

1. 添加和编辑幻灯片的注释

（1）单击工具栏中的"显示"，然后选取"显示演讲者注释"，如图6-101所示。

（2）在幻灯片下方的白色区域中输入注释。若要更改字体大小或将文本格式应用到演讲者注释，使用右侧边栏中的控制，如图6-102 所示。

图6-101　显示演讲者注释　　　　　图6-102　编辑演讲者注释

（3）隐藏演讲者注释，单击工具栏中的"显示"，然后选取"隐藏演讲者注释"。

2. 在播放演示文稿时查看演讲者注释

可以一边在屏幕上查看演讲者注释，一边在连接的显示器上显示演示文稿。注释仅在屏幕上显示，因此只有演讲者能看见。

（1）单击 Mac 工具栏中的"播放"按钮▶，然后单击▦。

（2）添加"演讲者注释"。

（3）拖移它们，移动演讲者注释。

（4）调整演讲者注释大小，单击项目，然后拖移任何选择控制柄。

（5）按右箭头键或空格键以前进浏览演示文稿。

6.3.3　播放演示文稿

1. 在 Mac 上预演

以"预演幻灯片放映"模式播放演示文稿时，在 Mac屏幕上看到当前幻灯片、演讲者注释以及时钟。此视图便于预演演示文稿。可以将项目添加到屏幕（如定时器和下一张幻灯片），并且可以修改其布局。

(1)打开演示文稿,然后从屏幕顶部的"播放"菜单中选取"播放"→"预演幻灯片放映",演讲者显示会出现,如图6-103所示。

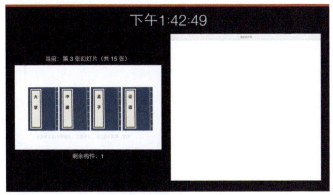

图6-103 预演幻灯片放映

(2)前进演示文稿,执行以下任一项操作。
①前往下一张幻灯片或构件,按右箭头键。
②返回某张幻灯片或还原幻灯片上的构件,按左箭头键。
③跳到不同的幻灯片,按任意数字键以显示幻灯片导航器,输入幻灯片编号,然后按Return键。

(3)需要停止预演,按 Esc(Escape)键。

2. 在 Mac 上播放演示文稿

可以随时在 Mac 上查看演示文稿。

(1)选择要开始使用的幻灯片,然后单击工具栏中的▶按钮。

(2)前进演示文稿,执行以下任一项操作。
①前往下一张幻灯片或构件,按右箭头键。
②返回某张幻灯片或还原幻灯片上的构件,按左箭头键。
③跳到不同的幻灯片,按任意数字键以显示幻灯片导航器,输入幻灯片编号,然后按Return键。

(3)需要停止预演时,按Esc(Escape)键。

3. 创建自动播放的幻灯片

自动运行的幻灯片适合于讲演者想录下演讲内容时使用。比如,有些人愿意同步录下幻灯片,那么他们就不需要在演说时一边单击鼠标一边演讲。由于这种方法使得演示内容能根据设定连贯呈现,因此这种风格的演示效果很好,适合于演讲者需要重复多遍且内容简短的演示。

Keynote不仅能记录为每张幻灯片陈述的内容,也可以设定每张幻灯片或动态效果的呈现时间。可以使用苹果电脑内置的麦克风或外接麦克风来录下演讲者的声音。

并不是所有的苹果电脑都有内置的麦克风,可以在所有带有iSight摄像头的苹果电脑中发现内置麦克风。

(1)确定内置或外置的麦克风正确连接并正常工作。

(2)单击苹果菜单,选择"系统偏好设置"命令。

（3）单击"声音"按钮，进入"输入"面板，根据需要进行配置，如图6-104所示。

图6-104　声音"输入"面板

可以选定一个设备并调节输入音量。如果可以，要勾选"使用环境噪音降低功能"复选框以降低在录制声音时的环境噪声。

（4）选中幻灯片1，已录制的幻灯片总是从第一张包含声音的幻灯片开始播放。

（5）当准备好时，选择"播放"→"录制幻灯片显示"命令。演示文稿马上进入了全屏幕播放模式，此时可以使用所有浏览幻灯片显示的标准控制。

（6）按空格键逐步向前播放幻灯片，同时通过麦克风清晰地录制声音。这只是练习，试着讲述一下幻灯片，不用担心所说的内容。

录制时会在屏幕的左上角看到一个红色的脉冲灯，显示了当前的录制状态。音量表将帮助检视到所录制音量的大小。

如果只看见了几格信号，说明音量可能太小了。试着在声音的控制面板中调整输入音量，或是演示的声音增大一点儿，或是将麦克风移近一点儿。但是如果信号总是指示在最右端，说明录制的声音可能过大了。

（7）按F键暂停录制。这是非常实用的功能，如果录音时想休息一会儿，或是整理一下接下来演讲的思路，可以暂停录制。

（8）按任意键继续录制。当结束录制时，按Esc键停止播放幻灯片。录制的声音将成为演示文稿的一部分，要注意及时保存以存储声音信息。

演示文稿现在可以使用了。当播放幻灯片演示时，将使用录制的时序与声音。要永久删除录制的声音与时序，可以选择"文件"→"清除录制的内容"命令。

6.3.4　使用iPhone或iPod远程控制演示

使用远距离遥控的方式可以让演讲者在演讲的时候离开计算机走动，这样会使得演示更为活泼，因为演讲者可以和观众进行互动交流，吸引观众一起讨论。对演示文稿进行精确控制的一个方法是利用运行于iPhone或iPod touch上的Keynote Remote应用程序。

1. 同一个 Wi-Fi 网络

在演讲者遥控计算机之前，需要将遥控程序与Mac进行配对，这要求演讲用的 Mac 与 iPod touch 或 iPhone 在同一个网络中。

（1）从iTunes App Store中购买、下载并安装Keynote Remote 应用程序。

（2）要使用 Keynote 进行遥控配对，选择Keynote→"偏好设置"命令，如图6-105所示。

（3）单击Remote 图标，如图6-106 所示。

图6-105　打开"偏好设置"　　　　　图6-106　选择Remote图标

（4）选择"启用Remote"，如图6-107 所示。

（5）确定 iPhone 或 iPod touch 与 Mac 在同一个 Wi-Fi 网络上。

（6）在iPod touch 或 iPhone 上，打开 Keynote Remote 应用程序，如图6-108所示。

（7）单击Link to Keynote按钮，如图6-109所示。

图6-107　选择"启用Remote"　　图6-108　在iPad上打开Remote　　图6-109　连接提示

（8）选择"新的 Keynote 链接"。Keynote Remote 显示出 4位链接设备所需的数字，如图6-110所示。

（9）遥控设备出现在计算机的 Remote 偏好设置窗口中，单击"链接"按钮，如图6-111所示。

图6-110　建立新的连接　　　　　图6-111　单击"链接"按钮

（10）输入4位数字。数字配对完成，即可关闭窗口。

（11）关闭Remote 偏好设置窗口。

2. 创建一个网络

如果没有可用的无线网络，还可以为 Keynote Remote 程序和笔记本电脑创建点对点连接。

（1）在苹果笔记本电脑上，打开"系统偏好设置"。

（2）选择"网络"。

（3）选择Airport。

（4）输入网络的名称，并保留"频道"为"自动"。

（5）勾选"要求密码"复选框，并设置一个密码。

（6）在验证框中，再次输入密码。

（7）选择一种安全模式（40位WEP是兼容性最强的选择）。

（8）单击"好"按钮，完成网络创建，如图6-112所示。

现在 iPhone 或 iPod touch可以像加入其他网络一样加入新创建的网络了。

（9）设置结束后，使用 iPhone 或 iPod touch 加入新创建的网络。

图6-112 创建一个点对点网路

 如果在菜单栏上显示了无线网络的状态，可以单击其图标选择"创建网络"。当设置结束后，可以从无线网络菜单中选择加入或退出网络。

3. 使用 Keynote Remote

当笔记本和 iPod 或iPhone处于同一个网络中时，Keynote Remote会提供两种方式控制演示文稿。

（1）在Keynote Remote 的"设置"窗口中，选择"布局"选项，如图6-113 所示。

竖排——竖排视图允许用户查看演讲者注释和当前的幻灯片，如图6-114 所示。

图6-113　"布局"选项　　　图6-114　竖排视图

横排——横排视图显示了当前幻灯片与下一张幻灯片，如图6-115 所示。

（2）在iPhone 或 iPod touch 中，单击"设置"按钮，关闭设置窗口。

（3）单击"播放"按钮查看演示文稿，如图6-116 所示。

图6-115　横排视图　　　　图6-116　"播放"按钮

倾斜 iPhone 或 iPod 并不会更改显示方向的设置。单击"布局"按钮进行调整时，可以在演示期间不用退出演示即可调整显示的方向。

（4）要显示下一张幻灯片，用手直接在屏幕上从右至左滑动（如向后退，则从左至右滑动）；要滚动显示演讲者注释，则用手指在注释的显示区域中向上或向下轻拨。旋转的彩轮表示正在加载幻灯片。如果包含图片和大量的动画，可能会花费数秒钟时间加载。

（5）当演示结束时，按Esc键。

这样一来，演讲者就不必在演示时拘束自己于计算机前，而是可以在演示厅中自由地走动，从而与听众更自由地交流，呈现更有活力的演示。

6.3.5　共享演示文稿

尽管演示文稿内容精彩，但并非每个人都可以看到，现在可以通过网络解决分享的问题。实际上，这是"一次创建，多次发布"的概念。通过将演示文稿输出到PDF、Microsoft PowerPoint、QuickTime、HTML、图像、Internet，甚至是iPhone和iPad中，Keynote可以将创意和信息发布到全世界。

1. 将大演示文稿存储为软件包

默认情况下，Keynote 会将演示文稿存储为单个文件。如果演示文稿较大，或包含多个影片或图像文件，那么不妨将演示文稿存储为软件包文件以提升 Keynote 的性能。

单击演示文稿窗口的任意位置以将其激活，然后从屏幕顶部的"文件"菜单中选取"文件"→"高级"→"更改文件类型"→"软件包"，如图6-117所示。

某些 Web 服务或电子邮件服务不允许上传或附加软件包文件。可以将软件包文件更改回单个文件格式，方法是选取"文件"→"高级"→"更改文件类型"→"单个文件"。

2.将演示文稿导出为其他格式

可以导出 Keynote 演示文稿，以采用其他格式存储其副本，例如 PDF、Microsoft PowerPoint、QuickTime、

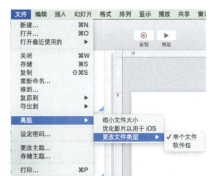

图6-117　将演示文稿存储为软件包

HTML、图像或Keynote'09。当要将演示文稿共享给其他可能使用不同软件的人时,导出演示文稿的功能将十分有用。对导出版本的任何更改都不影响原始文件。

(1)打开演示文稿,然后从屏幕顶部的"文件"菜单中选取"导出到"→"文件格式",如图6-118所示。

(2)指定导出设置,该设置会因文件类型而异,如图6-119所示。

图6-118　导出演示文稿　　　图6-119　导出文件类型

①PDF:选取图像质量。图像质量越高,导出的副本文件大小会越大。每张幻灯片都显示在其自己的 PDF 页面上。如果选择"打印构件的每个阶段"复选框,则每个构件都将打印在自己的页面上,而且采用与演示文稿相同的顺序,如图6-120所示。

图6-120　导出PDF

②PowerPoint:选择"需要密码才能打开"复选框以给文件添加密码,如图6-121所示。

图6-121　导出PowerPoint

③QuickTime:如果录制了旁白,则可以单击"回放"弹出式菜单,然后选取"幻灯片放映录制的内容"。否则,演示文稿将根据输入的时间间隔自行播放并前进到下一张幻灯片或构件。如果将动画设定为在上一个构件或过渡后前进,则不受用户输入的时间间隔的影响,如图

6-122 所示。

图6-122　导出QuickTime

④HTML：打开 index.html 文件，以在 Web 浏览器中打开演示文稿。动画和构件也将随演示文稿导出，如图6-123 所示。

图6-123　导出HTML

⑤图像：选取要导出为图像的幻灯片，然后选择幻灯片的图像格式。图像质量越高，文件大小越大，如图6-124 所示。

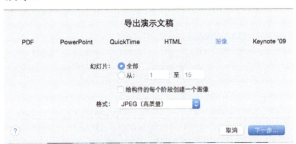

图6-124　导出图像

⑥Keynote '09：选择"需要密码才能打开"复选框，然后输入要求的信息，如图6-125所示。

图6-125　导出为Keynote '09

 设定的密码将仅保护导出的副本，而不会保护原始文件。

（3）单击"下一步"按钮，然后输入演示文稿的名称。文件扩展名（例如 .pdf 或 .ppt）

将自动追加到演示文稿名称中,如图6-126所示。

(4)输入一个或多个标记(可选),如图6-127所示。

图6-126　导出文件设置　　　　图6-127　设置标记

(5)单击"位置"弹出式菜单,选取要存储演示文稿的位置,然后单击"导出"按钮。要查看更多位置,单击"存储为"旁边的箭头,如图6-128所示。

图6-128　"位置"弹出式菜单

到目前为止,已将演示文稿输出为便于发布的各种格式。

6.4　案例——发达国家减煤曲线

构建演示文稿的每一个案例时,都能练习使用一些新的技能,例如添加照片,为幻灯片添加动画效果,以及使用交互式图表对数据进行说明。学习如何使用标题幻灯片、内容安排幻灯片和转换幻灯片等不同类型的幻灯片来制作精美的演示文稿。整个过程结束后,就能够了解如何创建、交付和共享精美的演示文稿。演示文稿案例告诉读者完成操作后幻灯片的样子。参考案例可放置自己的对象和文本,以及调整它们的大小。在章节的结尾处是一个完整版的演示文稿。

1. 案例介绍

曾经轰动一时的网络视频"苍穹"中有一个展示发达国家减煤曲线的幻灯片,其中的数据变化曲线非常生动地展示了各个国家在45年间的减煤数据变化,如图6-129所示。

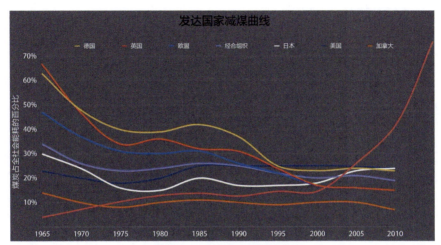

图6-129　发达国家减煤曲线

2. 知识要点

（1）插入图表。

（2）编辑图表数据。

（3）图表序列格式。

（4）图表动画。

3. 实现步骤

现在通过Keynote来展示该案例的制作过程。在Keynote中无论是导入已有图表还是创建一个新的图表，表中的数据一般都是可编辑的，这样也满足了更新信息的需要。

1）第一步：创建图表

（1）单击工具栏中的"图表"，然后单击"二维"标签，如图6-130所示。

（2）在幻灯片画布上选择图表，选择"折线图"。

（3）选择"图表"检查器，并单击"编辑数据"按钮，如图6-131所示。

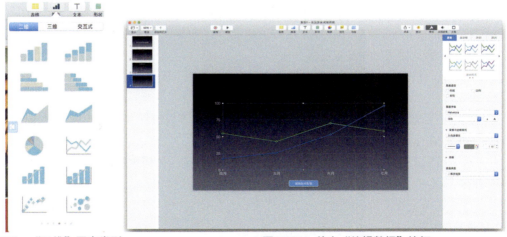

图6-130　"二维"图表类型　　　　　图6-131　单击"编辑数据"按钮

（4）打开图表数据编辑器，有时它会隐藏部分信息，如图6-132所示。拖动图表编辑器右下角，扩大窗口至可以查看到所有的经济数据。可以重新设置图表数据编辑器的大小。

（5）选定表格，通过粘贴案例数据输入数据，如图6-133所示。

图6-132　图表数据编辑器　　　　　　图6-133　粘贴案例数据

（6）单击"添加行"按钮 8 次，输入每个国家10个5年中每一阶段的能源数据，如图6-134所示。

图6-134　添加图表数据

（7）向下拖动垂直滚动条，以方便查看新添加的数据区域。

（8）单击"关闭"按钮，如图6-135所示，关闭图表数据编辑器。

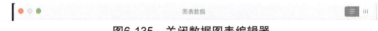

图6-135　关闭数据图表编辑器

2）第二步：格式化标签与图例

图表可以使得数据更易于阅读，但是如果信息量过大，又容易显得杂乱。因此，如果出现这种情况时，需要压缩一些数据标签以简化图表。

（1）在图表检查器中，单击"坐标轴"标签，从"数值标签"弹出菜单中选择"百分比"选项，如图6-136所示。

（2）设置"数值轴"的标度为如图6-137所示的数据，使图表的纵向轴（Y）数值更加清晰可读。

（3）在图表检查器的分类轴（X）选项中，如图6-138所示，设置"类别标签"的值为"自动适合类别标签"，显示出每5年第一个年度的数据。

（4）单击鼠标选中X轴的文本框。

（5）在格式栏中，修改文字的字号为 31，如图6-139所示。

图6-136　选择"数值标签"　　图6-137　坐标轴标度数据　　图6-138　设置"类别标签"

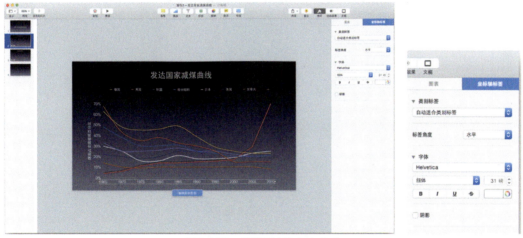

图6-139　修改X轴的文本字号

（6）单击幻灯片顶部附近的图例，将它拖动至幻灯片中部对齐，如图6-140所示。

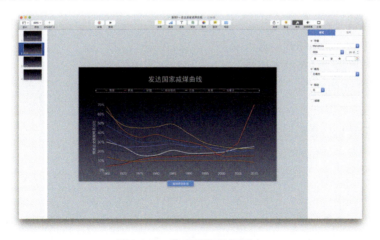

图6-140　拖动顶部的图例

（7）当文字居中对齐时，会出现黄色的对齐参考线。幻灯片中的文字看上去好多了，现在来修饰数据。

3）第三步：美化图表

Keynote在图形检查器中提供了一些图表的风格和选项，可提高图表的可读性。可以对图表进行设置，如图6-141所示，以便于理解数据。还需要调整图表的外观以匹配幻灯片的风格。

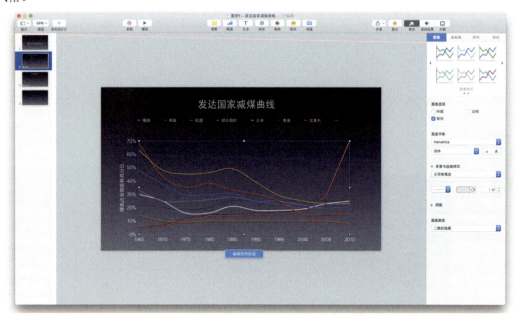

图6-141　设置图表风格

（1）显示网格线。

为图表添加网格线可以使观众看一眼图表就能轻松掌握数据值的变化。

①在图表检查器中单击坐标轴按钮。

②从"数据值（Y）"弹出菜单中选择"显示主要网格线"选项。

③双击其中的一条网格线以选中图表中所有的网格线。

④在格式栏中设置线条的宽度为2像素，以提高图表的可读性。

（2）更改图表的颜色。

现在，图表显得更清晰易懂了，还需要再改进它的外观。通过匹配和商标背景一致的图表颜色，整个设计风格会显得统一、协调。

①在图表中双击红色的折线，如图6-142所示。

②选择图形检查器。此时填充选项中的颜色与图表中的色彩是一致的。

③单击色彩区域，打开"颜色"窗口，如图6-143所示。

④单击放大镜图标激活色彩选取器，单击案例中的红橙色区域选择颜色。

⑤参考案例如图6-144所示，更改其他折线的颜色，分别与案例中的金色和背景中的亮蓝色一致。

⑥检查图表是否清晰易读,然后关闭"颜色"窗口。
⑦按Command+S组合键保存演示文稿。

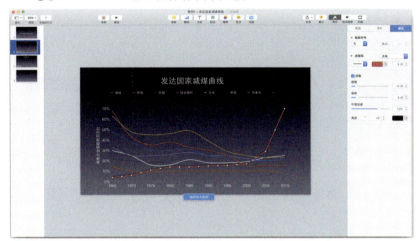

图6-142 选择红色折线

图6-143 "颜色"窗口

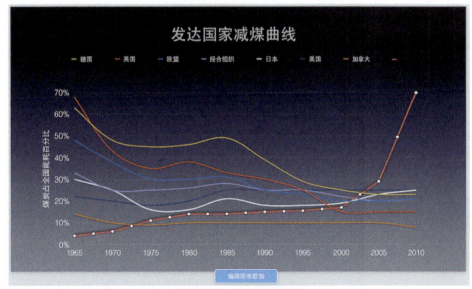

图6-144 案例折线颜色

4)第四步:为图表添加动画

为幻灯片增加转换效果可以非常有效地抓住观众的注意力,并控制信息呈现的步调。现在图表已经完成了,我们来为它创建动画效果,使幻灯片在同一时间内呈现一系列的数据信息。

(1)选择幻灯片图表,如图6-145所示。然后单击"动画"按钮。

(2)从"添加效果"弹出菜单中选择"划变"选项,如图6-146所示。

(3)从"播放方式"菜单中选择"按序列",如图6-147所示。这一选项将为图表中的每一个元素添加动画效果,先是网格线,然后是数据序列。

(4)设置"持续时间与方向"为2.00秒,如图6-148所示。

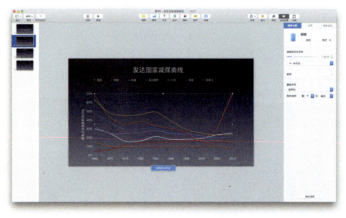

图6-145　选择图表　　　　　　　　　　　　　图6-146　选择"划变"效果

图6-147　设置"播放方式"　　　　　　　　　图6-148　设置"持续时间与方向"

（5）单击"构件顺序"，如图6-149所示。预览动画效果。观察背景及网格线是如何出现在屏幕上的。在通常情况下，图表中的背景与网格线应该在动画开始之前就出现在页面上，所以可以将这部分动画效果删除。

（6）从"构件顺序"菜单中选择2选项，这将设置动画效果由第二个元素，即第一个数据序列开始，如图6-150所示。

"构件顺序"菜单中的"至最后一个"选项表明动画将持续到最后一个数据序列显现在屏幕上。

（7）选择幻灯片检查器。并单击"添加过渡"按钮，然后设置选项为如下过渡效果，如图6-151所示。

图6-149　打开"构件顺序"　　图6-150　设置"构件顺序"从2开始　　图6-151　幻灯片过渡效果设置

①效果——推移。
②方向——从左到右。
③持续时间——2.00 秒。

现在已经创建了一个动感而优雅的幻灯片过渡。在检查器窗口中单击幻灯片缩略图，再次预览过渡效果。

Keynote 提供了大量的幻灯片过渡效果。花一点儿时间体验不同的过渡效果，直至挑选到最合适的过渡。幻灯片的过渡预示着传递信息的变化，应当有选择地使用过渡，将最合适演示文稿风格的几种过渡应用于幻灯片中。

（8）按Command+S组合键，保存演示文稿。

5）第五步：调整标题的文字

幻灯片上的标题文字可以稍微进行调整，根据案例的高度调整行距，文本框会显得更有美感。大多数观众觉得对齐显示内容会更便于阅读幻灯片。

（1）选择在幻灯片顶部的文本框，如图6-152 所示。

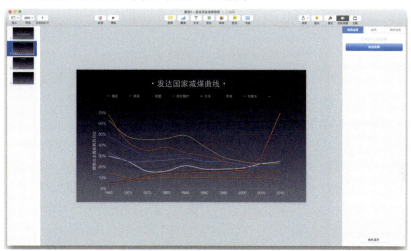

图6-152　选择标题文本

（2）在格式栏中单击"选取行间距"按钮，选择"1.0-一倍"，如图6-153 所示。

图6-153　选择文本间距

（3）检查幻灯片顶部的文字，将发现文本框的高度更匹配了。

这样，案例中的演示文稿就完成了。该案例主要使用了Keynote中的图表动画功能，将数据之间的相互关系生动地展现出来。

到目前为止，我们已经可以在Keynote中创建包括文字、图片、声音、动画、音乐的微课视频了。

作为教师可以使用 Keynote 中功能强大的工具来建立有关任何一门学科的学习体验。

1. 读写

让学生在一个包含图像、文本、动画和转换的多幻灯片演示文稿中概括出一个故事。使用超链接来创建一个具有照片和视频线索的交互式单词抽认卡片组。向学生发送一份视觉文字演示文稿，以便他们可以组合幻灯片并跟踪自己所掌握的单词。

2. 科学

使用图像、形状、动画和"神奇移动"，将水循环过程栩栩如生地呈现出来。使用"即时Alpha"和"神奇移动"搭配地图图像，演示大陆如何随着时间的推移而进行漂移。创建一系列自行播放的演示文稿，用于辅导科学实验室的不同教学点的学生。

3. 历史

使用历史图像和对话气泡，从一个著名的辩论中总结观点。在一个表中比较和对比两个历史事件的事实。使用线条、形状、文本和"神奇移动"，创建一个具有动画效果的历史事件年表。

4. 数学

使用形状来演示分数和小数之间的关系。为二项方程上方的曲线添加动画效果来演示FOIL方法。使用形状、数字和指向答案幻灯片的链接，构建一个交互式乘法表。

通过上面的实例可以看到，Keynote是一款功能强大的APP，Keynote 能够帮助教师通过简单易用的可视化工具和影院级的过渡效果来构建精致的微课演示文稿。通过 Keynote，可以利用动画和过渡效果，使引述、历史图表、数学图表和科学实验栩栩如生。不但如此，还可以通过添加交互式元素来促进个性化的自主学习。在演示过程中，可通过在幻灯片上进行涂写来引导学习者完成数学方程式或绘制出著名的游行路线。Keynote 可帮助教师和学习者通过摆事实、讲道理来培养批判性思维能力。

第7章 屏幕录制软件QuickTime Player

苹果电脑公司所设计的 QuickTime 是架构强大的、可扩展的、灵活的数字媒体制作平台，MOV文件格式让 QuickTime 有别于其他媒体平台。其架构好像一个"容器"，能够容纳不同类型的媒体，如音频、视频、Macromedia Flash、文本、图像和子图。每一种类型的媒体都被保存为一个独立的"轨道"，既易于处理，又能够与以前的版本相兼容。开发人员通过创建 QuickTime 组件，能够轻易地利用新的媒体类型或"轨道"扩展MOV文件格式。

QuickTime Player 可用于播放视频和音频文件，同时它也是一款功能强大的屏幕、影片和音频录制工具，非常适合于制作视频教程、记录学习进度或捕捉和共享课程。

7.1 新建录制

7.1.1 录制屏幕

使用QuickTime Player录制电脑屏幕的视频。

（1）打开QuickTime Player，选取"文件"→"新建屏幕录制"，如图7-1所示。

图7-1 选择"文件"→"新建屏幕录制"

（2）单击"选项"弹出式菜单，然后选取录制选项，如图7-2所示。

①麦克风：选取"无"对屏幕进行无声录制，或选取"内置麦克风"。

②选项：选取"在录制中显示鼠标点按"，在屏幕录制过程中进行的点按操作将会在视频中显示为圆圈。

（3）单击"录制"按钮 ，选取录制类型，如图7-3所示。

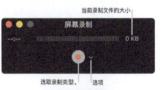

图7-2 选取"录制"选项

①在屏幕任意位置单击，以开始录制整个屏幕。

②拖移以选择屏幕的一部分进行录制，然后单击"开始录制"。可以拖移以选择一个特定窗口，如图7-4所示。

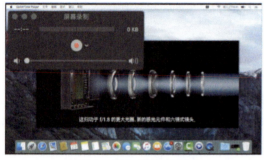 

图7-3　单击"录制"按钮　　　　　　图7-4　通过拖移录制屏幕中的一部分

（4）完成录制后，单击菜单栏中的"停止"按钮，如图7-5所示。

（5）选取"文件"→"存储"，然后为录制输入名称，如图7-6所示。录制内容会存储为 H.264 格式的 QuickTime 影片。

图7-5　单击"停止"按钮　　　　图7-6　存储视频

提示　　MOV是Apple公司开发的一种音视频文件格式，默认的播放器是苹果的 QuickTime Player。具有较高的压缩比率和较完美的清晰度等特点，其最大的特点就是跨平台性，即不仅能支持Mac-OS，同样也能支持Windows系统。

7.1.2　录制影片

可以使用 Mac 的内建摄像头或者使用 iPhone、iPad 或 iPod touch（运行 iOS 8 或更高版本）来制作影片。

1. 使用内建摄像头

（1）选取"文件"→"新建影片录制"，如图7-7所示。录制控制出现时，Mac 的内建摄像头旁边会出现绿灯。

提示　　如果 Mac 没有内建摄像头，可以连接外置摄像头。

（2）单击"选项"弹出式菜单，选取录制选项，如图7-8所示。

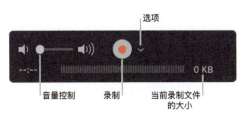
图7-7　新建影片录制

图7-8　选取录制选项

①相机：选取一个摄像头（若有多个摄像头可用）。

②麦克风：选取一个麦克风（若有多个麦克风可用）。

③质量：选取录制质量。最佳质量录制产生的未压缩文件会占用大量的储存空间。

（3）调整音量控制以聆听正在录制的音频。

（4）单击"录制"按钮 ● 以开始录制，在完成后单击"停止"按钮 ■ 。

（5）选取"文件"→"存储"，以存储录制并进行命名。

2. 使用 iOS 设备

（1）使用 Lightning 转 USB 连接线将设备连接到 Mac。

（2）在 Mac 上打开 QuickTime Player 应用。

（3）选取"文件"→"新建影片录制"。

（4）单击"选项"弹出式菜单，选取录制选项。

①相机：选取已连接的 iOS 设备。

②麦克风：选取一个麦克风（若有多个麦克风可用）。

③质量：选取录制质量。

（5）调整音量控制以聆听正在录制的音频。

（6）单击"录制"按钮 ● 以开始录制，在完成后单击"停止"按钮 ■ 。

（7）选取"文件"→"存储"，以存储录制并进行命名。

7.1.3　录制音频

使用 QuickTime Player 录制纯音频。

（1）选取"文件"→"新建音频录制"，开始音频录制。

（2）单击"选项"弹出式菜单，选取录制选项，如图7-9所示。

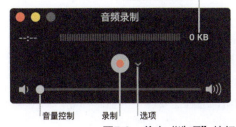
图7-9　单击"选项"按钮

①麦克风：选取一个麦克风（若有多个麦克风可用）。

②质量：选取录制质量。最佳质量录制产生的未压缩文件会占用大量的储存空间。

（3）调整音量控制以聆听正在录制的音频。

（4）单击"录制"按钮 ● 以开始录制，然后在完成后单击"停止"按钮 ■ 。

（5）选取"文件"→"存储"，以存储录制的音频并进行命名。

7.2 修剪视频

7.2.1 修剪影片或剪辑

使用 QuickTime Player 中的修剪条以移除或"修剪"影片的某些部分或影片剪辑。

1. 修剪影片

（1）选取"编辑"→"修剪"，如图7-10所示。

（2）拖移修剪条上的黄色控制柄。黄色控制柄之外的区域就是要修剪的区域，如图7-11所示。

图7-10　选取"编辑"→"修剪"　　　　图7-11　修剪控制柄

要进行更为精确的编辑，可按住控制柄来查看剪辑的单个帧。

（3）单击"修剪"按钮。

2. 修剪剪辑

如果将影片分离成剪辑，可以修剪剪辑。

（1）选取"显示"→"显示剪辑"，如图7-12所示。

（2）双击想要修剪的剪辑，如图7-13所示。

（3）拖移修剪条中的黄色控制柄来选择想要保留的剪辑部分，如图7-14所示。

（4）单击"修剪"按钮，完成修剪，如图7-15所示。

第 7 章 屏幕录制软件 QuickTime Player >>> 167

图7-12 选取"显示"→"显示剪辑"　　　　　　图7-13 双击修剪剪辑

图7-14 拖动黄色控制柄　　　　　　　　　　　图7-15 完成修剪

3. 将影片分离成剪辑

将影片分离成任意数量的剪辑。将影片分离成剪辑后，重新排列剪辑。

（1）选取"显示"→"显示剪辑"，如图7-16所示。

（2）将播放头（红色竖直线）移到想要分离剪辑的位置，如图7-17所示。

（3）然后选取"编辑"→"分离剪辑"，如图7-18所示，影片分离成两个剪辑。重复上述步骤，直到剪辑数量满足要求。

图7-16 选取"显示剪辑"　　　图7-17 移动播放头　　　图7-18 选取"分离剪辑"

（4）完成后，单击"完成"按钮，如图7-19所示。

图7-19 单击"完成"按钮

4. 重新排列影片剪辑

将影片分离成剪辑后，可以随心所欲地重新排列剪辑。

（1）选取"显示"→"显示剪辑"，如图7-20所示。

如果影片中只有一个剪辑，则无须重新排列。首先，需要将影片分离成剪辑。

（2）以想要的顺序拖移剪辑，如图7-21所示。

图7-20　显示分离剪辑　　　　　　　　　图7-21　拖动剪辑

7.2.2　添加影片或剪辑

将整部影片或其他影片的剪辑添加到影片中。

1. 添加整个影片

（1）打开要添加剪辑的影片，选取"显示"→"显示剪辑"。

（2）在影片结尾插入剪辑，在不选择任何剪辑的情况下，选取"编辑"→"将剪辑添加到结尾"，如图7-22所示。

图7-22　将剪辑添加到结尾

（3）在影片开头插入剪辑，在不选择任何剪辑的情况下，按Option键，然后选取"编辑"→"将剪辑添加到开头"。

（4）在影片其他位置插入剪辑，选择剪辑，然后选取"编辑"→"将剪辑插到所选内容之后"，如图7-23所示。

图7-23　将剪辑添加到所选内容之后

（5）查找并选择要添加到影片的影片，然后单击"选取媒体"按钮，如图7-24所示。

图7-24 选取要插入的媒体

2. 添加新的剪辑

（1）打开包含要添加剪辑的影片，然后选取"显示"→"显示剪辑"，如图7-25所示。

图7-25 打开包含添加剪辑的影片选取"显示剪辑"

（2）选择该剪辑，然后选取"编辑"→"拷贝"，如图7-26 所示。选定的剪辑以黄色轮廓显示。

图7-26 选取"编辑"→"拷贝"

（3）打开要添加剪辑的影片，如图7-27所示。然后选取"显示"→"显示剪辑"。

（4）选取"编辑"→"粘贴"，如图7-28所示。

该剪辑会出现在影片的开头，如图7-29 所示。拖移剪辑以重新排列它。

图7-27　打开要添加剪辑的影片并显示剪辑

图7-28　选取"编辑"→"粘贴"

图7-29　剪辑出现在影片开头

7.3　共享发布视频

7.3.1　导出影片

将影片导出成其他文件格式和分辨率，导出影片，以特定分辨率或文件格式存储其副本。

（1）选取"文件"→"导出为"命令，如图7-30所示。然后从"导出"菜单中选取选项。

此菜单显示基于常用视频大小，适合于影片的分辨率（如果分辨率大于影片的分辨率，则会呈灰色显示）。导出影片的准确分辨率和数据速率取决于原始影片，如图7-31所示。

图7-30　选取"文件"→"导出为"　　图7-31　"导出为"菜单

①4K：QuickTime 影片使用 H.264 或 HEVC（H.265），分辨率高达 3840 × 2160。

②1080p：QuickTime 影片使用 H.264 或 HEVC（H.265），分辨率高达 1920 × 1080。

③720p：QuickTime 影片使用 H.264，分辨率高达 1280 × 720。

④480p：QuickTime 影片使用 H.264，分辨率高达 640 × 480。如果正在导出影片以发布到网上（例如，发布到 YouTube），选取此项。

⑤仅音频：包含 AAC 音轨的 Apple MPEG 4 音频文件。输入所导出文件的名称并选取目的位置。

（2）如果导出时选取 4K 或 1080p 的分辨率，选择"使用HEVC"复选框，将以 HEVC 格式导出影片。

（3）单击"存储"按钮，如图7-32 所示。

一些影片可能比其他影片导出的时间要长一些。若要查看文件导出的进度，选取"窗口"→"显示导出进度"，如图7-33 所示。

图7-32　"存储"影片　　　　　图7-33　查看导出进度

如果在"导出"窗口中看不到任何可用选项，可能因为该录制受版权保护因而无法分配。

7.3.2　共享影片

共享影片时，QuickTime Player 可以根据所选的共享方式来创建优化的影片版本。

（1）在 QuickTime Player 中打开影片，选取"文件"→"共享"，如图7-34所示。

（2）单击播放控制中的"共享"按钮，选取想要共享影片的方式，如图7-35 所示。

图7-34 选取"文件"→"共享"

图7-35 "共享"菜单

①邮件：影片会被添加到"邮件"应用中的新电子邮件中。

②AirDrop：选取 AirDrop 时，QuickTime Player 会列出正在使用 AirDrop 的其他人。如果 AirDrop 未列出，则电脑不支持它。如果可以使用 AirDrop，单击想要与之共享的用户即可。

③添加到"照片"：影片将被添加到照片图库。

④备忘录：输入文本来创建包含影片的新备忘录，或选择将影片加入到现有备忘录。

⑤信息：影片会被添加到"信息"应用中的新信息中。

⑥YouTube：如果有 YouTube 账户，则可以将影片上传到 YouTube。

> 提示 要设置其他共享选项（例如 Facebook、Flickr 和 Vimeo），单击播放控制中的"共享"按钮 ↑，然后单击"更多…"。

7.3.3 播放视频

1. 播放控制

QuickTime Player 屏幕上的播放控制可以播放、暂停、快进或倒回视频或音频文件。还可以使用播放控制来共享文件，或者在启用了 AirPlay 的设备上播放文件。

播放控制（如播放、暂停、快进和倒回）可以控制视频或音频文件，如图7-36 所示。

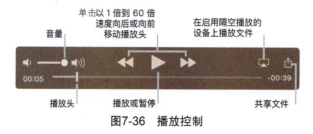
图7-36 播放控制

在 Force Touch trackpad 触控板上，通过按压力度来控制较快或较慢地倒回或快进 QuickTime 影片。

2. 显示字幕或隐藏式字幕

如果影片有字幕或说明，QuickTime Player 可以在播放影片的同时显示这些内容。如果影片没有字幕，那么将看不到显示它们的选项。

（1）显示字幕：选取"显示"→"字幕"，然后选取一种语言。也可以单击播放控制中的"字幕"按钮 来查看可用选项的列表。

（2）显示隐藏式字幕：选取"显示"→"显示隐藏式字幕"。

> 提示　需要使用 CEA-608 格式来嵌入字幕以允许使用"隐藏式字幕"这一选项。

QuickTime Player 所具有的影片编辑、屏幕、视频录制和剪辑功能，能够方便制作微课视频内容，提供从屏幕录像到视频编辑再到发布的解决方案，是创作微课演示、培训教程、教学视频录制的有效工具。

第8章 视频剪辑软件iMovie

使用视频剪辑软件iMovie教师能体验如何通过多媒体来介绍知识、建立沟通技巧以及表达自己的想法，创建出专业而精彩的影片。

8.1 iMovie界面

iMovie是一款由苹果电脑公司开发的视频剪辑软件，是Mac电脑上的应用程序套装iLife的一部分。它可以方便地剪辑教学电影、培训视频。iMovie界面简洁，大多数的工作只需要简单的单击和拖曳就能完成。

有了iMovie，可以在Mac上创建出专业而精彩的影片，可以添加、排列和调整视频片段、字幕、图形、配乐和转场，甚至还可以为微课创建预告片。在本节中，重点介绍iMovie界面，了解iMovie中的各种工具及其位置，学习基础操作。

8.1.1 iMovie视图

打开iMovie时，会看到三个主视图 媒体 项目 影院 ，通过这三个主视图，可以导入并浏览媒体、创建新项目或访问已制作的项目，并观看从任何设备导出的影片。

1. 项目

第一次打开iMovie时，会以"项目"视图打开，如图8-1所示。在此视图中，可以创建新影片，以及编辑已制作的影片。

图8-1 "项目"视图

2. 媒体

"媒体"视图在边栏的"资源库"列表中显示"照片"、iPhoto 和 Aperture 资源库，如图8-2 所示。可以创建影片项目，并从照片图库中添加视频和照片，或者可以将视频和照片导入到iMovie。

图8-2 "媒体"视图

3. 影院

在"影院"视图中可以找到从任何设备存储到iMovie影院的影片,如图8-3所示。可以从iPhone、iPad 和 Mac 来访问iMovie影院中的影片。

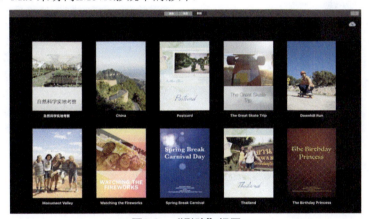

图8-3 "影院"视图

8.1.2 iMovie的窗口

当编辑影片时,iMovie的工作空间会分成几个部分。下面介绍这几个区域和可用工具的信息。

1. 视图切换按钮

在iMovie中,通过视图切换按钮打开项目、媒体库和导入这三个主视图,如图8-4所示。

(1)项目:单击转至"项目"视图,可以在该视图中启动新项目或访问资源库中的影片项目。

(2)媒体库🎵:显示或隐藏"媒体库"。

(3)导入↓:从相机或电脑上的文件夹导入视频。

图8-4 视图切换按钮

2. 媒体库

包含所有导入的媒体和浏览器，如图8-5所示。可以在其中选择浏览器中的片段或片段的一部分来进行使用。

图8-5 "媒体库"区域

资源库是在iMovie中导入的视频片段、照片和其他媒体以及使用它们创建的项目的集合。若要查看资源库或资源库中事件的内容，在"资源库"列表中选择它。

大多数情况下资源库只有一个，可以选取来添加其他资源库（例如，如果想要在储存设备上创建项目和事件的归档）。

3. 浏览器

iMovie的这个区域可显示"资源库"列表或"内容资源库"中所选中的媒体，如图8-6所示。在浏览器中选择片段或片段的一部分来使用。

图8-6 "浏览器"区域

过滤"浏览器"中的项目以显示所有片段、仅个人收藏或拒绝的片段，或隐藏拒绝的片段，如图8-7所示。可以在"浏览器"中搜索片段的名称或关键词以及设定项目的大小和缩放级别，以及选取是否显示音频波形。

图8-7 过滤"浏览器"中的项目

4. 调整栏

选择时间线中的片段，然后单击其中一个编辑工具，以增强或裁剪片段、调整色彩等，如图8-8所示。

图8-8 "调整栏"区域

5. 检视器

在iMovie的"检视器"区域，如图8-9所示，显示处于"浏览器"中的片段和处于"时间线"中的影片。

图8-9 "检视器"区域

6. 时间线

在"时间线"工作区域用于构建和编辑影片，如图8-10所示。其中包含播放头（白色竖直线），视频片段和照片以缩略图显示，其中带有一个与之连接的蓝色音频条块。而声音效果、画外音和背景音乐则在时间线的底部显示为绿色条块。字幕显示为紫色条块。

图8-10 "时间线"区域

8.1.3 内容资源库

使用"内容资源库"可以浏览媒体、音频、字幕、背景和转场。

1. 我的媒体

包含所有导入的媒体和浏览器，可以在其中选择浏览器中的片段或片段的一部分来进行使用，如图8-11所示。

图8-11 我的媒体

2. 音频

iMovie可以将声音效果和音乐添加到影片中。iMovie提供可从中进行选取的声音效果资源库，如图8-12所示。还可以使用GarageBand资源库和iTunes资料库中的音频。

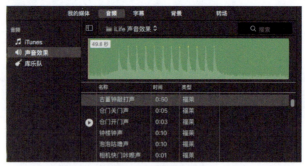

图8-12 音频资源

3. 标题字幕

标题字幕资源库，如图8-13所示。可以在影片中将字幕放置在视频片段或背景上，或让字幕自行出现。iMovie带有许多包含字幕和其他元素（如转场）的主题，也可以添加独立的字幕。

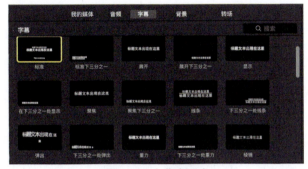

图8-13　字幕资源库

4. 背景

iMovie包括动画旅行地图和背景的资源库，如图8-14 所示，用于在影片中添加颜色和叙事方式。例如，动画旅行地图可以显示假期间旅游过的地点。

图8-14　背景资源库

5. 转场

转场，即一个片段跟随另一个片段的方式。iMovie包括一个转场资源库，如图8-15所示。可以在片段之间添加转场。转场的例子包括渐变和擦除。

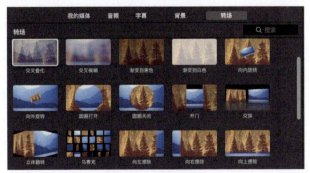

图8-15　转场资源库

8.1.4 浏览时间线

iMovie 的"时间线"用于编辑影片,可以在这里添加、排列和修剪视频、音频和照片。所有的编辑操作都是在播放头(白色竖直线)出现在时间线的位置处进行的。

1. 快速浏览时间线

在时间线的片段上向左或向右移动指针的操作称为快速浏览,如图 8-16 所示。通过这种方式,可以快速预览已添加的片段,或者查找影片中的特定瞬间。

2. 放大或缩小

拖移时间线上的"缩放"滑块 ，如图 8-17 所示,可放大或缩小时间线上的缩略图,从而查看更多片段。

图8-16 快速浏览

图8-17 放大缩略图

3. 播放控制

在"检视器"中,单击"播放"按钮 ▶ 可从头到尾播放视频。单击"上一个片段"按钮 ◀ 或"下一个片段"按钮 ▶ 可沿时间线前后逐片段跳跃播放,如图 8-18 所示。

图8-18 播放控制

8.1.5 调整设置

可以使用调整栏上的调整设置来修改时间线中的所选片段、照片和音频。选择时间线中的片段,然后单击其中一个编辑工具,以增强或裁剪片段、调整色彩等。

当选中时间线上的某个片段时,这些调整工具将在"检视器"上方处于活动状态。iMovie 包含一系列工具,可用于执行调整片段速度或音量、添加字幕以及应用滤镜等操作。

要使用工具,选择要调整的片段,单击特定工具(如"速度"或"音量"),然后使用显示的选项进行编辑。例如,如果选择了视频片段和"速度"工具,那么可以更改速度、反向片段、添加静帧等。

(1) "视频叠层设置"按钮 ,如图 8-19 所示。选择叠层选项,如画中画、并排显示和绿色屏幕。

(2) "颜色平衡"按钮 ,如图 8-20 所示。将一系列自动色彩调整应用到时间线中的片段和照片上。

图8-19 "视频叠层设置"按钮

（3）"色彩校正"按钮，如图8-21所示。调整阴影、亮度、对比度、高光、色彩饱和度和色温。

图8-20 "颜色平衡"按钮

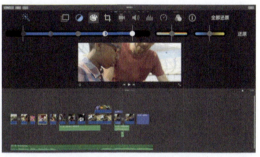

图8-21 "色彩校正"按钮

（4）"裁剪"按钮，如图8-22所示。裁剪视频、调整推拉 Ken Burns 效果并旋转视频。

（5）"防抖动"按钮，如图8-23所示。防止视频抖动，便于更顺畅地进行播放。

图8-22 "裁剪"按钮

图8-23 "防抖动"按钮

（6）"音量"按钮，如图8-24所示。调整音量、静音或调整其他音频片段的相对音量。

（7）"降噪和均衡器"按钮，如图8-25所示。应用均衡器预置并降低背景噪声。

（8）"速度"按钮，如图8-26所示。快进或慢放视频片段或添加静帧。

（9）"视频和音频效果"按钮，如图8-27所示。向时间线中的音频、视频和照片片段添加一系列效果。

（10）"信息"按钮，如图8-28所示。查看所选媒体的名称和长度。

图8-24 "音量"按钮

图8-25 "降噪和均衡器"按钮

图8-26 "速度"按钮

图8-27 "视频和音频效果"按钮

图8-28 "信息"按钮

iMovie拥有功能强大、简单易用的窗口界面,是管理和剪辑视频的有力工具。

8.2 整理视频

精彩的微课影片开始于完美的筹划和组织。利用iMovie的管理技巧,可以毫不费力地整理不断扩展的数字视频剪辑收藏。

iMovie是一种功能强大的工具,有以下两种用途。

(1)用于从原始素材中创建影片项目。

(2)将视频储存和整理到视频资源库。

在iMovie中,视频被整理放在以下两个位置。

（1）事件资源库将保留从摄像机导入（传输）的视频，该视频被称为事件。
（2）项目资源库将列出从导入的视频中创建的影片和预告片项目。
有多种方式可以整理和查看iMovie中的项目和事件。

8.2.1 导入媒体

在iMovie中可以从 Mac 或连接的储存设备导入媒体，包括视频、照片和音频。

1. 通过从 Finder 拖移导入媒体

选择某个文件，按住 Command 键并单击以选择多个文件，或者选择某个含文件的文件夹，然后将所选部分从 Finder 拖到iMovie"资源库"列表中的事件上，片段将显示在事件中。

2. 使用"导入"窗口导入媒体

如果要导入的媒体位于外置储存设备上，需要先将它连接到 Mac 并打开。

若要打开"导入"窗口，单击工具栏上的"导入"按钮。如果未看到"导入"按钮，单击工具栏中的"媒体"按钮，如图8-29所示。然后单击"导入"按钮。

图8-29 "媒体"按钮

在"导入"窗口边栏的"设备"部分中，选择要从中导入媒体的设备，如图8-30 所示。设备的内容显示在"导入"窗口底部的列表中。在列表视图中逐个选择片段，而且"导入"窗口顶部将显示所选片段的预览。

图8-30 从设备导入

（1）单击列表视图顶部的栏标题，按时间长度、创建日期、大小等数据对列表视图中的片段进行排序。

（2）将文件夹从右侧列表中拖到边栏中的"个人收藏"，将常用媒体的文件夹添加到"个人收藏"部分。

（3）按住 Control 键单击文件夹，然后从快捷键菜单中选取"从边栏中移除"，将文件夹从"个人收藏"中移除。

（4）预览视频，在"导入"窗口上移动指针到预览上方并单击"播放"按钮 ▶ 。也可以单击"上一个"或"下一个"按钮以跳到上一个或下一个片段，或者单击"上一个"或"下一个"按钮来倒回或快进，如图8-31 所示。

3. 导入媒体位置

指定导入媒体的储存位置。

（1）选取一个现有的事件，单击在"导入"窗口上方的"导入到"弹出式菜单并选取事件，如图8-32 所示。

（2）创建新事件，单击"导入到"弹出式菜单，选取"新建事件"，为新建事件输入名称，然后单击"好"。

①导入所有片段，单击"全部导入"。

②导入所选片段，按住 Command 键单击每个要导入的片段，然后单击"导入选定部分"。"导入"按钮会更改其名称。

"导入"窗口将关闭，同时导入的片段将出现在事件中。根据每个片段的长度以及导入片段的数量，将在片段导入时于窗口右上角看到进度指示器，如图8-33 所示。

图8-31　播放控制　　　图8-32　选定一个现有事件　　　图8-33　进度指示器

> 如果使用较早版本的iMovie创建了摄像机归档，则可以使用此方法导入它们。

8.2.2　整理媒体

如果选择将视频素材导入资源库，iMovie会根据视频素材的录制日期和时间，自动将片段放入事件中。事件与文件夹类似，其中包含片段。尽管最初片段是基于时间分组，但事后可以使用事件按照喜欢的方式进行分组。

在"资源库"列表中选择事件后，其包含的片段将显示在浏览器中。若"资源库"列表未显示，可单击浏览器顶部的"资源库列表"按钮 ▢ 。

1. 排序事件

在"资源库"列表中将事件排序，可以自定义"资源库"列表，使事件按所选取的顺序显示。

（1）按名称排序事件，选取"显示"→"事件排序方式"→"名称"。

(2) 从最新到最旧排序事件，选取"显示"→"事件排序方式"→"最新到最旧"。
按日期将事件排序时，每个资源库中的事件都会按年分组。
(3) 从最旧到最新排序事件，选取"显示"→"事件排序方式"→"最旧到最新"。

2. 创建事件

创建事件和给事件重新命名，在资源库列表中，选择要在其中创建事件的资源库。

(1) 选取"文件"→"新建事件"。

新事件将显示在"资源库"列表中，且其名称将高亮显示，如图8-34所示。给事件重新命名，输入新名称，如图8-35所示。

图8-34　新建事件　　图8-35　给事件输入名称

(2) 给现有事件重新命名，在"资源库"列表中选择事件，按Return键，然后输入新名称。

3. 在事件之间复制或移动片段

在"资源库"列表中，选择包含要移动或复制的片段的事件。在浏览器中，选择要移动或复制的片段。

(1) 在事件之间移动片段，将所选片段从一个事件拖到另一个事件。

(2) 在事件之间复制片段，按住 Option 键将所选片段从一个事件拖到另一个事件，方法是先开始拖移，然后在拖移时按住 Option 键。

(3) 如果从浏览器中拖移片段，且在边栏中"项目媒体"下方选定了项目，则片段会复制到目的事件。选择多个片段，按住 Command 键单击要选择的片段，或者在片段周围拖移选择矩形。

4. 复制片段

复制片段，以在不影响原始版本的情况下，试用某些效果或其他更改。

(1) 在"资源库"列表中，选择包含要复制的片段的事件。如果选取片段的一部分，则将复制整个片段。要选择多个片段，可按住 Command 键并单击要选择的片段，或者在片段周围拖移选择矩形。

(2) 选取"编辑"→"复制影片"。

5. 合并或拆分事件

可以合并（组合）"资源库"列表中的两个或多个事件（例如，如果它们包含的素材非常相关）。还可以将单个事件拆分为多个事件。

（1）合并事件：在"资源库"列表中，选择事件，将其拖到要与之合并的事件，或者选择要合并的事件，然后选取"文件"→"合并事件"。

（2）拆分单个事件：在"资源库"列表中，创建需要的新事件，然后将片段从原始事件移到新事件。

6. 删除片段和事件

可以从事件中删除不想要的片段，并且可以删除整个事件以释放储存空间。

（1）删除事件：在"资源库"列表中，选择要删除的事件。

（2）删除事件中的片段：在"资源库"列表中，选择包含要删除的片段的事件，然后在浏览器中选择要删除的片段。

（3）选取"文件"→"移到废纸篓"。如果尝试删除的片段正在用于某个项目，则会出现信息，提示先将片段从项目中移除再删除该片段。

> **提示** 选择片段并按Delete键会将其标记为"拒绝的片段"。若要释放储存空间，必须删除整个事件。从事件中删除片段不会释放储存空间。

8.2.3 标记片段

将片段标记为"个人收藏"或"拒绝的片段"，可以在检查片段时很轻松地评价喜欢和不喜欢的片段。准备制作影片或预告片时，可以仅显示标记为"个人收藏"的片段，以重点关注最佳素材。

将片段或范围标记为个人收藏或拒绝的片段，在浏览器中，选择要评价的一个范围、一个片段或多个片段。

（1）喜欢所选部分：选取"标记"→"个人收藏"（或按F键）。在浏览器中，标记为"个人收藏"的范围顶部会出现一条绿色线条，如图8-36所示。

还可以在片段播放时按住F键以标记喜爱的范围。当播放头到达想要标记为"个人收藏"的部分末尾时，松开F键。

（2）不喜欢所选部分：选取"标记"→"拒绝"（或按Delete键）。标记为"拒绝的片段"的帧顶部会出现一条红色线条，如图8-37所示。

图8-36　"个人收藏"片段

图8-37　拒绝的片段

从浏览器搜索栏左侧的弹出式菜单中选取"隐藏拒绝的片段"，则标记为"拒绝的片段"

的片段不会出现在视图中。

（3）从片段中移除评价：确定想要处理的片段显示在浏览器中，需要单击浏览器搜索栏左侧的弹出式菜单，选取"所有片段"以便需要访问的所有片段都可见。

（4）在浏览器中，选择要移除评价的片段，然后选取"标记"→"取消评级"（或按 U 键），片段顶部的绿色或红色线条将消失。

随着拍摄视频条数的不断增加，整理视频会变得异常重要，iMovie的整理功能简单、方便、有效地将大量的视频媒体分类、标识，使iMovie成为一个很有用的视频资源库，为用户提供了一个用于整理、访问和观看所有素材的平台。

8.3 剪辑视频

iMovie拥有简单、易用的界面，非常适合用来剪辑视频。选择任意一段片段，将其放入iMovie项目中，只要拖入恰当的位置，选定视频或其中一部分，就如同选定文字一样简单，然后将视频调整到理想中的效果。iMovie将视频变为精彩影片，比想象的还简单。只要了解如何拖放，就能在iMovie中制作影片。

8.3.1 开始项目

1. 创建新项目

（1）在"项目"视图中，单击"新建"按钮＋，如图8-38所示。

图8-38　单击"新建"按钮

（2）选择"影片"，如图8-39所示。

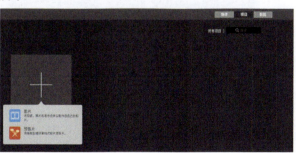

图8-39　选择"影片"

（3）开始构建"我的影片"，如图8-40所示。

图8-40　构建"我的影片"

2. 为项目导入媒体

当创建新影片时,默认会在"项目媒体"部分中创建名为"我的影片"的项目。该项目会在屏幕的左侧突出显示。将媒体导入到该位置,便于在使用此项目时轻松地找到媒体。

(1)在屏幕左侧的"项目媒体"下选择"我的影片",如图8-41所示。然后单击大的"导入媒体"箭头 。

图8-41　选择"我的影片"

(2)导航至iMovie素材文件夹,如图8-42所示。

图8-42　导航至iMovie素材文件夹

（3）确保在"导入"屏幕顶部的"导入到"菜单中，"项目媒体"处于选中状态。单击以选中文件夹，然后单击窗口底部的"导入所选项"。此时将在浏览器中显示项目的所有媒体。"我的影片"会在窗口的"项目媒体"部分突显，如图8-43所示。

8.3.2 添加视频

图8-43　显示"我的影片"

启动新项目时，时间线是空的。中间的空白区域可以放置视频片段、字幕、音频片段和照片。

1. 将视频片段添加到时间线

按照下面的步骤将第一个片段添加到时间线。

（1）单击媒体浏览器中的行进中的游客片段，将其突出显示。黄色边框说明已选中整个片段，如图8-44所示。

图8-44　选定游客片段

（2）单击片段右下角的"添加"按钮，将其放置到时间线上，如图8-45所示。

图8-45　添加到时间线

2. 重新排列片段

有时将片段添加到时间线后可能需要移动它来更改故事的发展脉络。在本例中，需要将片段添加到时间线,然后通过移动使其作为影片的第一个片段。

(1)选择媒体浏览器中的蝴蝶世界片段,然后单击"添加"按钮,将其放置到时间线的末尾,如图8-46所示。还可以按E键来添加片段,这是一个非常有用的键盘快捷键。

图8-46　添加蝴蝶世界片段

(2)向左拖移"缩放"滑块进行缩小,如图8-47所示,以便可以同时看到这两个片段。还可以单击时间线,然后使用Shift+Z组合键来设置缩放,以便可以看到时间线中的更多片段。

图8-47　"缩放"滑块

(3)将行进中的游客片段拖移到刚刚添加的蝴蝶世界片段的右侧,如图8-48所示。

> **提示**　　以下是一些其他的键盘快捷键,帮助在编辑时浏览时间线。
> ①空格键可开始或停止播放。
> ②按J键可向后播放影片。
> ③按K键可停止。
> ④按L键可播放,再按一次该键可快进影片。

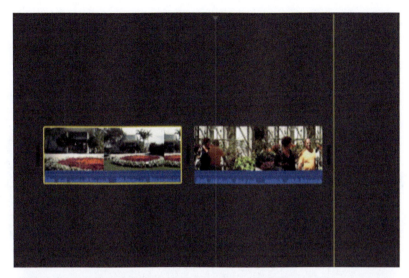

图8-48　移动时间线上的片段

3. 将片段分段添加到时间线

有时只想将片段的一部分添加到时间线。在此部分中，将从媒体浏览器中选择片段分段，然后将其添加到时间线。

（1）在媒体浏览器中查找教师讲解片段，如图8-49所示。现在，将指针移到媒体浏览器中片段的开头，浏览条应随指针一起移动。

图8-49　浏览讲解片段

（2）按空格键来从头开始播放片段，同时注意当老师举手的时候，播放头所在的位置。再次按空格键，可以在该位置停止播放片段，如图8-50所示。

图8-50　停止播放位置

（3）将左侧修剪控制柄拖移到片段中的该位置处来仅选择片段的第二部分，如图8-51所示。

图8-51　修剪片段

（4）单击"添加"按钮 ，将所选片段部分添加到时间线的末尾，如图8-52所示。

图8-52　添加部分片段

> **提示** 可以随时在媒体浏览器或时间线中选择任意片段，然后单击"信息"按钮 ⓘ。可以看到片段的名称、文件创建日期和长度等信息。如果已在时间线中选择了一个片段，那么还可以查看该片段在时间线中进行了多少。

8.3.3 修剪片段

有时添加到时间线的片段有点儿长，或者稍后在编辑过程中决定不需要整个片段，始终都可以修剪片段，即使片段已在时间线中也是如此。

（1）将加入蝴蝶卵的片段添加到时间线，如图8-53所示。

（2）将指针移到片段的最右端，直到其变为修剪控制柄。通过将控制柄向左拖移直到大概在1.8秒处来修剪片段的结尾，如图8-54所示。

图8-53　添加蝴蝶卵的片段　　　　　　　　　图8-54　缩短片段

（3）现在，再将两个完整片段添加到时间线。首先添加毛毛虫片段，然后添加蝴蝶茧片段，如图8-55所示。

图8-55　添加两片段到时间线

iMovie拥有简单、易用的界面，绝对适合用来剪辑视频。选定视频或其中一部分，就如同选定文字一样简单，然后将视频调整到理想中的效果。

8.4 修饰视频

iMovie强大的编辑功能将使项目更加完善。在iMovie中润饰视频，通过视频和音频效果、一步特效、旅行地图和其他工具，将立刻制作出专业水平的视频。

8.4.1 调整影像质量

在拍摄照片和视频时，有时色彩和亮度并不完美。iMovie提供了一组图像校正工具，可以进行快速调整。

使用iMovie中的工具，可以调整已添加到项目中的任何视频剪辑或照片的图像质量，其中包括黑白色阶、曝光度、亮度、对比度、饱和度和白点设置。

如果更改事件（源视频）的图像质量，则此更改会反映在已变更视频所添加到的任何未来项目中。

（1）选择行进中的游客片段。

（2）增强亮度和色彩，单击"增强"按钮，然后注意色彩和亮度的瞬时改善，如图8-56所示。

（3）现在，选择教师讲解片段，然后单击"色彩"校正工具，如图8-57所示。

图8-56 单击"增强"按钮

图8-57 单击"色彩"按钮

（4）向左拖移"多滑块"控件的最右侧滑块以降低亮度，如图8-58所示。

图8-58 拖动"多滑块"

（5）向右稍微拖移"饱和度"滑块以增加饱和度，如图8-59所示。

（6）向左稍微拖移"色温"滑块，使图像稍冷一点儿，如图8-60所示。

在进行色彩校正时，可随时单击"全部还原"按钮来重新调整。

图8-59　拖动"饱和度"　　　　图8-60　拖动"色温"滑块

8.4.2　使用滤镜

iMovie有几种视频效果，可以应用它们以即时更改项目中视频或静止图像的外观。可以给视频剪辑或照片赋予粒状或高对比度外观、陈旧或老式的外观、梦幻外观等。

有了iMovie制作高品质的视觉特效，只需选择视频片段，选定特效，然后单击加以应用。还可在恰当的音乐节奏点加入跳接和快速翻转特效，将片段的某些部分从彩色变为黑白、复古或添加梦幻迷离效果。

8.4.3　速度和运动效果

有以下几种方法可以修改视频剪辑在项目中的播放方式。

（1）快进和慢动作：加快或减慢视频的播放速度。

（2）反转：反向播放视频。例如，如果对内容为一个人在足球场上奔跑的素材应用了反转效果，那么播放时会使那个人看起来像是在倒着跑。

（3）即时重放：按照原始视频播放速度的某个百分比（50%、25% 或 10%）重放选定的视频。屏幕上会出现一个即时重放标题；可以根据需要编辑或删除该标题。

（4）倒回：倒回选定的剪辑，并在原始剪辑之后重放它。如此一来，就可以总共播放三个剪辑：以正常速度播放原始剪辑，接着加速反转播放选定的剪辑，最后以正常速度播放选定的剪辑。

更改视频片段的播放速度，以慢放发生太快的动作，或者快进进展比想得慢的事件。

（1）将蝴蝶视频片段添加到时间线的末尾。由于此片段是以慢动作拍摄的，因此当播放该片段时，片段的中间已经是慢放的，如图8-61 所示。

图8-61　添加蝴蝶慢速片段

（2）在时间线中选择该片段，然后单击调整栏中的"速度"按钮，如图8-62所示。

图8-62　单击"速度"按钮

（3）从"速度"弹出式菜单中选择"正常"，以移除当前速度设置。

（4）要慢放整个片段，向右拖移蝴蝶片段右上角的"速度"滑块，直到片段持续时间显示为3.0秒，如图8-63所示。

图8-63　拖动"速度"滑块

（5）播放该片段，以查看速度调整的效果。

> 　要注意，在此片段上已经有一些速度区域，这是因为该片段是使用iPhone以慢动作拍摄的。可以拖移速度滑块以调整片段的不同部分。

8.4.4　双图像效果

可以通过将项目中的一个视频剪辑拖到另一个视频剪辑处来产生双图像效果。若要应用双图像效果，必须在iMovie偏好设置中启用高级工具。

1. 画中画

画中画剪辑是在另一个视频剪辑顶部的小窗口中播放的视频剪辑。此类剪辑可以很好地显示主剪辑中正在发生的叙述事件。

有时，添加的画中画剪辑的长度可能会超过它添加到的那个剪辑（前提是，添加了画中画剪辑的那个剪辑后面必须有其他剪辑）。若要调整画中画剪辑在项目中的位置，将它拖到它所在剪辑中的其他位置或拖到另一个剪辑。还可以拖移画中画剪辑的两端来延长或缩短它。若要拖移画中画剪辑的两端，将指针移到它的上方；当指针变成一个调整大小指针时，就可以开始拖移。

2. 切换镜头

切换镜头剪辑是插入到另一个剪辑（通常是相关剪辑）中的视频剪辑，目的是在单个事件中显示两个不同的元素。这两个剪辑相继播放，而不是同时播放；原始剪辑"切换"为添加的剪辑，再恢复为原始剪辑。

切换镜头剪辑是粘贴到另一个剪辑（通常是相关剪辑）处的视频剪辑，目的是在单个事件中显示两个不同的元素。例如，可以先显示某个惊喜聚会的主角即将登场时的镜头，然后将镜头切换到已在屋里等待的那些人。切换镜头剪辑也可以用于有效地覆盖剪辑中不够好的部分。

添加的切换镜头剪辑会按原来的长度覆盖它当前所在视频剪辑中的部分，因此最终剪辑的总时间长度不会变。

3. 并排

并排剪辑可带来分屏幕效果，显示两个不同的视频剪辑在同一个帧中毗连播放，每个剪辑各占帧的一半。并排剪辑可带来分屏幕效果，显示两个不同的视频剪辑在同一个帧中毗连播放，每个剪辑各占帧的一半。并排剪辑很适用于显示参与同一场景的不同方面的两个人或两组人。例如，可以在剪辑的一面显示某个惊喜聚会的主角即将登场，在剪辑的另一面显示已在等待主角出现的人们。

4. 叠加视频

除了将视频循序添加到时间线之外，还可以添加视频叠层，这样两个视频即可同时显示，例如，画中画或并排播放的效果。此工具在增强项目效果方面相当出色。

（1）将正在拍摄中的游客片段添加到时间线。单击时间线，将播放头定位到游客将头放在相机后的位置，如图8-64所示。

图8-64　添加游客拍摄片段

（2）从媒体浏览器中将蝴蝶片段拖移到时间线中正在拍摄中的游客片段上，从播放头的位置开始，如图8-65所示。

（3）选中蝴蝶片段后，单击"视频叠层"工具 □，然后从弹出式菜单中选择"分屏"。将位置更改为"右"，如图8-66所示。

图8-65　添加蝴蝶片段到拍摄的游客片段上方

图8-66　单击"视频叠层"工具

（4）将蝴蝶2片段拖移到蝴蝶1片段的右侧。然后将蝴蝶3放到蝴蝶2片段的后面。

（5）跨蝴蝶2和蝴蝶3片段拖移选择矩形，选择"分屏"，然后将位置设置为"右"，以便同时更改这两个片段。

（6）修剪蝴蝶片段，将右修剪控制柄向左拖移，将其与下面的"行进中的游客"片段的结尾对齐。

（7）播放片段，以查看叠层效果，如图8-67所示。

图8-67　查看"叠层"效果

8.4.5　Ken Burns效果

将镜头摇动和镜头推拉（Ken Burns）效果应用到iMovie中的任何视频。这种效果会使摄像机看上去像是在扫过视频（镜头摇动）或推进拉远（镜头推拉）。应用这种效果时，可以设定扫掠运动的开始位置和结束位置，以及设定运动应推进还是拉远。

还可以向影片添加具有 Ken Burns 效果的照片。照片放置于时间线之后，可以对其进行裁剪或添加 Ken Burns 效果，这可使照片看起来像在移动，这样，照片就可以更自然地与其他片段一起动起来。

（1）将播放头移到行进中的游客和教师讲解片段之间，如图8-68所示。

图8-68　移动播放头

（2）选择一只蝴蝶落在粉色花朵上照片，并将其拖移到时间线或者按W键，以在播放头处插入该片段。默认情况下，照片片段长度为4秒，如图8-69所示。

图8-69　添加蝴蝶照片

（3）要显示 Ken Burns 控件，双击时间线中的片段，或者选择片段并单击"裁剪"按钮 ；然后确保选中 Ken Burns 按钮。将看到两个帧，一个标签为"开始"，另一个标签为"结束"，如图8-70所示。

（4）首先，单击"开始"帧的一角，然后拖移控制柄，以便在这个动画开始时更紧凑地播放蝴蝶这一帧，如图8-71所示。单击帧的内部，以重新定位帧。

图8-70　显示Ken Burns控件

图8-71　定位"开始"帧

（5）现在，调整标记为"结束"的帧以包括整个花朵，如图8-72所示。

图8-72　标记"结束"帧

（6）使用上箭头键以返回到片段的开头（或者在时间线上单击），并按空格键，以完整播放新动画。可以重复上述步骤，直到对动画和缩放满意为止。

（7）要缩短照片片段的持续时间，在时间线中选择该片段，然后拖移片段的左侧，直到长度为2.6秒，如图8-73所示。

图8-73 缩短片段时间

8.4.6 绿屏和蓝屏

使用绿屏或蓝屏效果来叠加视频，在绿色或蓝色背景前录制视频，然后对录制的视频进行"裁剪"并将其叠加到另一个视频剪辑，这称为"绿屏"或"蓝屏"效果。例如，可以在绿色或蓝色背景前录制一个朋友假装惊恐的视频，然后将该视频放入愤怒的熊视频剪辑中，这样朋友就好像是非常惊恐地站在熊的旁边。也可以将绿屏或蓝屏剪辑拖到单色背景剪辑或动画背景剪辑。

如果视频的主体是绿色的或穿戴着绿色衣物，应该在蓝色背景前进行录制。同样，如果视频的主体是蓝色的或穿戴着蓝色衣物，应该在绿色背景前进行录制。

使用 Mac 版 iMovie 中的绿色屏幕功能，可以轻松有趣地在任何影片中建立布景。可以将在绿色或蓝色屏幕前拍摄的人员背景替换为其他视频片段或照片。

（1）从媒体浏览器将背景花朵片段直接拖移到蝴蝶世界片段之上，如图8-74 所示。并从显示的菜单中选择"替换"。这将保留新片段的持续时间。

（2）从媒体浏览器中将绿色屏幕片段拖移到背景花朵片段上，如图8-75 所示。

图8-74 替换时间线上的片段　　图8-75 拖动绿色屏幕到背景花朵上

(3)在选中"绿色屏幕"片段的情况下,单击调整栏中的"视频叠层"工具,然后从弹出式菜单中选择"绿色/蓝色屏幕",如图8-76所示。

(4)选中裁剪工具,位于"绿色/蓝色屏幕"菜单右侧的整理设置中。现在,拖移角控制柄来裁掉所有绿色屏幕,只保留花朵背景,如图8-77所示。

图8-76　选择"绿/蓝屏"　　　　图8-77　保留花朵背景

(5)选中"绿色屏幕"片段后,单击"音量"工具,然后选中"降低其他片段的音量"复选框,如图8-78所示。

(6)修剪背景花朵片段,以便其与绿色屏幕片段的长度相同,如图8-79所示。

图8-78　选中"降低其他片段的音量"复选框　　　图8-79　修剪背景片段长度

8.5　创建影片

在iMovie中将视频变为影片,创建项目并向其添加视频后,可以采用视觉和音频增强元素以多种方式对项目进行润色。添加主题瞬间就能使项目形象更鲜明。还可以添加背景音乐、字幕和转场,以制作专业质量的项目。

iMovie附带了可在影片中使用的精选主题。每个主题都附带自己的字幕样式(屏幕上出现的文本)和转场(剪辑之间播放的视觉效果),可使影片具有巨片形象。

选择主题后,可以在将视频剪辑添加到iMovie时让iMovie自动将字幕和转场插入项目中。以后,可以随时更改或删除这些元素。

8.5.1 添加背景音乐

从 iTunes 资料库添加背景音乐，为项目添加的背景音乐将在与视频一起录制的音频后面播放，以便可以同时听到两个轨道的声音。可以调高或调低背景音乐的音量，使其按照喜欢的方式进行播放。

背景音乐是为影片增添感受和深度的好方法。iMovie 随附了很多超棒的原声配乐，但在此项目中，将添加使用 GarageBand 制作的歌曲，该歌曲已经包含在所下载的文件中。

1. 背景音乐

（1）在媒体浏览器中，找到 ButterflySong 片段。音频片段在浏览器中会显示为绿色波形，如图 8-80 所示。通过将播放头移到片段上并按空格键，预览该片段。

图 8-80　选定音乐片段

（2）前往影片的开头，将歌曲拖移到时间线底部的"背景音乐"区域，如图 8-81 所示。直到看到其周围以蓝色突出显示。要确保配乐在影片的开头开始。

图 8-81　添加音乐片段

（3）现在，按空格键，从头播放影片。

2. 静音和渐变

有很多方法供对音频做进一步的调整，可以使影片更加吸引人。以下是一些建议。

（1）选择第二个片段，并单击"音量"工具 ，然后单击"静音"音频按钮 ，以将第二个片段静音，如图8-82所示。

图8-82 单击"静音"按钮

（2）通过将修剪控制柄向左拖移来修剪背景音乐，如图8-83所示，使其仅比最后一个片段长几秒钟。

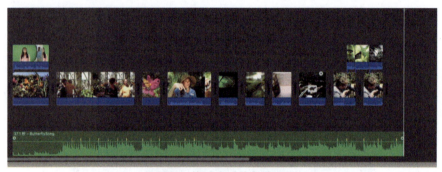

图8-83 拖动音乐片段控制柄

（3）调整背景音乐，以便其逐渐淡出。将指针移到背景音频的结尾。当指针悬停在片段中的音量线上时，将看到一个小圆圈 ▬▬（渐变控制柄）。将其向左拖移并注意所创建的渐变曲线，如图8-84所示。聆听并调整为喜欢的渐变。

图8-84 渐变控制柄

3. 添加声音效果

声音效果可向影片增添强调效果。在此活动中，将为拍摄游客片段的转场添加相机快门声。

（1）将播放头放置到两个拍摄片段之间的转场上。

（2）单击浏览器上的"音频"按钮 ▬音频▬，如图8-85所示。

图8-85 单击"音频"按钮

（3）在边栏中，选择"声音效果" ▬声音效果▬，然后在"搜索"字段中输入"相机"，以找到"相机快门"效果，如图8-86所示。

（4）单击效果左侧的"播放"按钮，以试听该效果。

（5）将"相机快门"效果拖移到拍摄两个片段之间的转场下，如图8-87所示。

图8-86 "搜索"相机音效

图8-87 添加相机快门效果

8.5.2 录制画外

可以录制自己的旁述或其他画外音作为视频的伴奏,用来增强视频项目。

1. 添加画外音

有时会想要添加语音来增强影片的叙事效果。可以录制自己说的话,然后单击几下,将音频片段添加到时间线上。

(1)将播放头放置到蝴蝶卵片段的开头,如图8-88所示。

(2)单击"麦克风"按钮 打开录音机。如果很大声讲话,那么应该看到音量在移动,如图8-89所示。

图8-88 定位播放头 　　　　　　　　图8-89 音量移动标志

（3）单击"画外音选项"按钮（"录制"按钮 旁边），以确保选中Mac上的内置麦克风。如果使用外部麦克风，那么在此处进行选择，如图8-90所示。

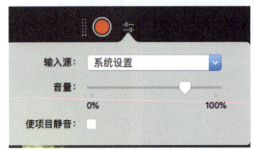 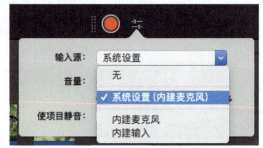

图8-90　选择麦克风

（4）当准备好后，单击"录制"按钮，等待倒计时。
（5）完成时，再次单击"录制"按钮，然后聆听效果。
（6）单击"完成"按钮以关闭"画外音"控件。

> **提示**　在画外音的开头和结尾修剪多余的无声时段，以精确地定位声音何时进入。

2. 调整音量

务必确定好画外音的正确音量，以便更易于听到。当在下一页上添加音乐之后，可能需要再次调整音量。

（1）一条水平线贯穿刚刚录制的画外音的中央，这是音量控件。单击并按住这条线，然后将其向上和向下移动，以提高和降低音量。尝试保持波峰低于红色区域。
（2）现在聆听录音，然后继续调整音量，直到达到合适的音量水平。
（3）使用调整工具来更改音量。双击画外音片段或单击并选择"音量"工具，以显示音量编辑选项，如图8-91所示。在声音片段中，第一个滑块与音量控件作用相同。

图8-91　选择"音量"调节工具

> **提示**　当视频片段中出现音频或其他音频音轨时，背景音轨的音量会自动降低。如果将视频片段中的声音设置为静音，那么背景音频将以最高音量播放。

8.5.3　添加字幕

使用iMovie提供的其中一种字幕样式为项目中的任何视频添加屏幕文本。屏幕文本用于为影片添加字幕和制作人员字幕，以视觉方式"叙述"影片场景，制作一个场景到下一个场景的文字式继续（例如，"十年后"或"当天晚些时候"）等。

1. 添加字幕

添加字幕是介绍影片、强调特定片段中的想法，甚至添加副标题的好方法。在本例中，将使用最后一个片段中的字幕，使结尾更富戏剧性。

（1）在媒体浏览器中选择家庭片段，然后将其添加到影片的结尾，如图8-92所示。

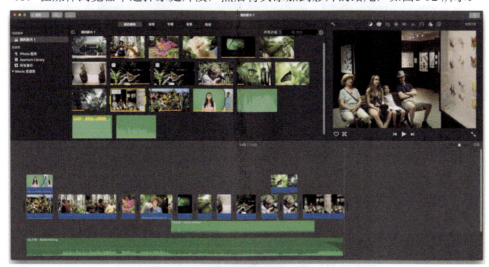

图8-92　添加家庭片段

（2）单击浏览器上的"字幕"，如图8-93所示。

图8-93　单击"字幕"

（3）将名为显示下三分之一的字幕样式拖移到家庭视频片段上，如图8-94所示。根据字幕拖移到片段的位置，会突出显示片段的开头、中间或结尾。当突出显示片段的第一部分时，放下字幕。

（4）选择"检视器"中的占位符文字，输入新字幕"蝴蝶世界园"，如图8-95所示。

（5）单击字体控件中的"右对齐"按钮，将字幕放置在字幕框的右边缘。

（6）在"字体"弹出式菜单中，将字体更改为Avenir Next Regular，如图8-96所示。

图8-94　字幕样式　　　图8-95　输入"蝴蝶世界园"

图8-96　更改"字体"

2. 添加制作人员

创建影片之后,向所有参与人员致谢是非常有意义的。

(1)单击浏览器上的"字幕"。

(2)选择滚动摄制人员名单主题,并将其拖移到时间线的末尾。默认时间是10秒。将片段修剪为5秒,如图8-97所示。

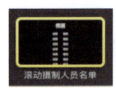

图8-97　添加滚动字幕

(3)双击标题并输入"蝴蝶世界园实地考察",如图8-98所示。

(4)接下来,单击"姓名"和"描述"字段,并输入姓名。

(5)现在,将背景音乐延长几秒钟,超过最终的制作人员字幕片段,如图8-99所示。

图8-98 输入标题

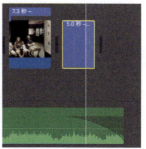
图8-99 延长背景音乐

8.5.4 在剪辑之间添加转场

iMovie提供了几种可在剪辑之间添加的转场样式,以提升项目的专业形象。转场能够平滑或混合从一个场景到另一个场景的变化。例如,转场能使一个剪辑渐显或渐隐,叠化到另一个剪辑,放大到另一个剪辑等。

iMovie使影片中所有转场的长度均相同。标准转场的时间长度为0.5秒,主题样式转场(只有为项目设定了主题后才能使用)的时间长度为2秒。如果需要,可以更改这些时间长度。

iMovie转场在时间线中的各片段之间或各图像之间提供了一种视觉上的过渡。有很多转场可供选择。

(1)单击浏览器上方的"转场"按钮 转场 以查看转场选项,如图8-100所示。

图8-100 单击"转场"按钮

(2)在鲜花和行进中的游客片段之间,拖入向左擦除转场,如图8-101所示。

图8-101 添加"转场"

（3）现在，将这两个片段一起播放，以查看转场效果。

> **提示** 双击两个片段之间的转场图标，以调整转场的长度。

8.5.5 命名项目

无论是退出APP还是退出项目，iMovie都会存储项目。第一次离开项目，切换回"项目"视图时，有机会为项目提供原始名称。

（1）要退出项目并切换回"项目"视图，单击屏幕左上角的"项目"。

（2）在显示的弹出式对话框中，输入标题"蝴蝶世界园实地考察"，如图8-102所示。

图8-102 输入标题

（3）单击"好"按钮，以存储新名称并返回"项目"视图。从"项目"视图中单击项目名，如图8-103所示，随时重新命名项目。

图8-103 重新命名项目

现在已完成影片的创建。现在从头到尾播放一遍，看看效果如何。将其与我们制作的影片进行比较。

8.6 展示和共享影片

当影片制作完毕，iMovie将轻松完成共享，只需几次单击，便可将影片上传到互联网，也可以将其发送到iTunes，然后同步至iPod、iPhone或iPad。还可以以惊人的1080P分辨率将影片导出,发送到 Apple TV,随时随地观看影片。项目完成后,可以将成品视频共享给全世界欣赏。

制作影片之后,可以使用多种方法来共享影片。

(1)从"项目"视图中,单击要共享的项目将其选中,如图8-104所示。

图8-104 选定共享项目

(2)单击窗口右上角的"共享"按钮,然后选择所需的选项,如图8-105所示。

图8-105 共享项目选项

可以将影片共享到其他 APP 和热门网站,包括:

①内置 Apple APP,如"邮件"和 iTunes。

②热门网站,例如优酷视频。

③Mac 版 iMovie 和 iOS 版 iMovie 中的 iMovie 影院。

iMovie 拥有功能强大,简单易用的窗口界面,是管理和剪辑教学视频的有力工具。结合前面所讲的微课设计理论,现在可以使用 iMovie 中功能强大的工具,为不同学科打造专属的个性化的微课视频学习体验。

第9章 演示文稿软件PowerPoint

PowerPoint是微软公司的演示文稿软件。演讲者可以在投影仪或者计算机上进行演示,也可以将演示文稿打印出来,制作成胶片。PowerPoint生成的文件叫演示文稿,演示文稿中的每一页就叫幻灯片,每张幻灯片都是演示文稿中既相互独立又相互联系的内容。

PowerPoint文件可以包含:片头、动画、封面、前言、目录、过渡页、图表页、图片页、文字页、封底、片尾动画等。制作PPT的主要要素包括:版式、文字、图片、图表、动画、声音、影片等。利用PowerPoint制作课件,通常包括确定教学内容、制作幻灯片、设置幻灯片动画效果、播放幻灯片及生成幻灯片课件几个步骤。

PowerPoint演示文稿软件是目前微课制作最常用的软件之一,在教育培训等领域有着举足轻重的地位。

9.1 PPT的十大要素

PowerPoint所具有的强大功能,可帮助教师和学生创建和发表精美的演示文稿。有了PowerPoint,教师和学生可以利用动画和过渡效果,使引述、历史图表、数学图表和科学实验栩栩如生。不但如此,还可以通过添加交互式元素来促进个性化的自主学习。

PowerPoint通过简单易用的可视化工具和动画效果的过渡来构建动态的演示文稿。在开始构建演示文稿之前,下面首先了解PowerPoint演示文稿的十大构成要素。

1. 版式

版式即版面格式,具体指的是开本、版心和周围空白的尺寸,正文的字体、字号、排版形,目录和标题、表格、图像、图形、图表、文字以及版面装饰等项的排法。

幻灯片版式是PowerPoint软件中的一种常规排版的格式,通过幻灯片版式的应用可以对文字、图片等更加合理简洁地完成布局。版式有文字版式、内容版式、文字板式和内容版式与其他版式这几个版式。通常软件已经内置几个版式类型供使用者使用,利用这几个版式可以轻松完成幻灯片的制作和运用。

1)页面大小

在"文件"菜单中选择"页面设置"。在"页面设置"对话框中,在"幻灯片大小"下选择预定义的大小,或者选择自定义,然后指定所需的尺寸。有关预定义的大小(包括格式,如开销、A3、A4、横幅、B4和B5)或自定义尺寸,如图9-1所示。

2)比例

在"设计"选项卡上单击"幻灯片大小",选择幻灯片比例,如图9-2所示。

3)方向

PowerPoint幻灯片自动设置为"横向" (或水平)幻灯片视图,也可以将幻灯片方向更改为"纵向"📄（或垂直）幻灯片视图，如图9-3所示。

图9-1　PowerPoint幻灯片页面大小设置

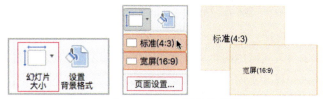

图9-2　PowerPoint幻灯片比例选择

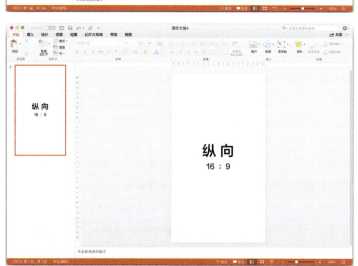

图9-3　PowerPoint幻灯片方向

将演示文稿的页面方向从纵向更改为横向或反之：在"设计"选项卡上单击"幻灯片大小"，再单击"页面设置"，在"页面设置"对话框的"方向"下单击所需方向，如图9-4所示。

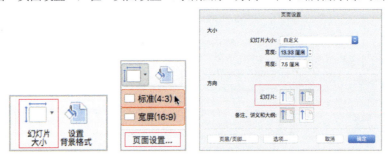

图9-4　PowerPoint幻灯片方向选择

2. 文字

文字是符号，其本身具有着图的含义。文字不仅可以用来表意、交流、阅读，也可以用来欣赏。由于地区、国家与民族不同，人们用以交流的文字符号也不尽相同，其中我们常用与常见的文字符号包括汉字字体与拉丁文字体，称为常见文字的两大类型。

文字涉及字体、格式、大小、颜色等，文字可以准确、有效地传播教学内容，因此在微课中主要用于基本概念、定义、原理的阐述。

1）字体

文字具有可书写的特性，同一类文字可以有不同的造型，也就是文字的字体。字体可以有多种，但文字的结构不会发生本质的变化。虽然汉字的结构是固定不变的，其方块字的特点也给人留下了平稳与均匀的总体印象，而汉字拥有种类繁多的字体类型，在其结构平稳的大体印象之上，其造型微妙的变化，也会给人带来更为丰富的情感体验。比如，黑体——造型：笔画匀称、粗壮——性格：大气稳健——情感体验：稳重端庄。采用同样的方法，了解和感受不同字体的性格，在不同的画面中更好地运用不同的字体，可增强画面中各元素的联系性，满足主题的需要。在PowerPoint的幻灯片上不易使用过多种类的字体，否则会使得幻灯片画面看起来比较混乱，如图9-5所示。

2）字号

文字不仅具备字体的属性，也具备大小的属性，称为"字号"。给画面选择了合适的字体，如若没有合理安排字号，同样会使画面出现失去主次、缺乏亮点等问题。

统一的字号使画面整洁干净。在画面中，选择好适当的文字字体后，字号的选择也关系到画面中内容的表达。合理安排画面汇总各个部分文字的字号，能使得画面在区分不同部分的同时，形成相对统一与协调的效应。

统一的字号能将画面中有相同表现内容、分布却相对分散的版块更具凝聚力。除此之外，即使字体不相同，统一的字号同样也能增强画面的整体感。

通过改变字号的大小，文字间在统一中又有了对比与变化，文字的大小在转变中，构成了一定的形式感，丰富了画面的组合层次感。PowerPoint中可用字号大小如图9-6所示。

3）字形

文字是符号，其本身具有着图的含义。文字不仅可以用来表意、交流、阅读，也可以用来欣赏。文字图像化如图9-7所示。

图9-5　PowerPoint幻灯片字体

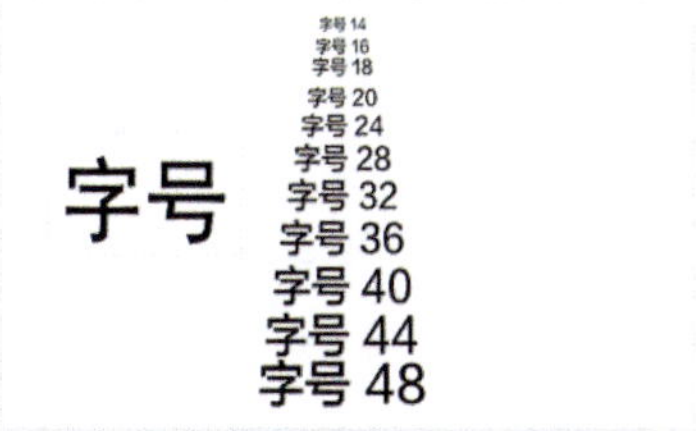

图9-6　PowerPoint中字号大小

图9-7　文字图像化

3. 图形

在计算机中，图形和图像这两个概念是有区别的：图形一般指用计算机绘制的画面，如直线、圆、圆弧、任意曲线和图表等；图像则是指由输入设备捕捉的实际场景画面或以数字化形式存储的任意画面。

图形是指由外部轮廓线条构成的矢量图，即由计算机绘制的直线、圆、矩形、曲线、图表等。图形用一组指令集合来描述图形的内容，如描述构成该图的各种图元位置维数、形状等，描述对象可任意缩放不会失真。在显示方面，图形使用专门的软件将描述图形的指令转换成屏幕上的形状和颜色，适用于描述轮廓不很复杂，色彩不是很丰富的对象。

1）基本形状

平面图形指的是如直线、射线、角、三角形、平行四边形、梯形和圆等几何图形，这些图形所表示的各个部分都在同一平面内。圆是由曲线围成的封闭图形，而其他由线段围成的封闭图形叫作多边形，如图9-8所示。

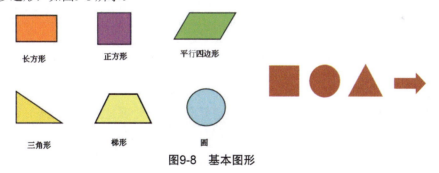

图9-8　基本图形

2）变形

在基本图形的基础上利用PowerPoint中的工具，可将基本图形编辑、绘制、裁剪成特别形状的样式，以满足演示文稿的需要，如图9-9所示。

图9-9　PowerPoint中对形状的变形处理

3）填充

PowerPoint中使用颜色、渐变、纹理、图片对图形内部进行填充，以达到一定的艺术效果,如图9-10所示。

图9-10　PowerPoint图形填充

在"形状格式"选项卡上单击"形状填充"旁边的箭头,可执行下列任意操作,如表9-1所示。

表9-1　PowerPoint图形的填充选项

若要	执行此操作
使用另一种纯色作为填充	单击"其他填充颜色",然后单击所需的颜色
更改渐变	单击"渐变",然后单击所需的选项
更改纹理或图案	单击"纹理",然后单击纹理或图案选项
使用图片作为填充	单击"图片",找到所需的图片,然后单击"插入"

4. 图片

图片可以生动、直观地表现教学内容,因此在微课中往往用于直观形象的概念、事实性内容的形象概括、过程控制描述等。图片可以用图像处理软件制作,也可以通过扫描仪、数码相机等输入设备获得。

对于图像而言,可以对它们进行适当的设置、剪裁,从而更好地突出图片信息,结合画面内容,让画面更具形象表现力。

要在演示文稿中添加图片,可以从照片图库中添加照片和图形,或者从网站或 Finder 中拖移照片和图形。要在演示文稿中对图片进行编辑,可以通过遮罩不想要的部分来裁减图像,并调整其背景和曝光。

对于图像而言,可以对它们进行适当的剪裁,从而更好地突出图片信息,结合版面内容,让画面更具形象表现力。

常规剪裁就是横幅与竖幅剪裁,剪裁完毕后的图片的轮廓呈矩形或方形。为了让裁剪后的图片更具表现力且突出重点,可以利用画面构图的方法去归类常规剪裁方法。对图片进行剪裁的目的是美化图片的构图,让图片中的主体元素位于视觉焦点之上,从而显得更加突出。

1) 尺寸

图像尺寸的长度与宽度是以像素为单位的,有的是以厘米为单位的。像素与分辨率像素是数码影像最基本的单位,每个像素就是一个小点,而不同颜色的点(像素)聚集起来就变成一幅动人的照片,图片分辨率越高,所需像素越多,比如,分辨率为640×480的图片,大概需要31万像素,分辨率为2084×1536的图片,则需要高达314万像素。

图片分辨率和输出时的成像大小及放大比例有关,分辨率越高,成像尺寸越大,放大比例越高,如图9-11所示。

2) 抠图

抠像一词是从早期电视制作中得来的。英文称作"Key",意思是吸取画面中的某一种颜色作为透明色，将它从画面中抠去，从而使背景透出来，形成两层画面的叠加合成。这样在室内拍摄的人物经抠像后与各种景物叠加在一起，将形成神奇的艺术效果，如图9-12 所示为不同分辨率的图像抠像效果。

图9-11　图像的大小与分辨率　　　　　　图9-12　图像抠像与分辨率

3）遮罩

遮罩层必须至少有两个图层，上面的一个图层为"遮罩层"，下面的称为"被遮罩层"；这两个图层中只有相重叠的地方才会被显示。也就是说，在遮罩层中有对象的地方就是"透明"的，可以看到被遮罩层中的对象，而没有对象的地方就是不透明的，被遮罩层中相应位置的对象是看不见的。遮罩的使用效果如图9-13 所示。

图9-13　遮罩效果

5. 表格

表格是读图时代的必需品。表格与图表相似，都是将一些繁复的数据或表述进行归纳总结后，利用更为直观的方式对它们进行表现的手法。通过这样的手法让阅读更为轻松。然而，表格虽然有不同的表现形式，但其始终受限于"表格"的形式之中，其类型的丰富程度不如图表。

为了使表格更具表现力，可以适当地调整表格的颜色、表格中字符的大小与颜色，以及表格的线段颜色、样式与粗细。然而不当的搭配只会让表格显得花哨与令人无法理解，通过更改表格外框、显示或隐藏网格线以及使用备选行颜色，可以更改表格的外观。

从这里可以看出，当表格被运用于幻灯片中时，便会形成图解图说的表现手法，这种表现手法能让演示文稿拥有更加灵活的叙述方式，让信息展现形式更加有趣和直观，同时由于它们本身所具有的造型与形式感，也能让幻灯片画面看上去更美观。

在Microsoft Office 中，表格由一行或多行单元格组成，用于显示数字和其他项以便快速引用和分析。表格中的项被组织为行和列。表头一般指表格的第一行，指明表格每一列的内容和意义，如图9-14 所示。

图9-14　PowerPoint中的表格

6. 图表

图表泛指在屏幕中显示的，可直观展示统计信息属性（时间性、数量性等），对知识挖掘和信息直观生动感受起关键作用的图形结构，是一种很好的将对象属性数据直观、形象地可视化的手段。图表设计隶属于视觉传达设计范畴。图表设计是通过图示、表格来表示某种事物的现象或某种思维的抽象观念。

图表作为图解图说是一种能直观快速说明问题的表现方法，不仅能够让画面的表现形式更加丰富，同时传递信息的方式也更为生动。就图表本身而言，是对数据进行收集后，更为直观且具有分析对比性质的一种表现手法。它不仅是将抽象的数据可视化，一些画面利用图表方式来表达，或是在画面中穿插一些图表，能够让画面中的信息更为直观且不失装饰美观性，能使人轻松地进行阅读。

1）类型

当多种多样的图表被运用在画面设计之后，称它们为图解图说的表现形式，也可以说图表是画面中图解图说的一种表现形式。要运用好图解图说的表现形式，首先要了解图表的类型，如图9-15所示。

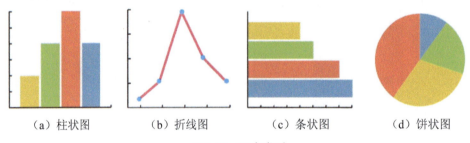

图9-15　图表类型

2）维度

不难发现，前面所提到的图表类型都是原始与平面的图表形式，可以采用立体化的手法，让图表变得更有质量与厚重感。图表在三维立体的表现中也会显得更加精细化，PowerPoint中三维图表如图9-16所示。

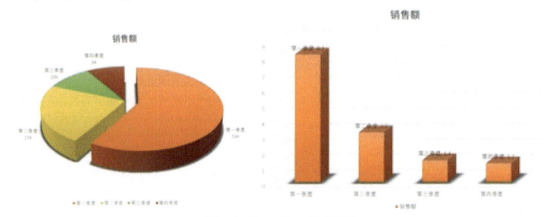

图9-16　PowerPoint三维图表

3)交互

交互式图表以阶段显示数据,以便可以突出数据组之间的关系。交互式图表可用于显示随着时间推移按组列出的数据。PowerPoint中的交互图表如图9-17所示。

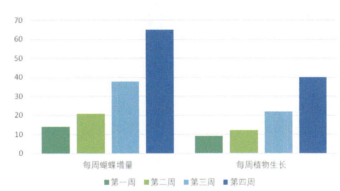

图9-17　PowerPoint交互图表

7. 颜色

1)色系

色彩是视觉器官接受的重要形式因素。色彩能引起人的各种心理效应,色彩的感受是一般美感中最大众化的形式。色彩搭配和谐的画面,赏心悦目,易于学习者接受。为了研究与应用色彩,人们将千变万化的色彩按照它们各自的特性,依照一定的规律秩序排列,并加以命名,称为色彩的体系。

在计算机图形处理以及TV、CRT显示器、液晶显示、iPhone等中都采用RGB颜色模式。这种颜色模式是由红(Red,R)、绿(Green,G)、蓝(Blue,B)三种颜色混合产生的色彩体系,也被称为色光三原色。它是被人眼认知的颜色模式。当这三种颜色叠加在一起的时候,色调偏向亮色调,如图9-18所示。当纯粹的三原色相加时会得到白色(称为加色效应)。

图9-18　RGB颜色模式

2)配色

色彩的配色上没有一定的标准与规则,通常根据自身的需求和自己的感觉来做色彩配色。因为色彩对人类心理的影响力是客观存在的,对于色彩的辨别能力、感觉能力、色彩给予人的象征与感情,这些都是色彩心理学上的重要问题。配色方式如图9-19所示。

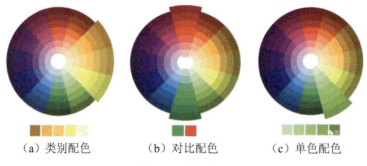

（a）类别配色　　　　　（b）对比配色　　　　　（c）单色配色

图9-19　配色方式

3）取色

PowerPoint能够通过取色器建立自己的颜色，可通过单击屏幕上的位置选取，如图9-20所示。通过取色可以直接使用大师级独特的色系，如图9-21所示。

图9-20　PowerPoint中取色器　　　　　图9-21　通过取色建立色系

8. 动画

在教学中对过程事实的描述只依赖于文本信息或图形图像信息是不够的，为达到更好的描述效果，需要利用动画素材。

在幻灯片中加入动画，使得静止的画面有了变化的美感，可构成影视级别的表达效果。静态的画面只关注对画面上对象元素的安排这一特点，通常表现为点、线、面、色、光等要素。动态画面要考虑对象元素的前后关系、分布变化，表达更深层次的思想内涵。动画处理对象，是对幻灯片上的对象进行动画处理，可以让演示文稿更具动感。

根据对象的不同，如文本框、图表、表格、形状或媒体（照片、音频或视频），可应用不同的效果。通过进行分组，然后在组中添加动画，还可以将多个对象设为一个对象。

使用动画在一张幻灯片上控制动画的效果，如图9-22所示。过渡是在幻灯片之间添加的过渡效果，是PPT提供的另一类动画。过渡意味着演示主题的变化，可以为演示文稿添加影视级别的特殊效果。

动画功能是演示文稿呈现影视级播放效果的重要途径，在很大程度上，实现了画面的运动、变化效果，形成一种"动"的美感，使演示文稿具有了强烈的视觉刺激，提升了演示文稿的影像表达能力。

图9-22　PowerPoint中动画类型

9. 声音

视听感官是相辅相成的，如果只有纯粹的视觉画面，没有声音进行辅助，无论从生理上还是心理上都无法让观看者产生满足感。所以从默片开始，就应根据画面的不同需求，配上不同形式的音乐、伴奏或是唱片。

视听声音主要包括三个部分：人声、音乐、音响。人声就是人的语言；音乐是通过演奏、演唱形成的声音；音响是除了人声、音乐之外的所有声音。

PowerPoint演示文稿支持音轨，所以音乐和画外音旁白可以在播放幻灯片的同时一起播放。可以在幻灯片中添加画外音和音效。而且，可以在幻灯片中添加背景音乐。

1）音效

音效是除了人声、音乐之外的所有声音。将音效或音频文件添加到幻灯片时，音效或音频仅在幻灯片在演示文稿中显示时才播放。

2）旁白

画外音旁白是每张幻灯片的自述同步录音。要录制画外音旁白，需要以讲话的自然速度播放演示文稿。当前进浏览每张幻灯片或构件时，会在为查看者回放演示文稿时记录和保留嗓音和定时。

3）背景音乐

音乐是通过演奏、演唱形成的声音。可以利用轻重缓急、抑扬顿挫的音乐帮助学生融入教学情境，激发学习兴趣和积极性，达到事半功倍的效果。背景音乐的节奏会影响学习者的学习节奏，比如快节奏的音乐可以加快学习者的学习步伐和进度，但不利于学习者深入探究；缓慢柔和的音乐可以使学习者的思绪沉静下来，有利于思考。

10. 格式

PowerPoint导出演示文稿，可以采用其他格式存储其副本，例如 PDF、PowerPoint、MP4、MOV、图像，如图9-23 所示。当要将演示文稿共享给其他可能使用不同软件的人时，导出演示文稿的功能将十分有用。对导出版本的任何更改都不影响原始文件。

有了上面对PowerPoint要素的认识，下面可以开始创建演示文稿了。

图9-23　PowerPoint导出格式

9.2　创建演示文稿

在PowerPoint中创建出色的幻灯片是从鲜明的主题、富含创意的文字和详尽的大纲开始的。有经验的演讲者甚至在建立演示幻灯片前就已经写下了所有的内容。例如，本书教学文稿内容如图9-24所示。

图9-24　蝴蝶花园演示文稿内容

需要牢记一个简单的原则：先思考，再设计，最后呈现。

1. 保持简洁

简单的幻灯片可以让观众迅速抓住要点。就像在一条不熟悉的高速公路上，指示牌的简单明了很重要，不应当让过多的图片分散观众的注意力。优秀的演讲者善于将复杂的概念分解为尽可能简单的结构。充斥着杂乱箭头、图表的画面会让听众产生困惑，冗长的段落文字会诱导听众阅读幻灯片而不再集中精力听演讲。如果必须呈现大量的文字，可将它们分解在若干张幻灯片中，并尽可能保持每张幻灯片的简洁。

2. 保持一致性

演示文稿设计上的前后一致有助于观众将注意力集中在内容上，而不是新的字体或背景颜色。演示文稿中的文字颜色、大小与样式应当始终保持一致。用PowerPoint中的主题呈现信息具有条理性且吸引人。也可以在 PowerPoint 中创建自己的主题。无论是哪种情况都必须保证一致的设计风格。在"浏览"视图下，可以迅速检查幻灯片设计的一致性。

3. 使用演讲者支持

在建立幻灯片时，常常要设计"演讲者支持"，也就是通过图片来使演示更加生动，就像晚间新闻的主持人在播报时有背景支持一样。在演说的时候，身后的幻灯片要能够帮助补充要点。必须使用幻灯片时，可以暂停讲解，给听众一段时间阅读幻灯片，然后再继续演讲。

4. 图文相宜

PowerPoint 主题都提供了多张带有图像占位符的母版，因为图像能比文字主有效地传递信息。可以通过简洁、有力的信息来确保听众能够领会要点，迅速理解演讲的主题。简单地说，就是需要表达清晰、完整的思想。

9.2.1 选择主题

1. 选择主题

（1）在运行 PowerPoint 后，将打开名为"主题选取器"的窗口，如图9-25 所示。这里将显示 PowerPoint 设计的主题。从"主题选取器"中选择"柏林"。

图9-25　选择"柏林"主题

（2）PowerPoint 会自动将演示文稿命名为"演示文稿"。单击"文件"菜单，选择"保存"命令，然后输入新标题"蝴蝶花园"，如图9-26 所示。

图9-26　输入标题"蝴蝶花园"

2. 复制和粘贴文本

新演示文稿会自动以默认的标题幻灯片开始。可以继续使用这个纯文本的基本布局，也可以向标题幻灯片中添加引人入胜的图像。

（1）单击"新建幻灯片"按钮 ，打开幻灯片导航器，如图9-27 所示，来添加新幻灯片。

图9-27　添加新幻灯片

（2）选择"带标题的全景照片"幻灯片布局，如图9-28 所示。在幻灯片导航器中选择原始"标题"幻灯片，然后按Delete 键将其删除。

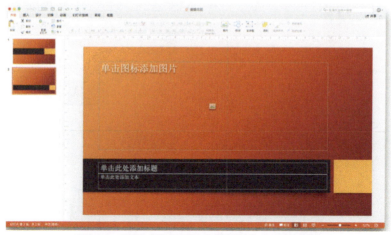

图9-28　选择"带标题的全景照片"幻灯片布局

（3）双击标题文本框，输入文本"蝴蝶花园"，如图9-29所示。

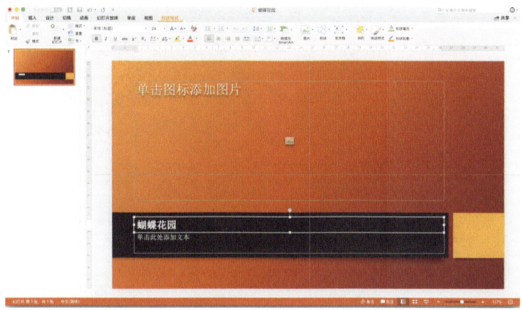

图9-29　在标题文本框中输入文本"蝴蝶花园"

3. 插入图像和为幻灯片添加动画效果

（1）打开PowerPoint 项目素材文件夹，然后找到 title.jpg 图像。将其拖动到幻灯片上以替换占位符图像，如图9-30 所示。

图9-30　替换占位符图片

（2）打开"切换"选项卡，选择"剥离"效果，如图9-31 所示。

（3）使用上下三角按钮，将持续时间设置为 1.50 秒，如图9-32 所示。

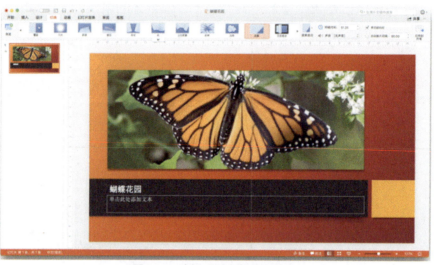

图9-31 选择"剥离"动画效果

图9-32 设置动画持续时间

9.2.2 插入视频

内容安排幻灯片是介绍演示文稿中要讨论的主题的最佳方式。本节使用"主题选取器"中的内容安排幻灯片来插入视频、创建形状、调整形状大小和应用样式。

1. 插入视频

（1）在"开始"选项卡下单击"新建幻灯片"按钮 ，来添加新的幻灯片，然后选择"空白"布局主题，如图9-33所示。

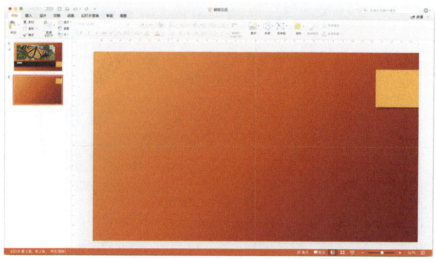

图9-33 新建"空白"布局幻灯片

（2）打开 PowerPoint 的项目素材文件夹，然后找到 butterfly.mov 影片。将其拖动到新幻灯片上放好，如图9-34所示。

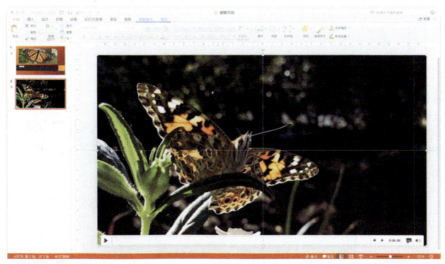

图9-34　添加蝴蝶影片

（3）打开"播放"选项卡，选择"自动"开始选项，如图9-35所示。

图9-35　选择"自动"开始选项

（4）打开"切换"选项卡，选择"剥离"效果，将持续时间设置为1.50秒，如图9-36所示。

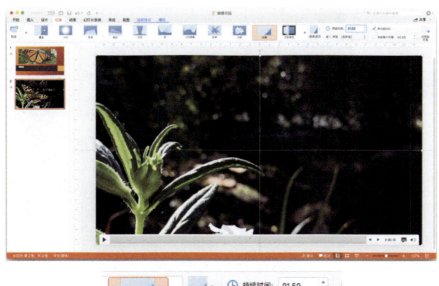

图9-36　设置幻灯片切换动画效果与时间

2. 创建形状和应用样式

形状是用来高亮显示幻灯片中文本的最有效途径。下面尝试使用不同的形状和文本样式来创建合适的效果并进行适当的陈述。

（1）打开"插入"选项卡，单击工具栏中的"形状"按钮，添加一个形状。选择"形状"菜单左上角的正方形，如图9-37所示。

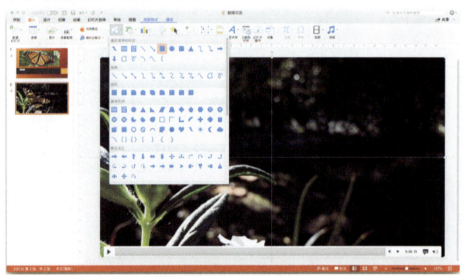

图9-37　添加"形状"

（2）将该形状拉伸并调整为水平矩形，然后将它重新定位到蝴蝶翅膀的右边，如图9-38所示。

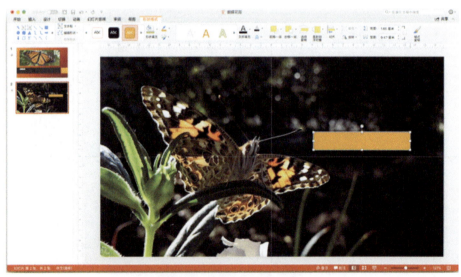

图9-38　定位"形状"对象

（3）选中该矩形后，打开"形状格式"选项卡，然后单击"形状填充"按钮。
（4）选择"砖红色"色板，更改矩形的颜色，如图9-39所示。

图9-39 更改"形状"颜色

（5）通过"拷贝""粘贴"或按Command+D组合键进行复制的方式再添加两个方框，使方框总数达到三个，如图9-40所示。

图9-40 选择"复制"方框

（6）将这两个方框依次放置在第一个方框的下面，如图9-41所示。当开始移动这些方框时会显示黄色参考线，使用这些参考线可确保它们均匀地隔开且相互对齐。

（7）双击第一个方框，然后输入"我们的目标"作为第一个内容安排要点，如图9-42所示。

（8）将其余内容"吸引蝴蝶""观察结果"直接输入到其他两个方框中，如图9-43所示。

（9）单击影片后面的灰色背景以取消选中方框。打开"切换"选项卡，选择"剥离"效果。将持续时间设置为1.50秒。

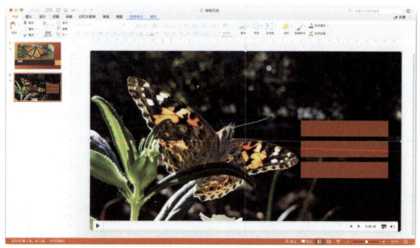

图9-41 移动、排列方框

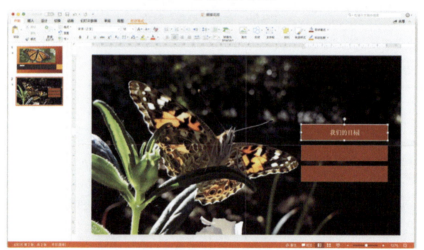

图9-42 在方框中输入文字

图9-43 输入文字到其他两个方框中

9.2.3 制作项目符号列表

1. 制作项目符号列表

现在，利用构建第三张幻灯片这一过程来探索一下使用预定义主题有哪些好处。

（1）新建"图片与标题"布局的新幻灯片。

（2）在标题框中输入"我们的目标：蝴蝶花园"。

（3）在 PowerPoint 项目素材文件夹中找到 greengarden.jpg 图像，然后将其拖动到幻灯片上以替换图像占位符，如图9-44 所示。

图9-44　创建布局为"标题、项目符号与照片"的幻灯片

（4）从蝴蝶花园内容文稿中"拷贝"文本并使用"编辑"→"粘贴"粘贴进来，如图9-45 所示。

图9-45　粘贴并匹配样式

（5）单击"项目符号"按钮，添加"加粗空心方形"项目符号，如图9-46 所示。

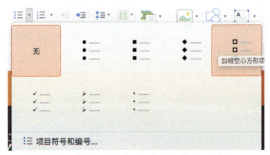

图9-46 添加"加粗空心方形"项目符号

2. 为项目符号列表添加动画效果

在进行实际演示时,或许会想要一次只显示一项要点,或是在将要点添加到幻灯片后,添加更多注解。现在就来学习如何提升演示文稿的专业水准。

(1)要为项目符号列表添加动画效果,选择该框并打开"动画"选项卡。进入动画区域,选择"出现",如图9-47所示。

(2)将文本动画设置为"整批发送"。将持续时间设置为0.50秒,如图9-48所示。

图9-47 添加"出现"动画效果　　　　图9-48 设置"出现"动画效果

(3)单击项目符号列表文本框的外部。打开"切换"选项卡,选择"剥离"效果。将持续时间设置为1.50秒,如图9-49所示。

图9-49 为幻灯片添加"剥离"效果

9.2.4 添加背景图像

有时需要在演示中创造一个戏剧性的瞬间,使演示给观众留下深刻的印象。要达到这样的目的,可以使用鲜明的图像、动画和自定文本标题。在这个例子中,制作的蝴蝶图像将犹如飞翔在花丛中一样。

1. 添加背景图片

(1)新建布局为"空白"的新幻灯片。

(2)将 PowerPoint 项目素材文件夹中的 flowers.jpg 拖动到图像占位符上。

(3)选择该图像,将背景图像固定到适当的位置,如图9-50所示。

图9-50　添加背景图片

2. 去除图片背景

使用"删除背景"可以移除照片的背景,能够更加灵活地发挥创造力。在这个例子中,使用"删除背景"功能将展翅飞翔的蝴蝶图像的背景颜色移除,使它与花丛背景融为一体。

(1)返回到素材文件夹,然后将 butterflyfly.jpg 拖动到幻灯片上。根据自己的需要调整它的大小,如图9-51所示。

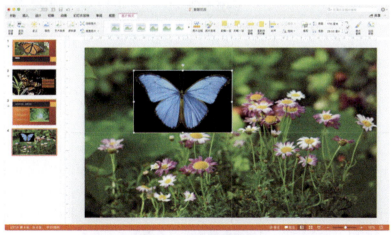

图9-51　添加蝴蝶图像

（2）选中蝴蝶图像之后，单击"删除背景"按钮。

（3）选择"背景消除"选项卡，然后单击菜单中的"标记要保留的区域"。单击蝴蝶图片背景中被过多删除的部分，将其选中以便保留，如图9-52所示。

图9-52　消除蝴蝶图片背景

（4）单击"保留更改"按钮，完成"删除背景"效果，如图9-53所示。

图9-53　完成"删除背景"效果

3. 为图像添加动画效果

现在已经完成重叠图像，用动画效果让幻灯片生动起来。

（1）单击蝴蝶图像，然后打开"动画"选项卡。将图像设计成以动画形式进入幻灯片，在动画"出现"区域，选择"缩放"。

（2）使用持续时间与方向三角按钮，将持续时间设置为 0.75 秒，如图9-54所示。

（3）打开"插入"选项卡，单击"形状"按钮，添加新方框。将该方框调整成条形放置在右上角，如图9-55所示。

（4）打开"形状格式"选项卡，然后单击"形状填充"按钮，将该方框的样式更改为砖红色，如图9-56所示。这个颜色有助于清楚地阅读背景图像上的文本。

图9-54 为蝴蝶图像出现添加"缩放"效果

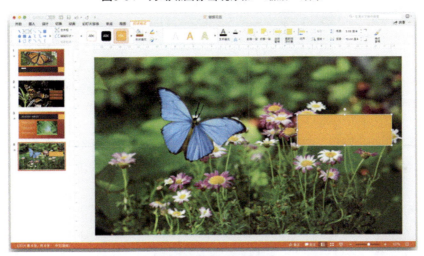

图9-55 添加方框形状

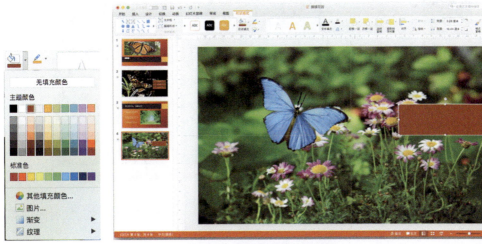

图9-56 添加砖红色"形状"

4. 添加形状和设置文本样式

虽然一张图片可能抵过千言万语,但恰到好处的简要说明也必不可少。为了使图像更加有说服力,添加一个文本框,并在其中加入信息丰富又饶有趣味的文字描述。

(1)创建一个新文本框,然后将它移动到红色方框内部。添加文本"植物的朋友",如图9-57所示。

图9-57 创建文本框

(2)重复上一个步骤,添加标题"能干的授粉昆虫"。选择该文本,然后打开"开始"选项卡,选择"字体"中的"黑体"。然后单击"字号"上的箭头将大小增加到36磅,如图9-58所示。

图9-58 添加并设置文本

(3)单击文本框的外部,打开"切换"选项卡,选择"剥离"效果。将持续时间设置为1.50秒,如图9-59所示。

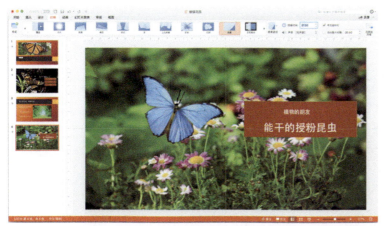

图9-59　幻灯片添加"切换效果"

9.2.5 为多个对象添加动画效果

构建下一张幻灯片时，为更多的对象添加动画效果，可让作品看起来动感十足。这是 PowerPoint 中较为复杂但很有用的一项功能。

1. 为多个对象添加动画效果

（1）新建布局为"仅标题"的新幻灯片，如图9-60所示。

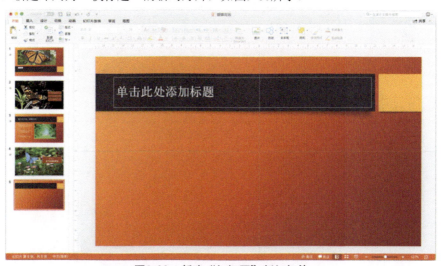

图9-60　新建"仅标题"新幻灯片

（2）在标题文本框中输入"蝴蝶的种类"，如图9-61所示。

（3）将三张蝴蝶插图（butterfly1.png、butterfly2.png 和 butterfly3.png）从项目素材文件夹中拖过来。调整图片的大小，并按图9-62的顺序将它们从左向右进行排列。

（4）添加文本框，为每个蝴蝶设置选项卡，然后将这些文本框排列在对应蝴蝶的上方。

（5）要与示例演示文稿中的文本样式一致，选择每个文本框，然后应用说明样式。将文本框和蝴蝶的大小及位置调整为与示例项目一致，如图9-63所示。

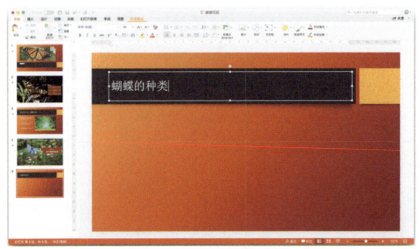

图9-61 添加标题"蝴蝶的种类"

图9-62 排列蝴蝶图片

图9-63 添加排列文本框

(6)现在一切就位,可以添加动画效果了。选择第一个蝴蝶,打开"动画"选项卡,然后在"出现"区域选择"基本旋转"效果。将持续时间设置为 1.00 秒,设置完成后如图9-64所示。

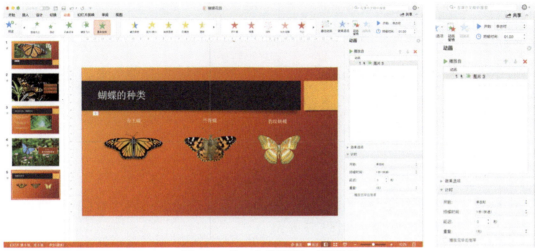

图9-64　第一个蝴蝶添加动画效果

(7)选择第一个蝴蝶上面的文本框,然后依次打开"动画"选项卡,在"出现"区域选择"出现",如图9-65所示。

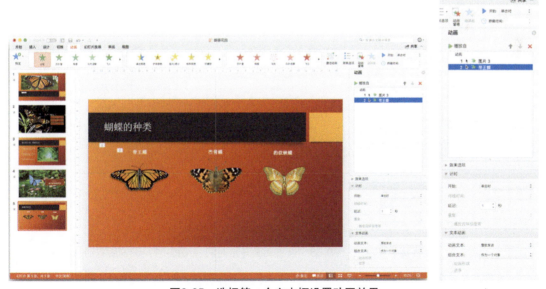

图9-65　选择第一个文本框设置动画效果

(8)将持续时间更改为 1.00 秒,使文本和图像动画的持续时间保持一致。对其余的蝴蝶及其选项卡重复上述步骤,如图9-66所示。

(9)要查看动画的顺序,单击"动画窗格"。

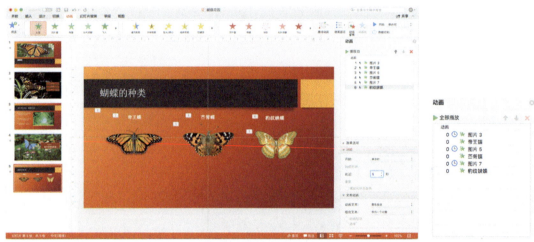

图9-66 重复设置动画效果

（10）在"播放自"区域，拖动列出的项目或选中后单击上下移动箭头以更改其顺序，使蝴蝶位于其相应的文本框之前，如图9-67所示。

（11）要更改项目的动画开始时间，可从列表中进行选择。在"计时"区域的开始菜单中，将第一个蝴蝶的"单击时"更改为"上一动画之后"，将其对应的文本框更改为"与上一动画同时"，如图9-68所示，以便它们可以同时进入。

（12）对其余的对象重复操作，使蝴蝶在"上一动画之后"进入，并使文本框"与上一动画同时"进入，如图9-69所示。单击"预览"查看动画显示方式。

图9-67 动画播放顺序　　图9-68 设置动画开始时间　　图9-69 设置所有动画顺序

2. 为多个对象添加动画效果

PowerPoint 中的重复使用动画效果能够将相同对象以动画形式移到下一张幻灯片。这里要缩小蝴蝶，使其"落"在图示的花上。

（1）在幻灯片导航器中单击幻灯片5，然后从"编辑"菜单中选择"复制"，如图9-70所示。

（2）删除第6张幻灯片中的选项卡并移除蝴蝶的"翻转"动画效果，如图9-71所示。

图9-70　复制第5张幻灯片　　　　　　　图9-71　取消蝴蝶动画效果

（3）将项目素材文件夹中的插图butter-flower.png拖动到幻灯片上，如图9-72所示。

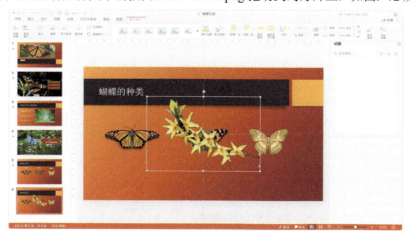

图9-72　拖动花枝图片到换灯片

（4）调整花的大小，并调整蝴蝶落在花上的位置。要将花放在蝴蝶的后面，单击"后移一层"，然后单击"置于底层"，如图9-73所示。

图9-73　调整花枝的大小、位置、前后

(5)缩小并移动蝴蝶,让它们看起来仿佛落在花枝上。选择第一个蝴蝶,打开"动画"选项卡,然后在"出现"区域选择"缩小"30%效果。将持续时间设置为2.00秒。

(6)再添加"路径动画"效果,选择"绘制线条",定义开始位置和最终位置,如图9-74所示。

图9-74 移动蝴蝶位置、方向

(7)对其他蝴蝶图片重复上面的动画设置,最后效果如图9-75所示。

(8)在动画设置"计时"区域,将所有动画的"开始"设置为"与上一动画同时",如图9-76所示。

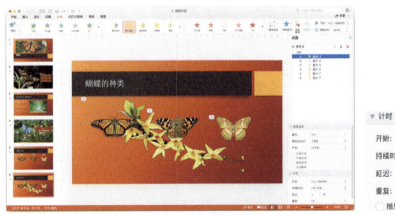

图9-75 重复缩小、移动动画效果

图9-76 设置幻灯片9的动画效果为"开门"

(9)单击"全部播放"按钮,测试幻灯片6,查看蝴蝶飞落到花上的动画效果。

9.2.6 插入转换幻灯片

转换幻灯片用于将演示文稿从一个部分转换到下一个部分。相较于演示文稿中的其他幻灯片,这张幻灯片应该在视觉上非常突出,能够重新抓住学习者的注意力。

在本节这个例子中，将从演示文稿中介绍背景信息、有关蝴蝶的信息，以及为什么应该将蝴蝶吸引到花园的上半部分转而进入引导找到解决办法的过程。

（1）新建布局为"节标题"的新幻灯片。

（2）输入这张转换幻灯片的文本"如何吸引蝴蝶？我们来打造绿色空间"到文本框中，如图9-77所示。

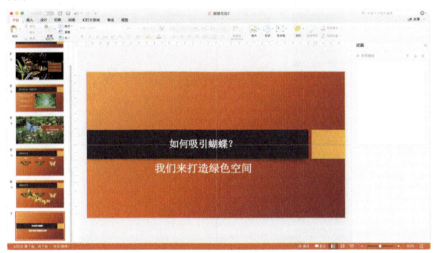

图9-77　输入文本框

（3）要增添令人期待的时刻，在这张幻灯片上提出问题，然后在前进到下一张幻灯片时再给出答案。单击文本框，然后打开"动画"选项卡。在"出现"区域选择添加效果"淡出"，如图9-78所示。

图9-78　文本框添加进入动画效果"淡出"

（4）从"动画窗格"中，在"播放自"顺序中选择2，这样第一行会显示在幻灯片上，并且只有在单击时才会将第二行放在幻灯片上，如图9-79所示。

（5）单击文本框的外部，单击"切换"按钮，选择"剥离"。将持续时间设置为1.50秒，如图9-80所示。

图9-79 设置"播放顺序"和文本框2的"起始"动作

图9-80 设置切换幻灯片动画效果

9.2.7 创建自定表格

表格是组织数据的有效方式,可以让听众一目了然。从大量设计好的样式中选择适合主题的样式。添加表格之后,可以自定义表格的外观。

(1)新建布局为"仅标题"的新幻灯片。

(2)将标题文本"打造绿色空间"输入到幻灯片8中,如图9-81所示。

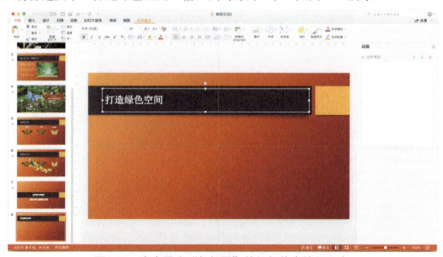

图9-81 在布局为"仅标题"的幻灯片中输入文本

(3)打开"插入"选项卡,单击"插入表格"按钮,如图9-82所示。这里需要两列四行,如图9-83所示。

(4)单击表格,输入蝴蝶花园内容文稿中的文本进行填充,如图9-84所示。

第 9 章 演示文稿软件 PowerPoint >>> 245

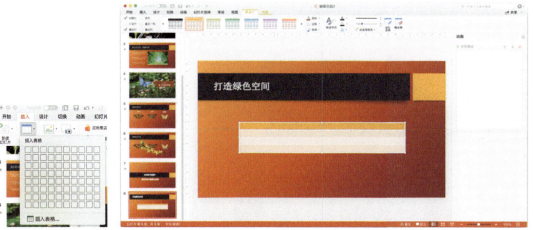

图9-82　添加表格　　　　　　　　图9-83　插入两列四行表格

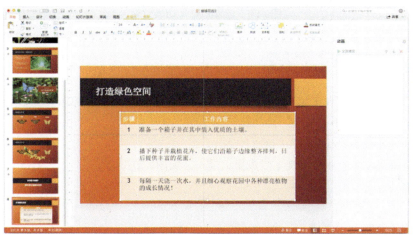

图9-84　在表格中输入文本

（5）要为表格添加动画效果，将其选中，然后打开"动画"选项卡。在"出现"区域选择"淡出"。从"计时"区域中选择"持续时间"为2秒，如图9-85所示。

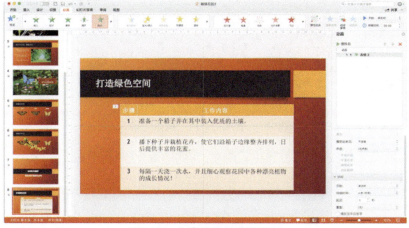

图9-85　为表格添加动画效果

（6）单击图像的外部，打开"切换"选项卡，选择"剥离"。将持续时间设置为1.50秒，如图9-86所示。

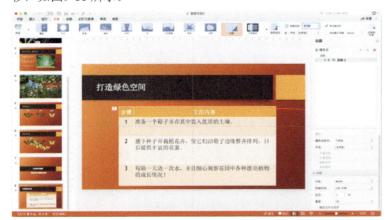

图9-86 设置幻灯片切换效果

9.2.8 构建交互式图表

可以在一个动画图表中比较多个数据集，还可以按照想要的方式自定义演示文稿中的图表。

（1）新建布局为"仅标题"的新幻灯片。

（2）在标题文本框中输入文本"成果记录"，如图9-87所示。

图9-87 新建幻灯片"成果记录"

（3）打开"插入"选项卡，单击"图表"按钮 ，然后单击"柱形图"按钮，如图9-88所示。

（4）选择该图表，然后将蝴蝶世界内容文稿中的数据添加到打开的数据表中，如图9-89所示。

第 9 章　演示文稿软件 PowerPoint　　247

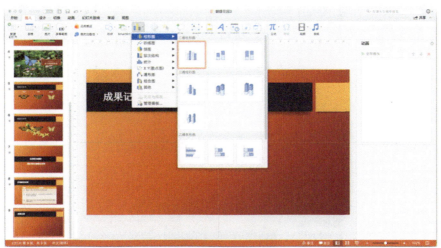

图9-88　插入柱形图

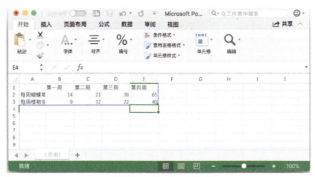

图9-89　编辑图表数据

（5）为图表添加动画效果，选定图表，打开"动画"选项卡，在"出现"区域中选择"擦除"效果，如图9-90所示。

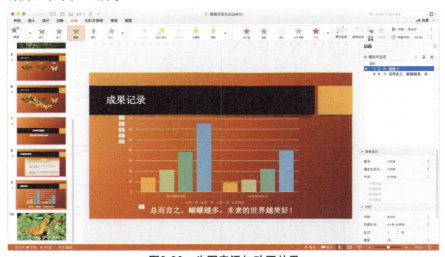

图9-90　为图表添加动画效果

（6）在"动画效果"区域选择"属性"为"从底部"，在"图表动画"区域"组合图形"中选择"按系列",如图9-91所示。

（7）在图表之上添加一个文本框，将内容文稿中的总结说明粘贴到其中，如图9-92所示。

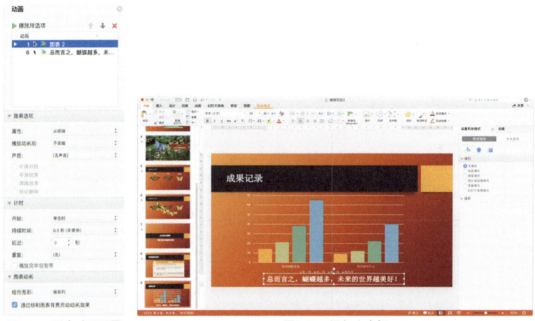

图9-91　图表动画设置　　　　　　　　图9-92　添加文本框

（8）选择文本框中的总结文本，然后依次打开"动画"选项卡，在"出现"工具栏中选择"淡出"。将持续时间设置为0.75秒，如图9-93所示。

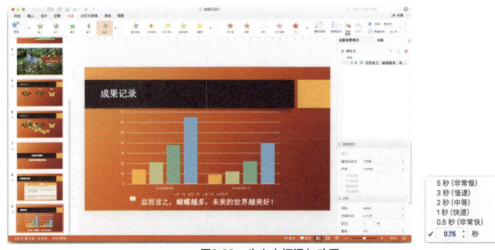

图9-93　为文本框添加动画

（9）单击文本框的外部，再打开"切换"选项卡，然后选择"剥离"效果，将持续时间设置为1.50秒，如图9-94所示。

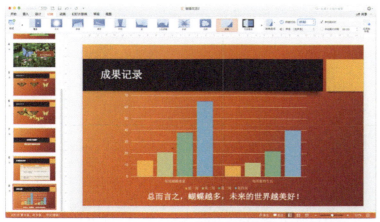

图9-94 设置幻灯片切换效果

9.2.9 创建交互式链接

完成演示后,需要有一个简短的总结环节,让观众有机会提问。

1. 创建交互式链接

(1)新建布局为"空白"的新幻灯片。

(2)将 butterfly-perch.png 图像从素材文件夹中拖过来,选择第一个"设计理念",将图片填满幻灯片,如图9-95所示。

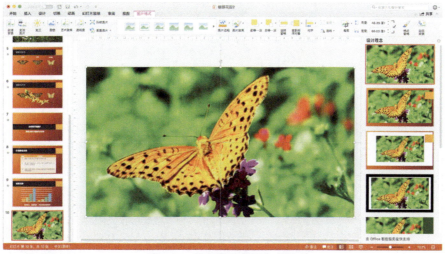

图9-95 添加图片填满幻灯片

(3)在幻灯片的顶端中心位置添加一个文本框,然后插入文字"有问题吗?"。应用"标题"样式,如图9-96所示。

(4)在"插入"选项卡下插入"形状"中的4个正方形,然后将它们均匀地添加到幻灯片的底部。将蝴蝶世界内容文稿中提供的文本复制并粘贴过来,如图9-97所示。

图9-96 插入标题文本框

图9-97 创建交互式幻灯片

（5）按住 Shift 键的同时单击第一个文本框，然后再单击其他三个文本框，来选择所有四个文本框。打开"形状格式"选项卡，在样式栏内选择白色轮廓样式，如图9-98所示。

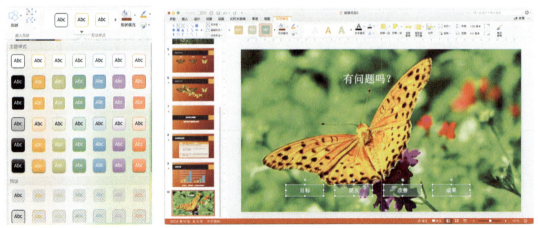

图9-98 修改文本框样式

（6）要向文本框中添加交互性，以及指向其他幻灯片、网页或电子邮件地址的链接，可右击其中一个文本框，然后从快捷菜单中选择"超链接"，如图9-99所示。

（7）在"插入超链接"面板中的选项卡中选择"此文档"，再选择文档中的一个位置——幻灯片3，单击"确定"按钮，如图9-100 所示。

图9-99　为文本框选择超链接

图9-100　选择要链接的幻灯片

（8）重复上面的步骤，直到为所有文本框分配交互式链接（幻灯片3、4、7和9），如图9-101所示。

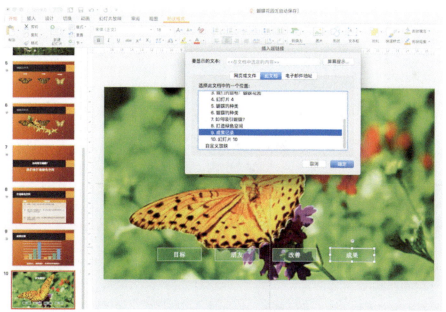

图9-101　重复添加超链接操作

（9）单击文本框的外部，再打开"切换"选项卡，选择"淡出"，将持续时间设置为1.50 秒，如图9-102所示。

2. 添加交互式退出按钮

在问答环节通过快捷方式转到主幻灯片后，要再回到问答幻灯片，为接下来的问题做好准备。创建不干扰视线的隐形按钮，它们会回到问答幻灯片上的那些链接。

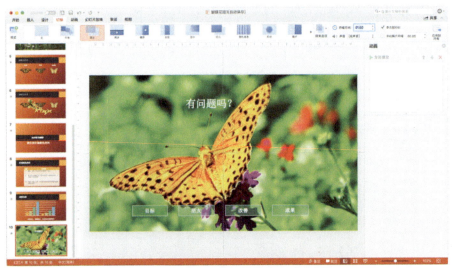

图9-102 设置幻灯片切换效果为"淡出"

（1）转到幻灯片 3，也就是从"问答"幻灯片上的"目标"文本框所链接到的幻灯片。

（2）添加新的矩形，将其放大并放置在幻灯片的右下角，如图9-103所示。

图9-103 添加"形状"到右小角

（3）选中新的文本框之后，打开"形状格式"选项卡，然后单击"样式"，选择"无填充色"，如图9-104所示。

（4）右击该文本框，然后从"菜单"中选择"超链接"。在"插入超链接"面板的选项卡中选择"此文档"，然后选择"最后一张幻灯片"，如图9-105 所示。现在已经创建了交互式退出按钮。

（5）将该按钮复制粘贴到幻灯片4～9上。

（6）在演示时记住该按钮的位置，这样当播放演示文稿时就不会单击这一区域。浏览完整个演示文稿后，使用这个按钮工具来看一看在问答环节它会带来怎样的效果。

图9-104　选择"无填充色"

图9-105　链接至最后一张幻灯片

3. 组合幻灯片

现在已经构建了自己的演示文稿，接下来要加入最后的润饰来完成收尾工作。为使幻灯片条理清晰，可以将它们套叠成组。这项功能在想要添加新幻灯片时会很方便。

到目前为止，已经完成了 PowerPoint 教学演示文稿制作。现在从头到尾播放一遍，看看效果如何。

4. 导出演示文稿

导出 PowerPoint 演示文稿，以采用其他格式存储其副本，例如 PDF、MP4、图片、图像或 PowerPoint。当要将演示文稿共享给其他可能使用不同软件的人时，导出演示文稿的功能将十分有用。对导出版本的任何更改都不影响原始文件。

（1）从 PowerPoint 的"文件"菜单中选择"导出"，如图9-106所示。选择要导出的文件类型，然后指定导出设置，不同文件类型的导出设置将有所不同。

（2）指定导出设置，该设置会因文件类型而异，如图9-107所示。

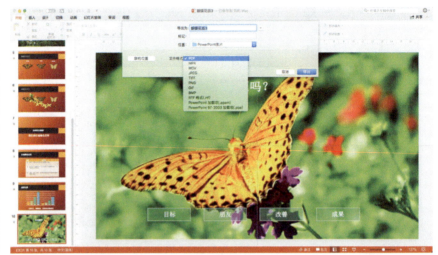

图9-106 "导出"演示文稿命令

①PDF：选取图像质量。图像质量越高，导出的副本文件大小会越大。每张幻灯片都显示在其自己的 PDF 页面上。

②MP4、MO：如果录制了旁白，则可以在计时区域选择"使用录制的计时和旁白"。否则，演示文稿将根据输入的时间间隔自行播放并前进到下一张幻灯片或对象。如果将动画设定为在上一个动画或过渡后前进，则不受输入的时间间隔的影响，如图9-108和图9-109 所示。

图9-107 导出文件类型

图9-108 导出MP4　　　　　　　图9-109 导出MOV

③图像：选取要导出为图像的幻灯片，然后选择幻灯片的图像格式。图像质量越高，文件大小越大，如图9-110 所示。

（3）输入演示文稿的名称。文件扩展名（例如 .pdf 或 .ppt）将自动追加到演示文稿名称中，如图9-111所示。

 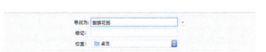

图9-110 导出图像　　　　　　　图9-111 导出文件名称

（4）输入一个或多个标记（可选），如图9-112所示。

（5）单击"位置"弹出式菜单，选取要存储演示文稿的位置，然后单击"导出"按钮。要查看更多位置，可单击"存储为"旁边的箭头，如图9-113所示。

到目前为止，已将演示文稿输出为便于发布的各种格式。

图9-112 设置标记

图9-113 "位置"弹出式菜单

9.3 添加音频到幻灯片

音频是用PPT录制微课中关键的一步,在PPT中插入声音分为两种情况,分别为预先录制和实时录制。

打开PowerPoint,在"插入"选项卡下单击"音频"按钮,选择PC上的音频,就可以将预先录制好的声音加入到演示文稿。可以将每页的语音提前录制保存为MP3文件,在PPT中逐页插入到PPT对应的页面。如果幻灯片有动画效果,将音乐插入PPT的首页选择跨页播放。之后使用幻灯片放映中的排练计时功能,根据语音的内容,将PPT中的翻页与动画进行排练,以保证声音和画面同步。排练完成后需要保存幻灯片计时。

9.3.1 添加音频

要向幻灯片放映添加音乐或其他音频剪辑,需要选择所需的幻灯片,然后单击"插入"→"音频"。可以将音频添加到单张幻灯片,幻灯片显示时自动播放音频;或添加在整个演示期间充当背景音乐播放的歌曲。也可以通过在"幻灯片放映"选项卡上录制演示文稿添加自己的旁白或评论。

1. 向单张幻灯片添加音频

(1)在"普通"视图中选择所需幻灯片,在"插入"选项卡下单击"音频"按钮,如图9-114所示。

(2)单击"音频浏览器"从 iTunes中插入音频。

(3)单击"来自文件的音频"插入计算机上的音频剪辑,如图9-115所示。

(4)选择音频剪辑。在"播放"选项卡上选择所需的音频播放选项,如图9-116 所示。

 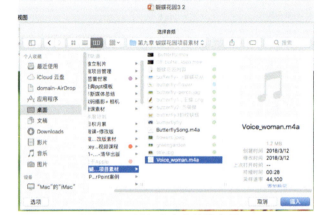

图9-114　插入音频　　　　　图9-115　插入来自文件的音频

图9-116　"播放"选项卡

（5）要更改或修改标准音频文件图标，可使用"音频格式"选项卡上的图片格式按钮为音频图标添加框架、边框或其他格式效果，如图9-117所示。

图9-117　更改音频图标格式

2. 幻灯片显示时自动播放音频

（1）在"普通"视图中选择所需幻灯片，然后添加音频剪辑，如图9-118所示。

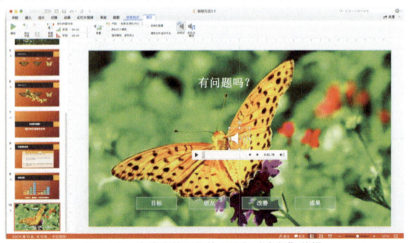

图9-118　在选定的幻灯片上添加"音频"剪辑

（2）在"播放"选项卡上单击右侧的"开始"，选择"自动"，如图9-119所示。

图9-119　自动播放音频

3. 添加在整个演示期间播放的音频

（1）在"普通"视图中选择演示文稿中的第一张幻灯片，然后添加音频剪辑，如图9-120所示。

图9-120　在第一张幻灯片上添加音频

（2）打开"播放"选项卡，选择"跨幻灯片播放"，如图9-121所示。

图9-121　选择"跨幻灯片播放"

9.3.2　录制音频

以实时录制的方式进行录音，分为逐页录制和连续录制两种。

1. 逐页录制

在"插入"菜单中单击"音频"，选择"录制音频"，在"录制声音"对话框中单击"录制"按钮，开始录音。单击"确定"按钮完成声音录制。可以反复录制。要注意的是，在开始录制和结束录制前都要停顿2～3s，以保证录制声音的完整性。

1）录制音频，并将其添加到某张幻灯片上

（1）在导航窗格中，单击想要添加声音的幻灯片。在"插入"菜单上选择"音频"，然后选择"录制音频"，如图9-122所示。

图9-122　选择"录制音频"

(2) 打开"录制声音"对话框,如图9-123所示。

(3) 要开始录制,单击"记录"按钮 ●,如图9-124所示。

图9-123 "录制声音"对话框　　　图9-124 开始录制

(4) 完成后,单击"停止"按钮 ■,如图9-125所示。

(5) 若要收听录制的声音,单击"播放"按钮 ▶。

(6) 在"名称"框中,为声音输入一个名称,如图9-126所示。然后单击"插入"按钮,将音频插入到幻灯片中,如图9-127所示。

图9-125 结束录制　　　图9-126 输入声音名称

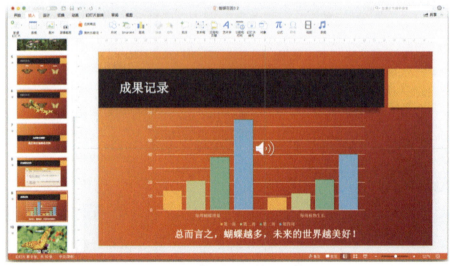

图9-127 幻灯片插入录制的音频

2) 设置音频播放选项

当声音插入到幻灯片上时,会出现一个喇叭图标,单击图标可以对声音进行试听。在"播放"选项卡中,也可以对声音进行调整和编辑,"放映时隐藏"选项可保证放映时看不到喇叭图标。移动红色和绿色按钮对声音进行剪裁。不同的方式都能实现幻灯片声音的插入,可以根据具体情况进行选择。

在幻灯片上,选择音频剪辑图标 🔊。打开"播放"选项卡,如图9-128所示,根据需要完成播放设置操作。

图9-128　设置播放选项

（1）确定何时音频剪辑应开始播放。在"开始"列表中，选择"自动"或"在单击序列中"。

（2）要使音频剪辑不断播放直到停止（而不只播放一次），选择"循环播放，直至停止"。（单独使用时，此选项意味着循环声音持续时正在显示其所在的幻灯片。与"跨幻灯片播放"一起使用时，循环播放直到停止，循环声音继续整个演示文稿。）

（3）要在演示文稿中单击幻灯片时播放音频剪辑，选择"跨幻灯片播放"。

（4）如果希望在幻灯片放映期间为音频图标不可见，可选中"放映期间隐藏"。

3）预览音频

在幻灯片上选择音频图标，然后单击音频图标下方的"播放/暂停"按钮，如图9-129所示。

图9-129　预览音频

4）隐藏音频图标

单击"音频剪辑"图标 。在"播放"选项卡上选择"放映期间隐藏"复选框。要注意只有当设置自动播放音频剪辑，使用此选项。添加音频后，音频图标始终在幻灯片上可见，除非将其拖离幻灯片以外位置。

2. 连续录制

使用计算机配置的耳机或麦克风和扬声器，可以录制PowerPoint演示文稿和捕获语音旁白。录制设定的版本后，可以完全按照用户的想法查看演示文稿。

使用"录制幻灯片演示"命令，可以从PPT的首页开始连续录制讲解内容。与通常讲解习惯是一样的，可以选择从头开始录制，也可以选择从当前幻灯片开始录制。从幻灯片开始录制等同于前面讲的逐页录制方式。建议在开始录制前，选择使用演示者视图，提前将幻灯片脚本内容输入到对应PPT的注释中，这样在录制时可以同时看到幻灯片和脚本内容。左上角的录制控制按钮，可以控制暂停、继续录制，使用"倒退"按钮可以反复录制直到满意为止。需要注意，要保持录制环境的安静，可以使用翻页器和耳麦。

1）定制录制幻灯片放映

（1）打开所需演示文稿，然后打开"幻灯片放映"选项卡，如图9-130所示。

图9-130　"幻灯片放映"选项卡

（2）如果要仅录制幻灯片平台的一部分，在开始之前，执行下列操作。

①选择不想包括的幻灯片，然后单击"隐藏幻灯片"。

②单击"自定义放映"→"自定义幻灯片放映"→"添加"按钮。

③使用"排练"按钮更改幻灯片之间的计时，而不影响已录制的旁白。

2）录制幻灯片放映

向幻灯片添加旁白或评论，确保麦克风已设置且正在工作后开始录制。

（1）打开"幻灯片放映"选项卡，选择要开始录制的幻灯片，然后单击"录制幻灯片演示"按钮，如图9-131所示。开始录制，如图9-132所示。

图9-131　选择"录制幻灯片演示"

图9-132　录制开始

（2）单击向右或向左箭头 前进或后退到下一张或上一张幻灯片。

（3）录制过程开始时自动启动计时器，如果需要停止输入当前幻灯片的备注或休息，可以使用"暂停""启动"或"重置"计时器，然后重新启动计时器。参阅表9-2的详细信息。

表9-2　录制控制

若要	执行此操作
暂停计时器	单击 ⏸
开始或继续计时器	单击 ▶
当前幻灯片的计时器重置为零	单击 ↻

（4）单击"结束放映"停止录制。出现保存提示对话框，如图9-133所示。

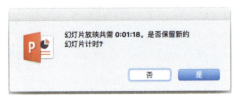

图9-133　保存提示

单击"是"按钮以保存录制内容，如果想要再次对其进行录制，保存覆盖以前已录制的任何内容。如果要使用相同的幻灯片图标集的另一个幻灯片放映录制，使用其他名称保存演示文稿文件。

（5）单击"从头播放"按钮，预览录制的内容，如图9-134所示。

图9-134　浏览录制内容

3）快捷方式

录制过程中的键盘快捷方式，如表9-3所示。

表9-3　录制键盘快捷方式

任务	键盘快捷方式
换到下一张幻灯片或动画效果	N
	单击
	Space
	→
	↓
	Return
	Page Down
返回到上一张幻灯片或动画效果	P
	Delete
	←
	↑
	Page Up
转到特定幻灯片	幻灯片编号 + Enter
切换黑屏	B
	.（句点）
切换白屏	W
	,（英文逗号）
停止/重新启动自动放映	S
结束幻灯片放映	Esc
	Control/Command+.（句点）
擦除屏幕上的绘图	E
转到下一张幻灯片（如果隐藏）	H
将指针更改为笔	Control /Command+P
将指针更改为箭头	Control /Command+A
鼠标移动时隐藏箭头	Control+H
快捷菜单	Control+单击
使用鼠标单击换片（仅限排练）	M

9.3.3 导出视频

对于制作微课视频来说，将PPT导出为视频格式，就算大功告成。将演示文稿另存为影片文件或MP4可以在未安装PowerPoint的计算机上运行演示文稿，可以将演示文稿保存为影片（.mov）文件。将演示文稿保存为视频文件后，可以使用视频播放应用程序或设备打开并播放视频。

（1）单击"文件"→"导出"。

（2）在"文件格式"列表中选择所需的视频格式（MP4或MOV），如图9-135所示。

图9-135　选择导出文件格式为MP4

（3）选择所需的"视频质量"，包括演示文稿质量，Internet质量或低质量。视频的质量越高，文件大小就越大，如图9-136所示。

图9-136　选择视屏质量

（4）如果拥有录制的计时，并想将其用于从演示文稿创建的视频，确保选中"使用录制的计时和旁白"复选框，如图9-137所示。如果没有设置计时，也可以选择设置视频中每张幻灯片将持续的时间量。

图9-137　选择"使用录制的计时和旁白"

（5）完成全部选择后，单击"导出"按钮，在PowerPoint窗口底部会显示转换视频进度，如图9-138所示。

图9-138　导出视频进度提示

将演示文稿导出为视频时，演示文稿中的任何嵌入式媒体文件都将无法播放。将演示文稿保存为视频后，可以使用可以打开并播放视频的应用程序或设备共享它，就像共享其他任何视频一样。

> **提示**　（1）当为影片播放演示文稿时，除非设置单个排练时间，或录制幻灯片放映以建立整个演示文稿计时，每张幻灯片会显示为统一的时间量。
> （2）将演示文稿另存为影片时不保存旁白。

9.4　播放发布演示文稿

创建演示文稿的最终目的是要将它呈现给观众。观众是真实存在的、会思考的、能够被引导的，因此，修改演示文稿的最好方法就是事先进行排练试讲。

通过排练演示，可以对文稿进行一些修订，比如重新组织排序，调整幻灯片的顺序，可以在文稿中插入注释或批注提醒演讲过程，也可以利用演讲者注释在演示时把握主题线索。

9.4.1　播放模式

PowerPoint可以方便地创建自动播放的幻灯片。在活动、展会、课堂或展示厅等场合，常常需要播放自动运行的幻灯片。

设置PowerPoint播放选项，录制完成且演示文稿准备就绪，可以分发之后，单击"设置幻灯片放映"并选择适合的观众的选项，如图9-139所示。

（1）放映类型：全屏显示或在窗口内显示。

（2）放映选项：关闭旁白或切换效果。

（3）幻灯片：如果已设置，选择部分幻灯片，或自定义放映。

（4）换片方式：设置此版本的幻灯片放映，以便其他人可以手动翻页。

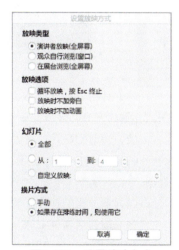

图9-139　设置放映方式

9.4.2　使用演讲者注释

将注释添加到幻灯片以帮助演示。如果是在外置显示器上显示演示文稿，则在回放演示文稿过程中，可以参阅演讲者注释。在这种情况下，必须设置演讲者显示布局以显示演讲者注释。

使用演示者视图是在观众看到（如正在投影到大屏幕）屏幕上的幻灯片，演讲者在另一台计算机上查看幻灯片的演讲者备注时，显示演示文稿的好方法。

1. 演示者视图

要开始使用演示者视图，单击"幻灯片放映"选项卡上的"演示者视图"，如图9-140所示。

图9-140　选择"演示者视图"

演示者视图包括以下工具，如图9-141 所示。

图9-141　演示者视图

（1）计时器：计时器位于屏幕上面，当前幻灯片的左上角。它将立即开始使用演示者视图，并继续直到暂停或结束幻灯片放映。

（2）当前幻灯片：最大幻灯片演示者视图中的当前正在向观众显示的幻灯片。

（3）时钟：时钟位于当前幻灯片右侧的上方。它将当前时间显示为计算机的系统首选项。

（4）下一张幻灯片：下一张幻灯片显示在当前幻灯片的右侧。观众看不到此幻灯片。

（5）演讲者备注：演示文稿"下一张幻灯片"预览区域下方的框中，演讲者可以添加专用演讲者备注。

（6）幻灯片导航窗格：在演讲者的平台上，即将开始的幻灯片的缩略图视图显示在屏幕底部。此窗格将始终显示，不能隐藏。

2. 在幻灯片之间导航

（1）要转到下一张或上一张幻灯片，可单击演示者视图中的当前幻灯片下方的箭头按钮，或使用鼠标指针停留在当前幻灯片时显示的箭头，如图9-142 所示。

图9-142　使用箭头导航幻灯片

(2)还可以使用相同的键盘或鼠标命令在幻灯片放映投影全屏显示视图中使用。

(3)在屏幕底部的幻灯片导航窗格中,单击想要跳到的幻灯片,如图9-143所示。

图9-143　导航窗格

3. 阅读或记录时的会议笔记演示

当前幻灯片上书写或绘图。在屏幕右侧的"下一张幻灯片"预览区域下方的框中,可以查看当前幻灯片,输入的任何演讲者备注,并可以在输入同时演示新笔记。

(1)在幻灯片放映视图中,4个帮助器按钮显示在幻灯片的左下角。将光标停放在当前幻灯片时,单击笔工具,如图9-144所示。

(2)在菜单上单击笔,然后使用鼠标在幻灯片上书写或绘制,如图9-145所示。通过单击笔菜单上的笔的颜色更改颜色,如图9-146所示。但不能更改笔的大小。编写或使用笔工具绘制的任何内容是临时文件,不能保存。

图9-144　选择笔工具　　图9-145　单击笔　　图9-146　选择笔的颜色

(3)在播放演示文稿时,可以将光标变为激光笔,确定鼠标指针移动到查看者的显示方式,单击该笔按钮,然后从弹出菜单中选择激光笔,如图9-147所示。

(4)更改激光笔的颜色。默认情况下,笔的颜色为红色,但绿色和蓝色也可用。若要更改激光笔的颜色,在弹出菜单上指向"激光颜色",然后选择所需的颜色,如图9-148所示。

图9-147　单击"激光笔"　　图9-148　更改激光笔颜色

4. 退出演示者视图和结束幻灯片放映

要结束幻灯片放映,可单击"结束放映",或按Esc键关闭演示文稿时演示者视图。

在演示文稿视图窗口的顶部,单击"使用幻灯片放映",将关闭演示者视图。这时个人计算机屏幕和投影仪屏幕显示幻灯片放映,如图9-149所示。

图9-149　单击"使用幻灯片放映"

通过上面的实例可以看到，PowerPoint是一款功能强大的APP。PowerPoint 能够帮助教师通过简单易用的可视化工具和影院级的过渡效果来构建精致的微课演示文稿。通过PowerPoint，可以利用动画和过渡效果，使引述、历史图表、数学图表和科学实验栩栩如生。不但如此，还可以通过添加交互式元素来促进个性化的自主学习。在演示过程中，可通过在幻灯片上进行涂写来引导学习者完成数学方程式或绘制出著名的游行路线。PowerPoint 可帮助教师和学习者通过摆事实、讲道理来培养批判性思维能力。

9.5 案例——新年倒计时

构建演示文稿的每一个案例时，都能练习使用一些新的技能，例如添加照片，为幻灯片添加动画效果，以及使用交互式图表对数据进行说明。本节学习如何使用标题幻灯片、内容安排幻灯片和转换幻灯片等不同类型的幻灯片来制作精美的演示文稿。整个过程结束后，就能够了解如何创建、交付和共享精美的演示文稿。演示文稿案例告诉我们完成操作后幻灯片的样子。参考案例来放置对象和文本，以及调整它们的大小。在章节的结尾处是一个完整版的演示文稿。

1. 案例介绍

本案例利用PowerPoint中层级与次序的功能，进入新年倒计时，倒数5个数进入到新年欢乐画面，如图9-150所示。

图9-150　新年倒计时

2. 知识要点

（1）文本框复制。

（2）文本框层级。

（3）文本框动画顺序。

3. 实现步骤

1）第一步：使用文本框

若要将新的文本添加到幻灯片，可以添加文本框并在其中输入文本。有些文本特定的控制用于更改文本的外观，包括其字体、颜色、大小和对齐方式。

（1）新建一个带有标题的幻灯片。在"开始"选项卡下单击工具栏中的 ，文本框会添加到幻灯片中，如图9-151所示。

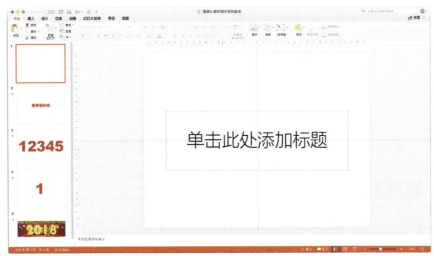

图9-151　添加文本框

（2）移动文本框。单击文本来选择其文本框，将文本框拖到想要的位置。如果不能移动方框，在方框外部单击来取消选择该文本。

（3）输入文本。输入文本以替换占位符文本，如图9-152所示。

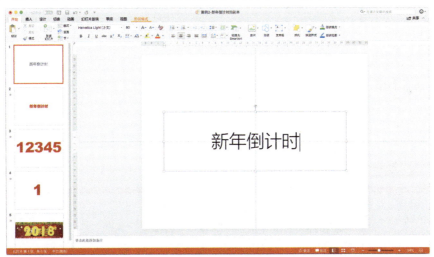

图9-152　输入文本

2）第二步：设置文字格式

设置文本格式对于演示文稿来讲至关重要，好的演示文稿从优秀的文字开始。

（1）选择需要更改的文本。

若要更改文本框中的所有文本，选择文本框，如图9-153所示。

（2）打开"格式窗格"，单击右侧边栏顶部的"文本"标签，然后单击边栏顶部附近的"样式"按钮，如图9-154所示。

（3）更改字体或字号，如图9-155所示。

①单击"字体"弹出式菜单，然后选取字体为"华文琥珀"。

②单击字体大小右侧的小箭头设置字号为80。

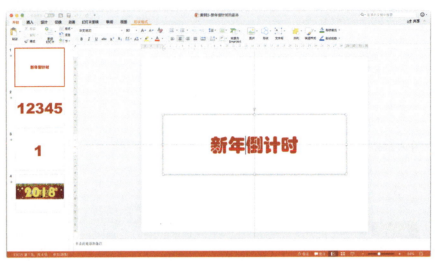

图9-153 选择文本框

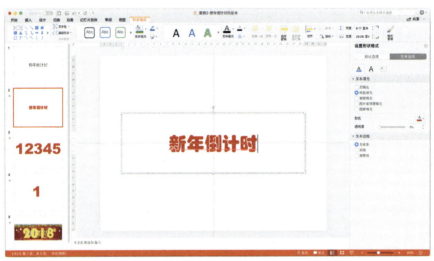

图9-154 设置文字格式

图9-155 字体设置华文琥珀、字号80

经过上述对选定文本框进行的各项格式设置后，其幻灯片文本格式如图9-156所示。

文本框本身就与其他大多数对象类似，可以按同样的方法进行修改；可旋转文本框，更改其边框，使用颜色填充文本框，将其与其他对象分层，等等。

3）第三步：复制文本

对于要快速重新使用的文本数字1～5，复制并粘贴文本，如图9-157所示。

（1）复制文本。选择要复制的文本。从屏幕顶部的"编辑"菜单中选取"编辑"→"拷贝"，或者按Command+C组合键。

（2）将文本及其当前格式粘贴到新段落中，单击想让文本出现的位置，选取"编辑"→"粘贴"，或按Command+V组合键。

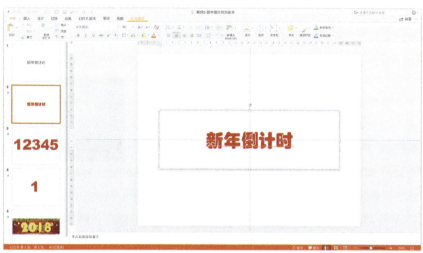

图9-156　完成的文本格式设置

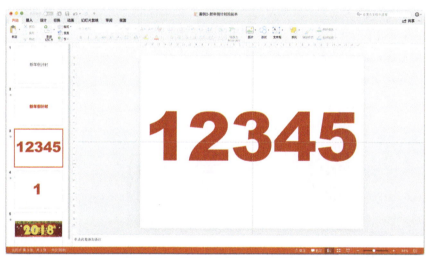

图9-157　复制文本并输入新的数字

（3）粘贴并匹配粘贴处的文本样式，单击想让文本出现的位置，选取"编辑"→"粘贴并匹配样式"。

4）第四步：对齐多个文本框

这里需要对齐1~5数字文本框，使它们沿着垂直轴或水平轴排成一排。选择文本框，或按住 Shift 键单击以选择多个文本框。选择"形状格式"选项卡，单击顶部的"对齐"按钮 。打开"对齐"弹出式菜单，然后选取一个选项，如图9-158所示。

5）第五步：文本分层

可以给文本和对象分层，让幻灯片出现层次感，然后将堆栈中的项目上（前）移或下（后）移。

（1）选定文本框，选择一个对象，然后将其与一个或多个其他对象重叠。选择顶部的"形状格式"选项卡，单击"前移一层/后移一层"按钮，如图9-159所示。

图9-158　选择对齐方式为中间

（2）文本框分层，一次移动对象一层，单击"向前"或"向后"。

（3）将对象移到堆栈最底部或最顶部：单击"前面"或"后面"，对于重叠的多个对象，可以使用"重新排序对象"按钮，如图9-160所示。将文本框1~5重新分层，如图9-161所示。

图9-159　对象分层　　　图9-160　对象重新排列　　　图9-161　对数字1~5文本框分层

6）第六步：图像对象

向演示文稿中添加图片可以从照片图库添加照片和图形，或者从网站或Finder中拖移照片和图形。在演示文稿中对图片的编辑，可以通过遮罩不想要的部分来裁减图像，并调整其背景和曝光。

（1）添加或替换图像。从屏幕顶部的"插入"菜单选取"选取"，选择图像，单击"插入"，然后将该图像拖到想要的位置，如图9-162所示。

（2）修剪图片显示。使用裁剪照片功能可以去掉图像上不想要的部分，如图9-163所示。

图9-162　插入图片　　　　　　　图9-163　裁剪图片

7）第七步：使用动画

动画处理对象，是对幻灯片上的对象进行动画处理，可以让演示文稿更具动感。

（1）出现动画。

使对象以动画方式移到幻灯片上。选择要进行动画处理的对象或文本框，在"动画"选项卡顶部的"动画进入"区域，单击选取"出现"动画效果，如图9-164所示。选定动画效果后，使用控制更改动画的持续时间等，如图9-165所示。

（2）消失。

使对象以动画方式移出幻灯片。选择要进行动画处理的对象或文本框，在"动画"选项卡顶部的"动画退出"区域，单击选取"消失"动画效果，如图9-166所示。选定动画效果后，使用控制更改动画的持续时间等，如图9-167所示。

图9-164　出现动画效果　　　　　　　　图9-165　动画"出现"效果设置

图9-166　消失动画效果　　　　　　　　图9-167　设置"消失"动画属性

（3）强调。

强调是使对象以动画方式在幻灯片上四处移动，使用动作动画来沿某条路径移动对象，或者更改对象的外观，而不将对象移到幻灯片上或移出幻灯片。例如，更改对象的大小，使其透明，等等。

在"动画"选项卡顶部的"强调"区域，单击选取"放大"动画效果，如图9-168所示，选定动画效果后，使用控制更改动画的持续时间等，如图9-169所示。

图9-168　强调动画效果　　　　　图9-169　强调动画设置

（4）设定动画顺序和定时。

更改对象在幻灯片上进行动画处理的顺序：还可以调整动画的定时，从而将某些效果设定为在其他效果后面自动进行动画处理，或者将动画设定为同时运行。还可以指定动画的开始时间。

更改动画顺序：单击工具栏上的"动画窗格"，幻灯片上的所有效果都将列出。所选对象的效果显示为蓝色，如图9-170所示。

更改某个效果的动画顺序：将该效果拖到"动画顺序"窗口中的新位置，按住 Command 键单击以选择多个效果。如果将一个效果拖到另一个效果的上方（它们在窗口中变为合并状态），则第二个效果将自动在与其配对的效果后面播放。

（5）更改定时。要修改某个效果的定时，可选择该效果，单击"开始"弹出式菜单，如图9-171所示。

①在单击时：效果将在单击时播放。

②与上一动画同时：效果将与其前面的效果同时播放。

③上一动画之后：效果将在上一个效果完成后播放。使用"延迟"栏旁边的箭头来设定效果播放前的时间量，如图9-172所示。

（6）取消动画效果。打开"动画"选项卡，然后选取"无"。

图9-170　设定动画1～5顺序　　　图9-171　"开始"弹出式菜单　　　图9-172　设置"延迟"时间

8）第八步：使用切换

使用切换是在幻灯片之间添加的过渡效果，是PowerPoint提供的另一类动画。过渡意味着演示主题的变化，可以为演示文稿添加影视级别的特别效果。

切换是从一张幻灯片移到下一张幻灯片时所播放的视觉效果。例如，"推移"过渡使得幻灯片显示为将上一张幻灯片推移出屏幕。

（1）在幻灯片导航器中选择某张幻灯片，如图9-173所示。

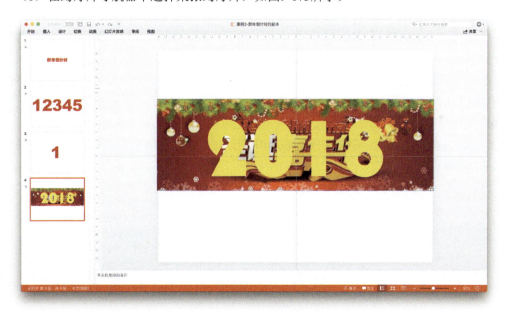

图9-173　选定幻灯片

（2）打开顶部附近的"切换"选项卡，如图9-174所示。

图9-174　"切换"选项卡

（3）选取"溶解"，如图9-175所示。过渡的预览将会播放，同时幻灯片导航器会在幻灯片的一角显示一颗星标记来表示过渡已添加。

图9-175　添加切换效果

（4）使用边栏中的控制指定过渡选项，如持续时间和方向。如果选取让过渡自动开始，则它将在推进幻灯片后立即开始播放。

（5）要修改过渡，可单击顶栏上的"切换"标签并选取不同的过渡，或选取"无"来将过渡移除。

（6）要将相同过渡应用到多张幻灯片上，可单击"应用到所有"，将过渡应用到多张幻灯片。

上面的步骤，需要反复应用于幻灯片文本框及图片的设置，最后达成案例的效果。案例制作主要侧重于演示文稿的整体创意及整合能力，所以有些步骤并没有一一标注清楚，如果读者感觉到困难，可以查看前面章节中对于这些步骤的基本操作说明。

到目前为止，我们已经可以在PowerPoint中创建多个完整包括文字、图片、声音、动画、音乐的微课视频了。

第10章　PowerPoint软件的录制功能

在PowerPoint 2016以上的版本中可以录制计算机屏幕和相关的音频，然后将其嵌入在PowerPoint幻灯片中，或者将其另存为单独的文件。这个功能对于通过录制屏幕演示制作的微课来说非常有用。

旁白和计时可以增强基于自运行的幻灯片放映。如果计算机有声卡、话筒和扬声器，以及摄像机，可以录制PowerPoint演示文稿和捕获旁白、幻灯片排练时间和墨迹笔势。在进行录制完成后，还可以将演示文稿另存为视频文件。

1. 在录制之前检查录制所需要的硬件环境

（1）录制、收听完成屏幕录制的音频，需要声卡、话筒和扬声器。

（2）确保要录制和保存屏幕录制的本地驱动器上有足够的磁盘空间。

2. 打开功能区的"录制"选项卡

PowerPoint 2016中的"录制"选项卡为提供录制功能更进一步附带更多的交互式元素包含在演示文稿中。

交互式视频可以包含：

（1）音频旁白；

（2）视频旁白（仅适用于Office 365订户）；

（3）显示计算机执行的操作的屏幕录制；

（4）测验和投票；

（5）实时数字墨迹书写（仅适用于Office 365订户）。

这些功能被嵌入到录制的演示文稿中。"录制"选项卡提供了从一个位置插入这些功能的简单方法。但不会自动打开选项卡。打开"录制"选项卡的步骤如下所示。

（1）在功能区的"文件"选项卡上，如图10-1所示单击左侧底部的"选项"。

（2）在打开的"选项"对话框中，单击在左侧的"自定义功能区"选项卡标签，如图10-2所示。

（3）然后，在列出的可用的功能区选项卡右侧框中，选择"录制"复选框。单击"确定"按钮，如图10-3所示。

图10-1　"文件"选项卡

图10-2　选择"自定义功能区"

图10-3　选择"录制"复选框

（4）在PowerPoint窗口中打开"录制"选项卡，如图10-4所示。

图10-4 "录制"选项卡

打开"录制"选项卡，就可以方便地开始录制屏幕了。

10.1 录制屏幕

在PowerPoint幻灯片中嵌入从计算机屏幕录制的内容。

10.1.1 在幻灯片上插入录制

（1）打开要放置屏幕上录制的幻灯片。
（2）在"录制"选项卡上单击"屏幕录制"按钮，如图10-5所示。
（3）在屏幕录制控制栏中单击"选择区域"（Windows徽标键＋Shift＋A），如图10-6所示。最小选择区域可以记录为64像素×64像素。

图10-5 "录制"选项卡

图10-6 屏幕录制控制栏

（4）十字准线光标 ✚ 出现。单击并拖动以选择希望录制的屏幕区域，如图10-7所示。

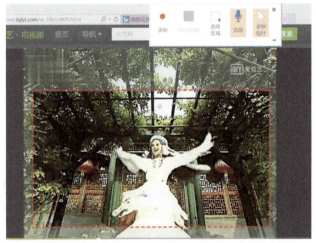

图10-7 在屏幕上选定录制区域

（5）PowerPoint自动记录音频和鼠标指针，在默认情况下会选中这些选项。若要将其关闭,取消选中"音频"(Windows 徽标键 + Shift + U)和"记录指针"(Windows 徽标键 + Shift + O)。

在当前的PowerPoint会话期间如果已经关闭屏幕录制,以前的区域的选择会显示在屏幕上。如果该选中区域选择适合可以继续进行录制,也可以单击"选择区域"以重新开始。

(6)当准备好开始录制时,单击"录制"按钮 (或按Windows 徽标键 + Shift + R组合键),会在三秒倒计时后开始录制,如图10-8所示。

图10-8　录制显示三秒倒计时

(7)录制过程控制按钮,如图10-9 所示。在录制过程中,若要使消失的控制按钮栏重新出现,可将鼠标光标指向屏幕顶部。

图10-9　屏幕录制过程控制按钮

①单击"暂停"按钮 以暂时停止录制(Windows 徽标键 + Shift + R)。
②单击"录制"按钮 以继续录制内容(Windows 徽标键 + Shift + R)。
③单击"停止"按钮 结束视频内容录制(Windows 徽标键 + Shift + Q)。

(8)当完成录制后,在选择的幻灯片上嵌入录制,如图10-10 所示。选择"文件"→"保存",保存演示文稿。

图10-10　在幻灯片中嵌入了录制的视频

10.1.2 保存屏幕录制

将PowerPoint录制屏幕另存为单独的文件,是要将本身录制内容保存为单独的文件在计算机上,右击表示录制在幻灯片上的图片,然后选择"另存为的媒体"。在"媒体另存为"对话框中,指定文件的名称和文件夹位置,然后单击"保存"按钮。

(1)右击视频帧,然后单击"将媒体另存为"命令,如图10-11所示。若要保存视频文件,首先要确保磁盘具有足够的空间。否则,将需要释放空间,然后重试。

(2)在"将媒体另存为"对话框中,选择一个文件夹,然后在"文件名"框中输入一个名称"蝴蝶花园舞蹈",如图10-12所示。

图10-11 选择"将媒体另存为"命令　　图10-12 选择视频文件保存位置和输入文件名称

(3)单击"保存"按钮。视频文件可以直接打开播放,如图10-13所示。

图10-13 播放录制的视频文件

10.1.3 设置视频开始

(1)右击视频帧,单击"开始",如图10-14所示。

(2)选择在演示文稿播放时视频自动开始播放或单击鼠标时开始播放,如图10-14所示。

图10-14 选择视频开始方式

10.1.4 剪裁视频

（1）右击视频帧，然后单击"修剪"按钮，如图10-15所示。

（2）确定要剪裁的视频资料，在"剪裁视频"对话框中单击"播放"按钮 ▶，如图10-16所示。

图10-15 单击"修剪"按钮

图10-16 单击"播放"按钮

（3）到达剪切的位置时，单击"暂停"按钮。使用"下一帧"按钮 ▶ 和"上一帧"按钮 ◀ 指定精确的计时，如图10-17所示。

（4）若要剪裁剪辑的开头，单击开始点（显示在图中为绿色标记）。当看到双向箭头时，拖动箭头到视频所需的起始位置，如图10-18所示。

图10-17 确定"修剪"位置

图10-18 拖动开始位置和结束位置

（5）若要剪裁剪辑的末尾，单击结束点（显示在图中为红色标记）。看到双向箭头时，则拖动到所需的结束位置，如图10-18所示。

（6）单击"确定"按钮，完成视频修剪，如图10-19所示。

图10-19 完成修剪视频

10.1.5 应用样式

（1）对视频应用样式，右击视频帧，单击"样式"按钮，如图10-20所示。

（2）在样式库中，选择需要的样式，如图10-21所示。

图10-20 单击"样式"按钮　　图10-21 选择视频样式

（3）将视频样式添加到幻灯片的视频中，如图10-22所示。

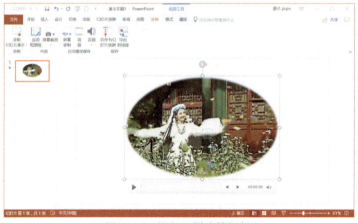

图10-22 添加了样式的视频

PowerPoint中的屏幕录制功能，很好地解决了在微课制作过程中，对屏幕操作的录制，是一款很有效的屏幕录制工具。

10.2 录制旁白

旁白和计时可以增强基于 Web 的或自运行幻灯片放映。如果计算机有声卡、话筒和扬声器，以及（可选）网络摄像机，可以录制PowerPoint演示文稿和捕获旁白、幻灯片排练时间和墨迹笔势。在进行录制完成后，可以将演示文稿另存为视频文件。

音频是用PPT录制微课中关键的一步，在PPT中插入声音分为两种情况，分别为预先录制和实时录制。打开PowerPoint，在"插入"选项卡下单击"音频"按钮，选择PC上的音频，就可以将预先录制好的声音加入到演示文稿。可以将每页的语音提前录制保存为MP3文件，在PPT中逐页插入到PPT对应的页面。如果幻灯片有动画效果，将音乐插入PPT的首页选择跨页播放。之后使用幻灯片放映中的排练计时功能，根据语音的内容，将PPT中的翻页与动画进行排练，以保证声音和画面同步。排练完成后需要保存幻灯片计时。

画外音旁白是每张幻灯片的自述同步录音。要录制画外音旁白，需要以讲话的自然速度前进播放演示文稿。当前进浏览每张幻灯片或动画时，会在为查看者回放演示文稿时记录和保留噪音和定时。在PowerPoint中通过实时录制的方式进行录音，分为逐页录制和连续录制两种。

10.2.1 逐页录制

在"录制"选项卡中单击音频，选择录制音频，在录制声音的对话框中单击"录制"按钮，开始录音。单击"确定"按钮完成声音录制。也可以反复录制，但要注意的是，在开始录制和结束录制前都要停顿2~3s，以保证录制声音的完整性。

1. 录制音频，并将其添加到某张幻灯片上

（1）在导航窗格中单击想要添加声音的幻灯片，在"录制"菜单上选择"音频"，然后选择"录制音频"，如图10-23 所示。

图10-23　在"录制"选项卡选择"音频"下的"录制音频"

（2）打开"录制声音"对话框，如图10-24所示。

（3）单击"记录"按钮 ，开始录制，如图10-25所示。

图10-24 "录制声音"对话框　　图10-25 开始录制

（4）完成后，单击"停止"按钮 ，如图10-26所示。

（5）若要收听录制的声音，单击"播放"按钮 。

（6）在"名称"框中，为声音输入一个名称，如图10-27所示。

图10-26 结束录制　　图10-27 输入声音名称

（7）然后单击"确定"按钮，音频插入到幻灯片中，在幻灯片右下角出现音频图标，如图10-28所示。

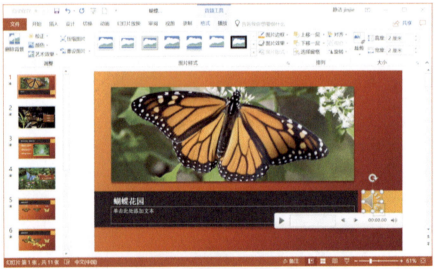

图10-28 幻灯片插入录制的音频

2. 设置音频播放选项

当声音插入到幻灯片上时，会出现一个喇叭图标 ，单击图标可以对声音进行试听。在"音频"选项卡中，也可以对声音进行调整和编辑，放映时隐藏选项可以保证放映时看不到喇叭图标。移动红色和绿色按钮对声音进行剪裁。不同的方式都能实现幻灯片声音的插入，可以根据具体情况进行选择。

在幻灯片上选择音频剪辑图标 。打开"播放"选项卡，如图10-29 所示。根据需要完成播放设置操作。

图10-29 设置播放选项

（1）确定何时音频剪辑应开始播放。在"开始"列表中选择"自动"或"在单击时"播放音频剪辑。

（2）要使音频剪辑不断播放直到停止（而不只播放一次），可选择"循环播放直到停止"。单独使用时，此选项意味着循环声音持续时正在显示其所在的幻灯片。跨幻灯片播放一起使用时循环播放直到停止，循环声音继续整个演示文稿。

（3）要在演示文稿中单击幻灯片时播放音频剪辑，选择"跨幻灯片播放"。

（4）如果希望在幻灯片放映期间音频图标不可见，可选中"放映期间隐藏"。

3. 预览音频

在幻灯片上选择音频图标，然后单击音频图标下方的"播放/暂停"按钮 。

4. 隐藏音频图标

单击音频剪辑图标 。在"播放"选项卡上选择"放映期间隐藏"复选框。要注意只有当设置自动播放音频剪辑时，才能使用此选项。否则，音频图标始终可见，除非将其拖离幻灯片。

10.2.2 连续录制

使用计算机配置的耳机或麦克风和扬声器，可以录制PowerPoint演示文稿和捕获语音旁白。录制设定的版本后，可以完全按照自己的想法查看演示文稿。

使用"录制幻灯片演示"命令，可以从PPT的首页开始连续录制讲解内容，与通常的讲解习惯是一样的，可以选择从头开始录制，也可以选择从当前幻灯片开始录制。从幻灯片开始录制等同于前面讲的逐页录制方式。建议在开始录制前，选择使用演示者视图，提前将幻灯片脚本内容输入到对应PPT的注释中，这样在录制时可以同时看到幻灯片和脚本内容。左上角的录制控制按钮，可以用于暂停、继续录制控制，使用"倒退"按钮可以反复录制直到满意为止。需要注意，要保持录制环境的安静，可以使用翻页器和耳麦。

1. 录制幻灯片放映

向幻灯片添加旁白或评论，确保麦克风已设置且正在工作后开始录制。

（1）打开"录制"选项卡，选择要开始录制的幻灯片，然后单击"录制幻灯片演示"按钮，如图10-30 所示。

（2）进入录制窗口，如图10-31所示。在幻灯片放映窗口中打开录制视图（其外观类似于演示者视图）。

图10-30　选择"录制幻灯片演示"

图10-31　录制视图

①在左上方有"录制""重播"和"停止"按钮。单击"录制"按钮（或按R键），当准备好开始录制后，三秒倒计时然后开始录制。要停止录制随时可通过按 Alt + S组合键或单击"停止"按钮停止，如图10-32 所示。

②在录制窗口中的主窗格中显示当前幻灯片。单击当前幻灯片的任意一侧的导航箭头允许转移到上一张和下一张幻灯片，如图10-33 所示。

图10-32　录制控制按钮

图10-33　当前幻灯片及导航箭头

③录制音频或视频旁白时，通过运行演示文稿窗口右下角的按钮允许打开或关闭麦克风、摄像机和照相机预览，如图10-34 所示。

④使用的笔、荧光笔或橡皮擦以及墨迹颜色，如图10-35 所示。PowerPoint记录用于播放这些操作。

图10-34　音频、视频、图片开关　　　图10-35　激光笔、荧光笔、橡皮擦以及墨迹颜色

　在PowerPoint擦除重新记录之前（包括音频和墨迹），以前录制的旁白和再次开始录制的旁白会在同一张幻灯片中。

2. 开始录制

PowerPoint 2016自动记录在每张幻灯片，包括任何动画步骤的发生，以及使用每张幻灯片上的任何触发器所花费的时间。

（1）单击 ⏵ 或 ⏴ 前进到下一张或后退到上一张幻灯片。

（2）录制过程打开时自动启动计时器，如果需要停止输入当前幻灯片的备注或休息，可以使用"暂停""启动"或"重置"计时器，然后重新启动计时器。参阅表10-1的详细信息。

表10-1　录制控制

若要	执行此操作
暂停计时器	单击 ⏸
开始或继续计时器	单击 ⏺
重置当前幻灯片的计时器为零	单击 ▶
停止录制	单击 ⏹

（3）单击"停止"按钮 ⏹ 停止录制。出现保存对话框，如图10-36所示。

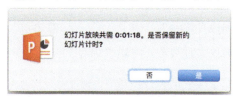

图10-36　保存对话框

单击"是"按钮以保存录制内容。如果想要再次对其进行录制，可保存覆盖以前已录制的任何内容。如果要使用相同的幻灯片的另一个幻灯片放映录制，可使用其他名称保存演示文稿文件。

（4）单击"从头播放"按钮，预览录制的内容，如图10-37所示。

图10-37　浏览录制内容

（5）在"录制"选项卡中单击"导出到视频"按钮，将录制好的演示以及旁白保存到视频文件，如图10-38所示。

图10-38　单击"导出到视频"按钮

（6）在打开的"导出"对话框中选择导出视频的选项"使用录制的计时和旁白"，如图10-39所示。

（7）单击"保存视频"按钮，打开"另存为"对话框，如图10-40所示。

图10-39　选择"使用录制的计时和旁白"　　　　图10-40　保存文件

（8）选择文件路径，输入文件名称，单击"保存"按钮，窗口底部显示制作视频进度，如图10-41所示。

图10-41　视频制作进度

（9）制作完成后，打开视频文件，播放录制的旁白，如图10-42所示。

图10-42　播放录制的旁白

10.3 排练计时

使用演示文稿的演讲者,在公共场合进行演示时需要掌握好演示的时间,为此需要测定每张幻灯片的停留时间。

对演示文稿的播放进行排练,以确保该演示文稿能够在特定时间范围内完全播放。进行排练时,使用"幻灯片计时"功能来录制需要演示的每张幻灯片的时间,然后向观众进行文稿演示时,使用录制好的时间来自动换片。

10.3.1 开始计时

(1)打开演示文稿。对演示文稿的每一张幻灯片都需要"排练计时",需要选定演示文稿的第一页幻灯片,如图10-43所示。

图10-43 定位第一张幻灯片

(2)单击"幻灯片放映"选项卡"设置"组中的"排练计时"按钮,如图10-44所示。

(3)进入放映模式,将显示"排练计时"工具栏,并且"幻灯片放映时间"框开始对演示文稿计时,会自动计算出当前幻灯片的排练时间,时间单位为秒,如图10-45所示。

图10-44 单击"排练计时"按钮　　图10-45 "排练计时"工具栏

在计时过程中,要临时查看或跳转到其他幻灯片时,可通过录制控制对话框中的按钮实现。

①下一项:切换到下一张幻灯片。

②暂停:暂时停止计时后再次单击会恢复计时。

③幻灯片放映时间:要为幻灯片设置准确的显示时间长度,在"幻灯片放映时间"框中输

入时间长度。

④重复：重复排练当前幻灯片。

⑤演示文稿的总时间。

（4）设置了最后一张幻灯片的时间后，排练完成，会显示一个消息框，显示当前演示文稿放映的总时间。单击"是"按钮，完成演示文稿的排练计时，如图10-46所示。

图10-46　计时完成消息框

10.3.2　停用计时

（1）对演示文稿进行排练计时后，可以在"幻灯片浏览"视图中查看到每张幻灯片的排练计时时间，也可以在放映幻灯片时按照排练计时进行自动放映，如图10-47 所示。

图10-47　浏览排练计时

（2）如果需要在放映时不按照事先排练计时时间自动换片，需要单击"幻灯片放映"选项卡"设置"组中的"设置幻灯片放映"按钮，如图10-48所示。

图10-48　单击"设置幻灯片放映"

（3）在弹出的"设置放映方式"对话框的"推进幻灯片"区域中，选中"手动"单选按钮，单击"确定"按钮即可，如图10-49 所示。

图10-49　选择"手动"推进幻灯片

10.3.3 删除排练计时

在幻灯片中进行排练计时或录制幻灯片演示后，可以根据需要删除幻灯片中的排练计时。

（1）单击"幻灯片放映"选项卡"设置"组中的"录制幻灯片演示"按钮。

（2）在弹出的下拉列表中选择"清除当前幻灯片中的计时"选项或"清除所有幻灯片中的计时"选项，即可删除当前幻灯片或所有幻灯片中的计时，如图10-50所示。

图10-50　清除当前或所有幻灯片计时

（3）此外，当幻灯片中存在旁白时，选择"清除"子菜单中的"清除当前幻灯片中的旁白"选项或"清除所有幻灯片中的旁白"选项，即可删除幻灯片中的旁白。

10.3.4 关闭计时旁白

PowerPoint演示文稿中已录制的计时、任何笔势，在执行音频后会保存在单个幻灯片上。但是，如果想要查看幻灯片放映时隐藏它们可以将其全部关闭。

（1）关闭记录的幻灯片计时。在"幻灯片放映"选项卡上不选中"使用计时"复选框，如图10-51所示。

（2）禁用录制的旁白和墨迹。在"幻灯片放映"选项卡上不选中"播放旁白"复选框，如图10-52所示。

图10-51　关闭"使用计时"　　　　图10-52　关闭"播放旁白"

10.4 录制演示

录制幻灯片演示可以记录PPT幻灯片的放映时间，同时允许演讲者使用鼠标或激光笔为幻灯片添加注释。也就是演示者对幻灯片的一切相关的注释都可以使用录制幻灯片演示功能记录下来，从而使得演示文稿的互动性大大提高。

10.4.1 录制准备

（1）打开要录制的演示文稿，如图10-53所示。

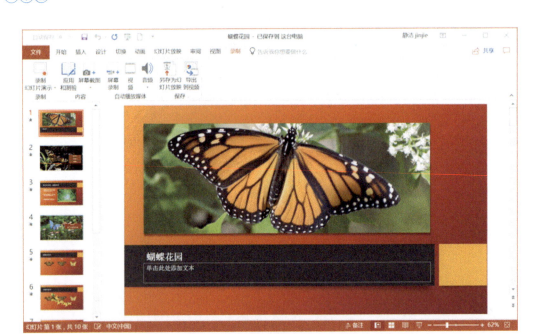

图10-53　打开要录制的演示文稿

（2）选择"录制"选项。单击"录制"选项卡中的"录制幻灯片演示"下拉按钮，如图10-54所示。在弹出的下拉列表中选择"从头开始录制"或"从当前幻灯片开始录制"选项。

（3）选择录制内容。在弹出的"录制幻灯片演示"对话框中选择想要录制的内容，如图10-55所示。

图10-54　选择录制选项　　　　图10-55　选择录制内容

①幻灯片和动画计时：PowerPoint自动记录在每张幻灯片，包括任何动画步骤发生，以及使用每张幻灯片上的任何触发器所花费的时间。

②旁白、墨迹和激光笔：旁白记录了运行演示文稿时演讲者的声音。如果演讲者使用的笔、荧光笔、橡皮擦或激光笔，PowerPoint记录以及播放其内容。

> 提示　笔、荧光笔和橡皮擦录制是更高版本PowerPoint安装时才可用的。在早期版本的PowerPoint中，笔和荧光笔笔画另存为墨迹批注形状。

（4）选择指针选项。右击幻灯片，单击"指针选项"，如图10-56所示。选择要使用的录制内容墨迹、橡皮擦或激光笔工具。"橡皮擦"选项灰显，除非已经向一些幻灯片中添加过墨迹。若要更改墨迹颜色，单击"墨迹颜色"。

图10-56 指针选项

10.4.2 开始录制

（1）单击"开始录制"按钮，在录制窗口中的主窗格中显示当前幻灯片，如图10-57 所示。PowerPoint 自动记录在每张幻灯片，包括任何动画步骤发生，以及使用每张幻灯片上的任何触发器所花费的时间。录制窗口的组成部分及功能如表10-2所示。

图10-57 录制窗口

表10-2 录制窗口组成及功能

界面部分	功能说明
	当准备好开始录制时，单击圆形的"录制"按钮，会在三秒倒计时后开始录制。 通过单击方形的"停止录制"按钮或随时通过键盘上按 Alt + S，停止录制。 单击蓝色的"播放"按钮，可以在窗口中预览录制完成的当前幻灯片的内容
	备注：用于显示演讲者备注
	清除：删除录制内容
	设置：用于连接到计算机的硬件设备（麦克风、照相机）

续表

界面部分	功能说明
	导航箭头：在当前幻灯片的任意一侧的导航箭头允许转移到上一张和下一张幻灯片
	两个计时器：左计时器显示当前幻灯片上所花的时间，右计时器显示整个演示文稿录制的累计时间
	墨迹绘图工具：可在屏幕上进行绘图或指向
	切换控件：麦克风、摄像机和照相机预览

（2）重新录制，通过单击"幻灯片放映"→"记录幻灯片放映"重新录制。

如果旁白（包括音频和墨迹）在PowerPoint擦除重新记录之前，以前录制的旁白和再次开始录制在同一张幻灯片上。

（3）结束录制，当完成录制后，选择方块停止按钮。录制的幻灯片的右下角会显示的小图片音频图标。

自动保存录制的幻灯片放映计时。（在幻灯片浏览视图排练时间列出每个幻灯片下面。）在此过程，录制嵌入在每张幻灯片中，录制可播放幻灯片放映中。视频文件不是由此录制过程创建的。但是，如果需要可以将演示文稿保存为视频进行一些额外的步骤。

10.4.3 导出为视频

将录制演示导出为视频，可以直接打开视频文件进行播放浏览。

（1）打开演示文稿，打开"文件"选项卡，在弹出的下拉菜单中选择"导出"选项，如图10-58所示。

（2）在右侧选择"创建视频"选项，如图10-59所示，并在文件大小选项中选择文件大小及格式。

图10-58 "导出"选项　　图10-59 选择"创建视频"

（3）选择"使用录制的计时和旁白"选项，如图10-60所示。

图10-60 使用录制的计时和旁白

（4）或在"放映每张幻灯片的秒数"微调框中设置放映每张幻灯片的时间，如图10-61所示。

（5）单击"创建视频"按钮，弹出"另存为"对话框。在"保存类型"和"文件名"文本框中分别设置保存路径和文件名，设置完成后，单击"保存"按钮，系统自动开始制作视频文件，如图10-62所示。

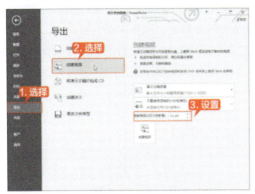

图10-61 设置放映每张幻灯片的时间

图10-62 选择路径并输入文件名

（6）状态栏中显示视频的制作进度，如图10-63所示。

图10-63 显示制作进度

（7）完成文件生成后，打开视频文件，并开始播放视频。

录制的演示文稿保存为视频（.mp4）文件时，可以在没有PowerPoint的计算机设备上的视频播放器中查看它。

具有PowerPoint的任何人都可以观看录制的演示文稿（.pptx 或.ppsx 文件）。只需在PowerPoint中打开演示文稿，并开始幻灯片放映。

第11章　会声会影X10

会声会影是加拿大Corel公司制作的一款功能强大的视频编辑软件,是第一款面向非专业用户的视频编辑软件,它凭着简单方便的操作、丰富的效果和强大的功能,成为个人DV用户的首选编辑软件,也成为微课教师得力的视频剪辑软件。

会声会影的影片制作向导模式,只要三个步骤就可快速制作出DV影片,入门新手也可以在短时间内体验影片剪辑。同时,会声会影编辑模式可从捕获、剪接、转场、特效、覆叠、字幕、配乐,到刻录,全方位剪辑出好莱坞级的个人影片。

会声会影的成批转换功能与捕获视频格式的完整支持,让剪辑影片更快、更有效率;画面特写镜头与对象创意覆叠,可随意制作出新奇百变的创意效果;配乐大师与杜比AC3支持,让影片配乐更精准、更立体;同时具有酷炫的128组影片转场、37组视频滤镜、76种标题动画等丰富效果。在开始使用软件之前,首先了解会声会影的工作界面、工具按钮等内容。

11.1　编辑界面

会声会影X10影片编辑器由步骤面板、选项面板、预览窗口、素材库、时间轴等组成,如图11-1所示。

图11-1　影片编辑器界面

会声会影采用引导式操作界面,对于初学者而言,按照这样的编辑流程,从软件左边的步骤过渡到右边输出刻盘,是非常方便的。其界面组成及功能见表11-1。

表11-1　界面组成及功能

界面部分	功能说明
1. 步骤面板	包含视频编辑中不同步骤所对应的按钮
2. 菜单栏	包含不同命令集的菜单

续表

界面部分	功能说明
3. 选项面板	包含用于对所选素材定义设置的控件、按钮和其他信息。此面板中的内容会根据所在的步骤而有所变化
4. 预览窗口	显示当前的素材、视频滤镜、效果或标题
5. 导览面板	提供用于回放和对素材进行精确修整的按钮。在"捕获"步骤中,它也可以用于对DV摄像机进行设备控制
6. 素材库	保存和管理所有的媒体素材
7. 故事板视图	显示项目中包含的所有素材和效果
8. 工具栏	包含视频编缉中常用的工具按钮

11.1.1 菜单栏

在会声会影X10工作界面中,用户可以快速而清晰地完成影片的编辑工作。会声会影X10中的菜单栏位于工作界面的左上方,包括"文件""编辑""工具""设置""帮助"5个菜单,如图11-2所示。

图11-2 菜单栏

11.1.2 步骤面板

会声会影X10将视频的编辑过程简化为"捕获""编辑"和"共享"三个步骤,单击步骤面板上相应的标签,可以在不同的步骤之间进行切换。

1. 捕获

在会声会影X10界面的上方,单击"捕获"标签,进入"捕获"步骤面板,如图11-3所示。通过使用该步骤面板中的相关功能,可以捕获各种视频文件,如DV视频、DVD视频以及实时屏幕画面,还可以制作定格动画,该界面能满足用户的各种视频捕获需求。

图11-3 捕获面板

2. 编辑

在会声会影X10界面的上方,单击"编辑"标签,进入"编辑"步骤面板,如图11-4 所示。该步骤面板是编辑视频文件的主要场所,在该步骤面板中可以对视频进行剪辑和修整操作,还可以为视频添加转场、滤镜、字幕等各种特效,丰富视频画面。

图11-4 编辑面板

3. 共享

在会声会影X10界面的上方,单击"共享"标签,进入"共享"步骤面板,如图11-5 所示。当用户对视频编辑完成后,需要通过"共享"步骤面板中的相关功能,将视频文件进行输出操作,可以输出为不同的视频格式,还可以制作3D视频文件,或者将视频上传至网络与其他网友一起分享制作的视频成果。

图11-5 共享面板

11.1.3 选项面板

对项目时间轴中选取的素材进行参数设置,根据选中素材的类型和轨道,选项面板中会显示出对应的参数，该面板中的内容将根据步骤面板的不同而有所不同，如图11-6所示。

图11-6　选项面板

11.1.4　预览窗口

预览窗口位于操作界面的左上角，是导览面板的上半部分。在预览窗口中，用户可以查看正在编辑的项目或者预览视频、转场、滤镜以及字幕等素材的效果，如图11-7所示。

图11-7　预览窗口

11.1.5　导览面板

会声会影编辑器中的导览面板在编辑操作中具有重大的作用。我们在编辑与制作影片时，一般都需要使用它提供的功能来预览和编辑项目中使用的素材。

在导览面板上有一排播放控制按钮和功能按钮，用于预览和编辑项目中使用的素材，使用修整栏和滑轨可以对素材进行编辑，将光标移至导览面板中相应的按钮图标上时，会出现提示信息，显示该按钮的名称，如图11-8所示。

图11-8　导览面板

在从DV摄像机中捕获视频时，用这些按钮可以控制DV摄像机或任何其他DV设备。关于导览面板所有部分的功能，参见表11-2。

表11-2 导览面板功能说明

序号	标识	部件名称	功能说明
1		播放模式	选择预览整个项目还是仅预览所选的素材
2		播放	播放、暂停或继续当前的项目或所选的素材
3		起始	返回到起始帧
4		上一帧	移到前面一帧
5		下一帧	移到下一帧
6		终止	移到终止帧
7		重复	循环回放
8		系统音量	单击并拖动此滑动条，可以调整电脑扬声器的音量
9		时间码	允许通过指定确切的时间码，直接跳到项目或选定素材的特定位置
10		开始标记/结束标记	用这些按钮可以在项目中设置预览范围，或标记要修整素材的起始和终止点
11		修整栏	允许在项目中设置预览范围或修整素材
12		飞梭栏	允许在项目或素材上拖曳
13		分割视频	将所选的素材分割
14		扩大预览窗口	单击可以放大预览窗口。在放大预览窗口后，仅可以预览素材，不能编辑

11.1.6 素材库

素材库用于保存和管理各种多媒体素材，素材库中的素材种类主要包括视频、照片、音乐、即时项目、转场、字幕、滤镜、Flash动画及边框效果等，如图11-9所示。

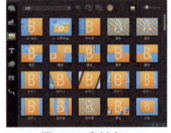

图11-9 素材库

11.1.7 时间轴

时间轴位于整个操作界面的最下方，用于显示项目中包含的所有素材、标题和效果，它是整个项目编辑的关键窗口，如图11-10所示。在时间轴中，允许微调效果，并以精确到帧的精度来修改和编辑视频，还可以根据素材在每条轨道上的位置准确地显示故事中事件发生的时间和位置。

图11-10　时间轴

11.1.8　工具栏

工具栏包含视频编辑中常用的工具按钮，工具栏可提供对许多编辑命令的快速访问。可以更改项目视图、在时间轴上放大和缩小视图以及启动不同工具帮助用户进行有效的编辑，如图11-11所示。

图11-11　工具栏

工具栏按钮部分的功能见表11-3.

表11-3　工具栏功能说明

序号	按钮	名称	功能说明
1		故事板视图	按时间顺序显示媒体略图
2		时间轴视图	允许在不同的轨中对素材执行精确到帧的编辑操作，添加和定位其他元素，如标题、覆叠、画外音和音乐
3		撤销	撤销上一个操作
4		重复	重复上一个撤销的操作
5		录制/捕获选项	显示"录制/捕获选项"面板，在该面板中可捕获视频、导入文件、录制画外音和抓拍快照
6		混音器	启动"环绕混音"和多音轨的"音频时间轴"，自定义音频设置
7		自动音乐	启动"自动音乐选项面板"为项目添加各种风格和基调的背景音乐。还可以根据项目的持续时间设置音乐长度
8		运动追踪	启动"运动追踪"对话框，在所选视频素材中创建特定元素的跟踪路径
9		字幕编辑器	启动"字幕编辑器"对话框，可以检测和整理片段，为所选视频素材轻松添加标题

续表

序号	按钮	名称	功能说明
10		多相机编辑器	启动多相机编辑器并导入所选媒体
11		重新映射时间	打开"时间重新映射"对话框,可以使用速度控件慢速、加速、反转或者冻结视频素材中的帧
12		遮罩创建器	打开"遮罩创建器"对话框,可以创建视频遮罩和静态遮罩
13		缩略图大小调节	通过使用缩放滑块和按钮可以调整时间轴的视图
14		将项目调到时间轴窗口大小	将项目视图调到适合于整个"时间轴"跨度
15		项目区间	显示项目的总区间

11.1.9 视图模式

会声会影的影片编辑器有三种视图模式,分别是故事板视图、时间轴视图和音频视图,如图11-12所示是进入三种视图模式的按钮。

故事板视图　　时间轴视图　　音频视图

图11-12　三种视图模式按钮

1. 故事板视图

故事板视图很像电影胶片,每个方格都可以放置一段不同时长的影片。这种视图的好处是直观,易于搭建整个影片的故事情节,同时可很方便地加入转场效果,如图11-13所示。

图11-13　故事板视图

进入会声会影编辑器,单击视图面板左上方的"故事板视图"按钮 ,即可将视图模式切换至故事板视图。

2. 时间轴视图

时间轴视图可以最清楚地显示影片项目中的元素,包括视频、覆叠、标题、声音和音乐,并将它们分割成不同的轨道。同时,时间轴视图允许对素材进行精确到帧的编辑,如图11-14所示。

进入会声会影编辑器,单击故事板上方的"时间轴视图"按钮 ,即可将视图模式切换至时间轴视图模式。在预览窗口中,可以预览时间轴视图中的素材画面效果。

图11-14 时间轴视图

3. 音频视图

音频视图允许可视化地调整视频、声音和音乐素材的音量。同时提供了混音器来进行音量调节，如图11-15所示。

图11-15 音频视图

进入会声会影编辑器，单击时间轴上方的"混音器"按钮，即可将视图模式切换至音频视图模式。在预览窗口中，可以预览音频视图中的素材画面效果。

11.2 捕获素材

11.2.1 捕获视频与图像

通常情况下，视频编辑的第一步是捕获视频素材。所谓捕获视频素材就是从摄像机、电视等视频源获取视频数据，然后通过视频捕获卡或者通过USB接收，最后将视频信号保存至计算机的硬盘中。在会声会影编辑器里提供了捕获视频及图像的功能，在这里主要介绍图像和视频素材的捕获方法。

1. 捕获静态图像

进入会声会影X10编辑器，切换至"捕获"步骤面板，单击选项面板中的"捕获视频"按钮，进入下一个"捕获"选项面板，在导览面板中通过"播放"和"暂停"按钮，寻找需要抓拍快照的DV视频起始位置，在"捕获"选项面板中单击"抓拍快照"按钮，如图11-16所示。

执行操作后，即可抓拍DV视频中的静态画面，在素材库中显示了抓拍的快照缩略图。切换至"编辑"步骤面板，在故事板中显示了抓拍的静态图像，完成捕获静态图像画面的操作。

图11-16　捕获静态图像

2. 将DV中的视频复制到计算机

在计算机中，使用数据线连接DV摄像机与计算机，会弹出一个对话框，在弹出的相应对话框中单击"浏览文件"按钮，如图11-17所示，会弹出一个详细信息对话框，依次打开DV移动磁盘中的相应文件夹，选择DV中拍摄的视频文件，在第三个视频文件上右击，在弹出的快捷菜单中选择"复制"选项，将文件复制到电脑中进行粘贴即可。

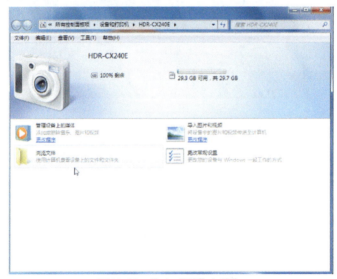

图11-17　单击"浏览文件"

3. 添加媒体素材

进入会声会影编辑器，在菜单栏中单击"文件"→"将媒体文件插入到时间轴"→"插入视频"命令，如图11-18所示。单击"插入视频"命令后，会弹出一个"打开视频文件"对话框，选择需要打开的视频文件，单击"打开"按钮，插入视频。在预览窗口，单击"播放"按钮，即可预览效果。

4. 设置捕获格式

进入会声会影编辑器，在菜单栏上单击"设置"→"参数选择"命令，弹出"参数选择"对话框，切换至"捕获"选项卡，在对话框中单击"捕获格式"右侧的下三角按钮，在弹出的列表框中选择JPEG选项，设置完成后，单击"确定"按钮，即可完成捕获参数的设置，如图

11-19 所示。

图11-18　添加媒体素材　　　　图11-19　设置捕获参数

11.2.2 添加视频与图像

在正常的视频编辑过程中，对于电脑上已有的素材，比如影片或是照片，一般都先导入到素材库，然后再挑选相应的素材到故事板上。

进入会声会影编辑器，在时间轴面板中右击，在弹出的快捷菜单中选择"插入照片"选项，弹出"浏览照片"对话框，选择需要打开的照片文件，单击"打开"按钮，即可将照片素材导入到视频轨中。在预览窗口中，可以预览制作的视频效果。

进入会声会影编辑器，在时间轴面板中右击，在弹出的快捷菜单中选择"插入视频"选项，弹出"打开视频文件"对话框，选择需要打开的视频文件，单击"打开"按钮，即可将视频素材导入到视频轨中，单击导览面板中的"播放"按钮，预览视频效果。

进入会声会影编辑器，在时间轴面板中插入一段视频素材，在时间轴面板的空白处右击，在弹出的快捷菜单中选择"插入音频"→"到声音轨"选项，弹出"打开音频文件"对话框，选择需要打开的音频素材，单击"打开"按钮，即可将音频素材导入至声音轨中，单击导览面板中的"播放"按钮，即可预览视频效果并试听音乐。

11.2.3 项目文件

下面介绍项目文件的新建、打开、保存与关闭，会声会影中的项目文件（*.VSP）包含链接所有相关图像、音频和视频文件所需的信息，它相当于一个工程文件。例如，影片编辑到一半的进度，这时需要暂时停下来，就可以存成VSP格式，下次接着编辑时，再打开这个项目文件即可。项目文件的所有操作都可在"文件"下拉菜单中完成。

1. 新建项目

新建项目是指开始一个全新的项目，然后在这个项目中编辑一个新的影片。选择"文件"下拉菜单中的"新建"命令（或按Ctrl+N组合键），可以新建一个项目文件。

2. 打开项目

已经保存到电脑中的项目文件，可以再次打开编辑。选择"文件"下拉菜单中的"打开"命令（或按Ctrl+0组合键），可以打开磁盘上的一个项目文件。

3. 保存项目

选择"文件"下拉菜单中的"保存"命令（或按Ctrl+S组合键），可以保存项目文件。如果想把此项目文件另存为一个新文件，可以选择"文件"下拉菜单中的"另存为"命令来实现。

4. 关闭项目

会声会影的程序与项目是结合在一起的，如果关闭了项目，此时会声会影主程序也会关闭。选择"文件"下拉菜单中的"退出"命令或者单击界面右上角的"关闭"按钮均可关闭项目文件。

11.3 编辑视频

会声会影拥有简单、易用的界面，非常适合用来剪辑视频。选择任意一段片段，将其放入会声会影项目中，只要拖入恰当的位置，选定视频或其中一部分，就如同选定文字一样简单，然后将视频调整到理想中的效果。使用会声会影将视频变为精彩影片，比想象的还简单。只要了解如何拖放，就能在会声会影中制作影片。

11.3.1 开始项目

1. 创建新项目

新建项目是指开始一个全新的项目，然后在这个项目中编辑一个新的影片。选择"文件"→"新建"命令（或按Ctrl+N组合键），可以新建一个项目文件，如图11-20所示。

2. 为项目导入媒体

当创建新项目时，默认会进入编辑视频管理器界面。该项目会在屏幕的左侧突出显示。将媒体导入到素材库位置，便于在使用此项目时轻松地找到媒体。

（1）在屏幕右侧的"素材库"位置，单击"导入媒体文件"按钮 ，如图11-21所示。

图11-20　新建项目　　　　图11-21　单击"导入媒体文件"按钮

（2）在浏览媒体窗口，导航至会声会影素材文件夹，如图11-22所示。

（3）单击"打开"按钮，导入素材建立新的文件夹，单击此文件夹将在素材库中显示项目的所有媒体，如图11-23所示。

图11-22　导航至会声会影素材文件夹

图11-23　显示导入的媒体文件

（4）双击文件名位置，可以修改文件名为"蝴蝶世界"，如图11-24所示。

3. 保存项目文件

选择"文件"→"保存"命令（或按Ctrl+S组合键），可以保存项目文件。在对话框中输入项目名称"蝴蝶世界园实地考察"，如图11-25所示。

图11-24　修改文件名为"蝴蝶世界"

图11-25　输入视频项目文件名称

如果想把此项目文件另存为一个新文件，可以选择"文件"下拉菜单中的"另存为"命令来实现。

11.3.2　添加视频

启动新项目时，时间线是空的。中间的空白区域可以放置视频片段、字幕、音频片段和照片。

1. 将视频片段添加到时间线

按照下面的步骤将第一个片段添加到时间线。

（1）单击素材库中的行进中的游客片段，将其突出显示。白色边框说明已选中整个片段，如图11-26所示。

（2）将其拖放置到时间线上，如图11-27所示。

图11-26　选定游客片段

图11-27　添加到时间线

2. 重新排列片段

有时将片段添加到时间线后可能需要移动它来更改故事的发展脉络。在本例中，需要将片段添加到时间线，然后通过移动使其作为影片的第一个片段。

（1）选择素材库浏览器中的蝴蝶世界片段，然后右击，在弹出的快捷菜单中选择"插入"选项，将其放置到时间线的末尾，如图11-28所示。

图11-28　添加蝴蝶世界片段

（2）向左拖移"缩放"滑块进行缩小，如图11-29所示，以便可以同时看到这两个片段。

图11-29　"缩放"滑块

（3）将行进中的游客片段拖移到刚刚添加的蝴蝶世界片段的右侧，如图11-30所示。

图11-30　移动时间线上的片段

3. 将片段分段添加到时间线

有时只想将片段的一部分添加到时间线。在此部分中，将从导览面板中选择片段分段，然后将其添加到时间线。

（1）在素材库浏览器中查找教师讲解片段，如图11-31所示。现在，将指针移到导览面板中片段的开头，浏览条应随指针一起移动。

（2）拖动游标位置来从头开始播放片段，同时注意当老师举手的时候，播放头所在的位置。在该位置停止播放片段，如图11-32所示。

图11-31　浏览讲解片段

图11-32　停止播放位置

（3）单击"开始标记"按钮，将滑轨游标移到片段中的该位置处来仅选择片段的第二部分，如图11-33所示。

（4）在资源库选定素材右击，在弹出的快捷菜单中选择"插入"选项，将所选片段部分添加到时间线的末尾，如图11-34所示。

图11-33　修剪片段

图11-34　添加部分片段

4. 修剪片段

有时添加到时间线的片段有点儿长，或者稍后在编辑过程中决定不需要整个片段，始终都可以修剪片段，即使片段已在时间线中也是如此。

（1）将加入蝴蝶卵的片段添加到时间线，如图11-35所示。

（2）将指针移到片段的最右端，直到其变为修剪控制柄。通过将控制柄向左拖动直到大概在1.14秒处来修剪片段的结尾，如图11-36所示。

图11-35　添加蝴蝶卵的片段　　　　图11-36　缩短片段

（3）现在，再将两个完整片段添加到时间线。首先添加毛毛虫片段，然后再添加蝴蝶茧片段，如图11-37所示。

图11-37　添加两片段到时间线

会声会影拥有简单、易用的界面，绝对适合用来剪辑视频。选定视频或其中一部分，就如同选定文字一样简单，然后将视频调整到理想中的效果。会声会影强大的编辑功能将使项目更加完善。

在会声会影中润饰视频，通过视频和音频效果、一步特效、旅行地图和其他工具，将立刻制作出专业水平的视频。

11.3.3　调整影像质量

在拍摄照片和视频时，有时色彩和亮度并不完美。会声会影提供了一组图像校正工具，可以进行快速调整。

使用会声会影中的工具，可以调整已添加到项目中的任何视频剪辑或照片的图像质量，其中包括黑白色阶、曝光度、亮度、对比度、饱和度和白点设置。

如果更改事件（源视频）的图像质量，则此更改会反映在已变更视频所添加到的任何未来项目中。

（1）选择行进中的游客片段。

（2）增强亮度和色彩。在"选项面板"区域，单击"色彩矫正"按钮 ，然后调整白平衡改善工具，如图11-38所示，立刻会看到图片效果的改善。

图11-38　单击"白平衡"选项

现在，选择教师讲解片段，然后单击"色彩矫正"按钮 ，在色彩调整区域，拖动各项参数滑块进行色彩调整，如图11-39所示。

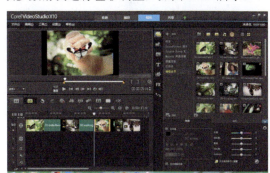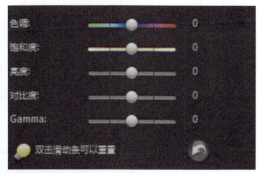

图11-39　单击"色彩矫正"按钮

（3）向左拖动"亮度"控件的最右侧滑块以降低亮度，如图11-40所示。

图11-40　拖动"亮度"滑块

（4）向右稍微拖动"饱和度"滑块以增加饱和度，如图11-41所示。

图11-41　拖动"饱和度"滑块

（5）向左稍微拖动"色调"滑块，使图像稍冷一点儿，如图11-42所示。

图11-42　拖动"色调"滑块

在进行色彩校正时，可随时单击"将滑动重置为默认"按钮 ■ 来重新调整。

11.3.4 使用滤镜

会声会影有多种视频效果，可以应用它们以即时更改项目中视频或静止图像的外观。可以给视频剪辑或照片赋予粒状或高对比度外观、陈旧或老式的外观、梦幻外观等。

有了会声会影制作高品质的视觉特效，只需选择视频片段，选定特效，然后单击加以应用。还可在恰当的音乐节奏点加入跳接和快速翻转特效，将片段的某些部分从彩色变为黑白、复古或添加梦幻迷离效果，如图11-43所示。

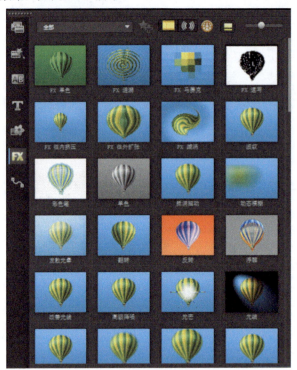

图11-43 滤镜效果

11.3.5 速度和运动效果

有以下几种方法可以修改视频剪辑在项目中的播放方式。

（1）快进和慢动作：加快或减慢视频的播放速度。

（2）反转：反向播放视频。例如，如果对内容为一个人在足球场上奔跑的素材应用了反转效果，那么播放时会使那个人看起来像是在倒着跑。

（3）即时重放：按照原始视频播放速度的某个百分比（50%、25%或10%）重放选定的视频。屏幕上会出现一个即时重放标题；可以根据需要编辑或删除该标题。

（4）倒回：倒回选定的剪辑，并在原始剪辑之后重放它。如此一来，就可以总共播放三个剪辑：以正常速度播放原始剪辑，接着加速反转播放选定的剪辑，最后以正常速度播放选定的剪辑。

更改视频片段的播放速度，可以慢放发生太快的动作，或者快进进展比想得慢的事件。

（1）将蝴蝶视频片段添加到时间线的末尾。由于此片段是以慢动作拍摄的，因此当播放该片段时，片段的中间已经是慢放的，如图11-44所示。

图11-44　添加蝴蝶慢速片段

（2）在时间线中选择该片段，然后单击选项面板中的"速度/时间流逝"按钮，如图11-45所示。

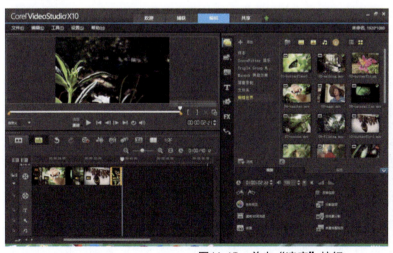

图11-45　单击"速度"按钮

（3）在打开的变速窗口中选择"正常"，以移除当前速度设置。

（4）要慢放整个片段，向左拖"速度"滑块，直到片段持续时间显示为 3.0 秒，或者在新素材区间直接输入3.0秒，如图11-46所示。

（5）播放该片段，以查看速度调整的效果。

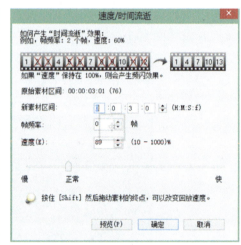

图11-46 拖动"速度"滑块调节视频播放速度

11.3.6 双图像效果

可以通过将项目中的一个视频剪辑拖到另一个视频剪辑处来产生双图像效果。若要应用双图像效果，必须在会声会影偏好设置中启用高级工具。

画中画剪辑是在另一个视频剪辑顶部的小窗口中播放的视频剪辑。此类剪辑可以很好地显示主剪辑中正在发生的叙述事件。

有时，添加的画中画剪辑的长度可能会超过它添加到的那个剪辑（前提是，添加了画中画剪辑的那个剪辑后面必须有其他剪辑）。若要调整画中画剪辑在项目中的位置，将它拖到它所在剪辑中的其他位置或拖到另一个剪辑。还可以拖动画中画剪辑的两端来延长或缩短它。若要画中画剪辑的两端，将指针移到它的上方，当指针变成一个调整大小指针时，就可以开始拖移。

除了将视频循序添加到时间线之外，还可以添加视频叠层，这样两个视频即可同时显示，例如，画中画播放的效果。此工具在增强项目效果方面相当出色。

（1）将正在拍摄中的游客片段添加到时间线。单击时间线，将播放头定位到游客将头放在相机后的位置，如图11-47所示。

（2）从媒体浏览器中将蝴蝶片段拖动到时间线中正在拍摄中的游客片段上，从播放头的位置开始，如图11-48所示。

（3）选中蝴蝶片段后，打开"选项"面板中的"属性"选项卡，然后单击"对齐选项"，将位置拖动更改为靠右侧，如图11-49所示。

（4）修剪蝴蝶片段，将右修剪控制柄向左拖动，将其与下面的"行进中的游客"片段的结尾对齐。

（5）播放片段，以查看叠层效果，如图11-50所示。

图11-47　添加游客拍摄片段

图11-48　添加蝴蝶片段到拍摄的游客片段下方

图11-49　单击"属性"中的"对齐选项"

图11-50　查看"叠层"效果

11.3.7 移动和缩放效果

将镜头摇动和镜头推拉（Ken Burns）效果应用到会声会影中的任何视频，这种效果会使摄像机看上去像是在扫过视频（镜头摇动）或推进拉远（镜头推拉）。应用这种效果时，可以设定扫掠运动的开始位置和结束位置，以及设定运动应推进还是拉远。

还可以向影片添加具有 Ken Burns 效果的照片。照片放置于时间线之后，可以对其进行裁剪或添加 Ken Burns 效果，这可使照片看起来像在移动，这样，照片就可以更自然地与其他片段一起动起来。

（1）将播放头移到行进中的游客和教师讲解片段之间，如图11-51所示。

（2）选择一只蝴蝶落在粉色花朵上的照片，并将其拖动到时间线，以在播放头处插入该片段。默认情况下，照片片段长度为 3 秒，如图11-52所示。

图11-51　移动播放头　　　　　　　图11-52　添加蝴蝶照片

（3）要显示移动和缩放窗口，双击时间线中的片段，或者选择片段并单击"移动和缩放"按钮；然后单击"自定义"按钮。将在打开的原图窗格中看到两个帧，一个为"开始"，另一个为"结束"，如图11-53所示。

图11-53　打开"移动和缩"放窗格

（4）首先，单击"开始"帧的十字，然后拖动控制柄，以便在这个动画开始时更紧凑地播放蝴蝶这一帧，如图11-54所示。单击帧的内部，以重新定位帧。

图11-54 定位"开始"帧

（5）现在，调整标记为"结束"的帧以包括整个花朵，如图11-55所示。

图11-55 标记"结束"帧

（6）使用键盘上的上箭头键以返回到片段的开头（或者在时间线上单击一下），并按空格键，以完整播放新动画。可以重复上述步骤，直到对动画和缩放满意为止。

（7）要缩短照片片段的持续时间，在时间线中选择该片段，然后拖动片段的左侧，直到长度为2.10秒，或在"选项"面板中单击上下箭头按钮修改时间，如图11-56所示。

图11-56 缩短片段时间

11.3.8 绿屏和蓝屏

在绿色或蓝色背景前录制视频，然后对录制的视频进行"裁剪"并将其叠加到另一个视频剪辑，称为"绿屏"或"蓝屏"效果。例如，可以在绿色或蓝色背景前录制一个朋友假装惊恐的视频，然后将该视频放入愤怒的熊视频剪辑中，这样朋友就好像是非常惊恐地站在熊的旁边。也可以将绿屏或蓝屏剪辑拖到单色背景剪辑或动画背景剪辑。

如果视频的主体是绿色的或穿戴着绿色衣物，应该在蓝色背景前进行录制。同样，如果视频的主体是蓝色的或穿戴着蓝色衣物，应该在绿色背景前进行录制。

使用会声会影中的绿色屏幕功能，可以轻松有趣地在任何影片中建立布景。可以将在绿色或蓝色屏幕前拍摄的人员背景替换为其他视频片段或照片。

（1）从媒体浏览器中将背景花朵片段直接拖动到蝴蝶世界片段之前，如图11-57所示。

（2）从媒体浏览器中将绿色屏幕片段拖动到背景花朵片段上，如图11-58所示。

图11-57　插入时间线上的片段

图11-58　拖动绿色屏幕到背景花朵上

（3）在选中"绿色屏幕"片段的情况下，单击"选项"面板中的"遮罩和色度键"工具，然后从弹出式菜单中选择"应用复叠选项"，如图11-59所示。

图11-59　选择"应用复叠选项"

（4）修剪背景花朵片段，以便其与绿色屏幕片段的长度相同，如图11-60所示。

制作梦幻效果的连续镜头，加快或减缓播放速度，运用各种视频特效让影片更精彩。运用即时重放、梦幻连续镜头或慢动作场景，给影片注入活力。

图11-60 修剪背景片段长度

在会声会影中将视频变为影片,创建项目并向其添加视频后,可以采用视觉和音频增强元素以多种方式对项目进行润色。添加主题瞬间就能使项目形象更鲜明,还可以添加背景音乐、字幕和转场,以制作专业质量的项目。

会声会影附带了可在影片中使用的精选主题。每个主题都附带自己的字幕样式(屏幕上出现的文本)和转场(剪辑之间播放的视觉效果),可使影片具有巨片形象。

选择主题后,可以在将视频剪辑添加到会声会影时,让会声会影软件自动将字幕和转场插入到项目中。以后可以随时更改或删除这些元素。

11.3.9 添加背景音乐

从素材库添加背景音乐,为项目添加的背景音乐将在与视频一起录制的音频后面播放,以便可以同时听到两个轨道的声音。可以调高或调低背景音乐的音量,使其按照喜欢的方式进行播放。

背景音乐是为影片增添感受和深度的好方法。会声会影随附了很多超棒的原声配乐,但在此项目中,将添加使用ButterflySong的歌曲,该歌曲已经包含在所下载的文件中。

1. 背景音乐

(1)在媒体浏览器中,找到 ButterflySong片段。音频片段在浏览器中会显示为音符图示,如图11-61所示。通过将播放头移到片段上并按空格键,预览该片段。

(2)前往影片的开头,将歌曲拖动到时间线底部的"音乐"区域,如图11-62所示,直到看到其周围以蓝色突出显示。要确保配乐在影片的开头开始。

(3)现在,按空格键,从头播放影片。

2. 静音和渐变

有很多方法可对音频做进一步的调整,可以使影片更加吸引人。以下是一些建议。

(1)选择第三个片段,在"选项"面板中单击"静音"按钮,以将第三个片段静音,如图11-63所示。

图11-61　选定音乐片段

图11-62　添加音乐片段

图11-63　单击"静音"按钮

（2）通过将修剪控制柄向左拖动来修剪背景音乐，如图11-64所示，使其仅比最后一个片段长几秒钟。

（3）调整背景音乐，以使其逐渐淡出。在"选项"面板中单击"淡出"按钮，如图11-65所示，聆听并调整为喜欢的渐变。

图11-64　拖动音乐片段控制柄

图11-65　选择渐变

3. 添加声音效果

声音效果可向影片增添强调效果。在此例中，将为拍摄游客片段的转场添加相机快门声。

（1）将播放头放置到两个拍摄片段之间的转场上。

（2）单击素材库上的"音频"按钮 ♪，如图11-66 所示。

（3）在边栏中选择声音效果，如图11-67 所示。

图11-66　单击"音频"按钮

图11-67　"搜索"相机音效

(4)单击效果上的"播放"按钮,以试听该效果。

(5)将选定效果拖动到拍摄两个片段之间的转场下,如图11-68所示。

图11-68　添加声音效果

11.3.10　录制画外音

可以录制自己的旁述或其他画外音作为视频的伴奏,用来增强视频项目。

1. 添加画外音

有时会想要添加语音来增强影片的叙事效果。可以录制自己说的话,然后单击几下,将音频片段添加到时间线上。

(1)将播放头放置到蝴蝶卵片段的开头,如图11-69所示。

(2)单击"录制/捕获选项"按钮 ,在打开的窗口中选择"画外音",如图11-70所示。

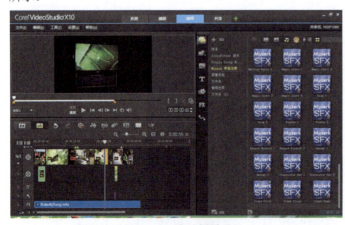

图11-69　定位播放头

图11-70　选择"画外音"

(3)单击"录制"按钮,进行测试录制效果,如图11-71所示。

(4)单击准备好后,单击"开始"按钮,开始录制。

(5)完成时,再次单击"录制/捕获选项"按钮 ,将录音插入到声音轨中,如图11-72所示,然后聆听效果。

图11-71 测试效果

图11-72 完成录制画外音

(6)单击"取消"以关闭"画外音"录制。

> **提示** 在画外音的开头和结尾修剪多余的无声时段,以精确地定位声音何时进入。

2. 调整音量

务必确定好画外音的正确音量,以便更易于听到。当在下一页上添加音乐之后,可能需要再次调整音量。

(1)现在聆听录音,然后继续调整音量,直到达到合适的音量水平。

(2)使用调整工具来更改音量。双击画外音片段或单击并选择"音量"工具,以显示音量编辑选项,如图11-73所示。

图11-73 选择"音量"调节工具

11.3.11 添加字幕

使用会声会影提供的其中一种字幕样式为项目中的任何视频添加屏幕文本。屏幕文本用于为影片添加字幕和制作人员字幕,以视觉方式"叙述"影片场景,制作一个场景到下一个场景的文字式继续等。

1. 添加字幕

添加字幕是介绍影片、强调特定片段中的想法，甚至添加副标题的好方法。在本例中，将使用最后一个片段中的字幕，使结尾更富戏剧性。

（1）在媒体浏览器中选择家庭片段，然后将其添加到影片的结尾，如图11-74所示。

（2）单击"标题"按钮![T]，打开标题素材库，如图11-75所示。

图11-74　添加家庭片段　　　　　　　　图11-75　单击"标题"按钮

（3）将名为"显示下三分之一"的字幕样式拖动到家庭视频片段上，如图11-76所示。根据字幕拖动到片段的位置，会突出显示片段的开头、中间或结尾。当突出显示片段的第一部分时，放下字幕。

（4）选择"预览"窗口中的占位符文字，输入新字幕"蝴蝶世界"，如图11-77所示。

图11-76　选择字幕样式　　　　　　　　图11-77　输入新字幕"蝴蝶世界"

（5）单击字体控件中的"右对齐"按钮≡，将字幕放置在字幕框的右边缘。

（6）在"编辑"面板选项中编辑标题字体、大小、颜色，如图11-78所示。

图11-78　编辑"标题"格式

2. 添加制作人员

创建影片之后，向所有参与人员致谢是非常有意义的。

（1）单击"标题"按钮，选择滚动摄制人员名单主题，并将其拖动到时间线的末尾，如图11-79所示。

图11-79　添加滚动字幕

（2）双击标题并输入"蝴蝶世界园实地考察"。

（3）接下来，单击"姓名"和"描述"字段并输入姓名。将片段修剪为 6 秒，如图11-80所示。

图11-80　输入标题

（4）现在，将背景音乐延长几秒钟，超过最终的制作人员字幕片段，如图11-81 所示。

图11-81　延长背景音乐

11.3.12　在剪辑之间添加转场

会声会影提供了多种可在剪辑之间添加的转场样式，以提升项目的专业形象。转场能够平滑或混合从一个场景到另一个场景的变化。例如，转场能使一个剪辑渐显或渐隐，叠化到另一个剪辑，放大到另一个剪辑等。

会声会影使影片中所有转场的长度均相同。标准转场的时间长度为 0.5 秒，主题样式转场（只有为项目设定了主题后才能使用）的时间长度为 2 秒。如果需要，可以更改这些时间长度。

会声会影转场在时间线中的各片段之间或各图像之间提供了一种视觉上的过渡。有很多转场可供选择。

（1）单击"故事版"视图按钮 ，单击素材库中的"转场"按钮 ，以查看转场选项，如图11-82所示。

（2）在鲜花和行进中的游客片段之间，拖入向右擦除转场，如图11-83 所示。

图11-82 单击"转场"按钮　　　　　　　图11-83 添加"转场"

（3）现在，将这两个片段一起播放，以查看转场效果。

> **提示**　双击两个片段之间的转场图标，以调整转场的长度。

11.4 共享影片

当影片制作完毕，会声会影将轻松完成共享。通过会声会影X10中提供的"共享"步骤面板，可以将编辑完成的影片进行渲染以及输出成视频文件、刻录光盘和实现在线共享。

11.4.1 生成视频文件

（1）输出MP4视频文件，进入会声会影编辑器，打开一个项目文件，在编辑器的上方单击"共享"标签，切换至"共享"步骤面板，如图11-84 所示。

（2）在"共享"面板中选择MPEG-4选项，是指输出MP4视频格式，如图11-85 所示。

（3）在下方面板中单击"文件位置"右侧的"浏览"按钮 ，如图11-86 所示。弹出"浏览"对话框，在其中设置视频文件输出名称与输出位置，如图11-87 所示。

（4）设置完成后单击"保存"按钮，返回会声会影编辑器。单击下方的"开始"按钮，开始渲染视频文件，并显示渲染进度，如图11-88 所示。

图11-84 "共享"步骤面板　　　　　　图11-85 选择MPEG-4格式

图11-86 单击"浏览"按钮

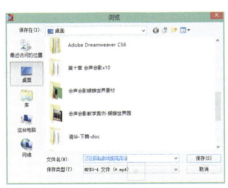
图11-87 选定导出文件位置

图11-88 开始"渲染"

（5）渲染完成后，视频文件输出完成，弹出信息提示框，提示用户视频文件建立成功，单击"确定"按钮，完成输出MP4视频的操作，如图11-89所示。在预览窗口中单击"播放"按钮，预览输出的视频画面效果。

图11-89 生成视频文件

同样的步骤和操作方式可以在会声会影共享面板中生成不同格式的视频文件。

11.4.2 自定义视频文件格式

进入会声会影编辑器，打开一个项目文件，在编辑器的上方单击"共享"标签，切换至"共享"步骤面板，在上方面板中选择"自定义"选项，单击"格式"右侧的下拉按钮，在弹出的列表框中选择"QuickTime影片文件"选项，如图11-90所示。

在下方面板中单击"文件位置"右侧的"浏览"按钮，弹出"浏览"对话框，在其中设置视频文件的输出名称与输出位置；设置完成后，单击"保存"按钮，返回会声会影编辑器，单击下方的"开始"按钮，开始渲染视频文件，并显示渲染进度，稍等片刻待视频文件输出完成后，弹出信息提示框，提示用户视频文件建立成功，单击"确定"按钮，完成输出MOV视频的操作，在预览窗口中单击"播放"按钮，预览输出的WMV视频画面效果，如图11-91所示。

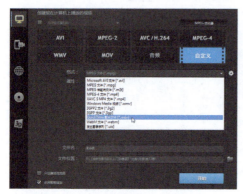

图11-90 自定义视频格式为QuickTime

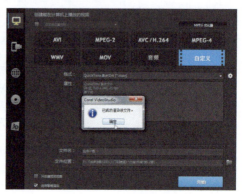

图11-91 生成自定义视频

11.4.3 创建选定范围视频

进入会声会影编辑器，在视频轨中插入一段视频素材，在时间轴上拖曳当前时间标记至00：00：01：00的位置，单击"开始标记"按钮，此时时间轴上将出现黄色标记，拖曳当前时间标记至00：00：05：00的位置，单击"结束标记"按钮，时间轴上黄色标记的区域为用户所指定的预览范围。单击"共享"标签，切换至"共享"步骤面板，在上方面板中选择MPEG-4选项，是指输出MP4视频格式。单击"文件位置"右侧的"浏览"按钮，弹出"浏览"对话框，在其中设置视频文件的输出名称与输出位置；设置完成后，单击"保存"按钮，返回会声会影编辑器，在面板下方选中"只创建预览范围"复选框，如图11-92所示。单击"开始"按钮，开始渲染视频文件，并显示渲染进度，稍等片刻待视频文件输出完成后，弹出信息提示框，提示用户视频文件建立成功，单击"确定"按钮，完成指定影片输出范围的操作。单击"播放"按钮，预览输出的部分视频画面效果。

图11-92 选择"只创建预览范围"复选框

11.4.4 生成音频文件

进入会声会影编辑器，打开一个项目文件，在编辑器的上方单击"共享"标签，切换至"共享"步骤面板，在上方面板中选择"音频"选项，在下方面板中单击"格式"右侧的下三角按钮，在弹出的列表框中选择"Microsoft WAV文件"选项。在下方面板中单击"文件位置"右侧的"浏览"按钮，弹出"浏览"对话框，在其中设置音频文件的输出名称与输出位置；设置完成后单击"保存"按钮，返回会声会影编辑器，单击下方的"开始"按钮，开始渲染音频文件，并显示渲染进度，稍等片刻待文件输出完成后，弹出信息提示框，提示音频文件建立成功，如图11-93所示。

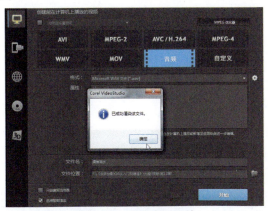

图11-93　生成音频文件

11.4.5 输出MPEG格式的3D文件

（1）进入会声会影编辑器，打开一个项目文件，在编辑器的上方单击"共享"标签，切换至"共享"步骤面板，在左侧单击"3D影片"按钮，进入"3D影片"选项卡，在上方面板中选择MPEG-2选项，如图11-94所示。

（2）在下方面板中单击"文件位置"右侧的"浏览"按钮，如图11-95所示。

图11-94　选择3D影片　　　　　图11-95　单击"浏览"按钮

（3）弹出"浏览"对话框，设置视频文件的输出名称与输出位置；设置完成后单击"保存"按钮，返回会声会影编辑器，如图11-96所示。

图11-96　选择保存位置和输入文件名

（4）单击下方的"开始"按钮，开始渲染3D视频文件，并显示渲染进度，如图11-97所示。稍等片刻待3D视频文件输出完成后，弹出信息提示框，提示用户视频文件建立成功，单击"确定"按钮，完成3D视频文件的输出操作，在预览窗口中单击"播放"按钮，预览输出的3D视频画面。

图11-97　渲染3D视频

11.4.6　创建光盘DVD

（1）进入会声会影编辑器，在时间轴面板中右击，在弹出的快捷菜单中选择"插入视频"选项，如图11-98所示。执行操作后，即可弹出"打开视频文件"对话框，在其中用户选择需要刻录的视频文件。

（2）单击"打开"按钮，即可将视频素材添加到视频轨中，单击导览面板中的"播放"

按钮,预览添加的视频画面效果。

(3)在菜单栏中单击"工具"菜单,在弹出的菜单列表中单击"创建光盘"→DVD命令,即可弹出Corel VideoStudio对话框,如图11-99所示。

图11-98 插入视频

图11-99 创建DVD步骤面板

(4)在其中可以查看需要刻录的视频画面,在对话框的左下角单击"当前项目类型"下拉按钮,在弹出的列表框中选择DVD光盘的容量,这里选择DVD 4.7G选项。在对话框的上方单击"添加/编辑章节"按钮,弹出"添加/编辑章节"对话框,单击"播放"按钮,播放视频画面。至合适位置后,单击"暂停"按钮,然后单击"添加章节"按钮,执行操作后,即可在时间线位置添加一个章节点,此时下方将出现添加的章节缩略图,如图11-100所示。用同样的方法,继续添加其他章节点。

图11-100 添加编辑章节

(5)章节添加完成后,单击"确定"按钮,返回Corel VideoStudio对话框,单击"下一步"按钮,进入"菜单和预览"界面。在"智能场景菜单"下拉列表框中选择相应的场景效果,即可为影片添加智能场景效果;单击"菜单和预览"界面中的"预览"按钮,如图11-101所示。

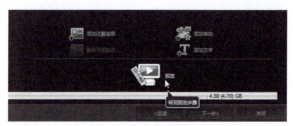

图11-101　单击"预览"按钮

（6）进入"预览"窗口，单击"播放"按钮，执行操作后，即可预览需要刻录的影片画面效果，如图11-102所示。

图11-102　"预览"窗口

（7）视频画面预览完成后，单击界面下方的"后退"按钮，返回"菜单和预览"界面，完成DVD光盘内容的编辑操作。

（8）单击界面下方的"下一步"按钮，进入"输出"界面，在"卷标"右侧的文本框中输入卷标名称。

（9）单击"驱动器"右侧的下三角按钮，在弹出的列表框中选择需要使用的刻录机选项，单击"刻录格式"右侧的下三角按钮，在弹出的列表框中选择需要刻录的DVD格式，刻录选项设置完成后，单击"输出"界面下方的"刻录"按钮，即可开始刻录DVD光盘，如图11-103 所示。

图11-103　单击"刻录"按钮

通过会声会影的影片制作向导模式，只要三个步骤就可快速制作出DV影片，入门新手也可以在短时间内体验影片剪辑；同时会声会影编辑模式可从捕获、剪接、转场、特效、覆叠、字幕、配乐到刻录，全方位帮助教师剪辑出微课教学视频。

11.4.7 保存视频并在线共享

在会声会影X10中,可以将编辑完成的视频文件直接通过"共享"面板下的"网络"在线共享到视频网站,如图11-104所示。

图11-104　网络共享

也可以将视频分享至今日头条、优酷网站、微信公众平台、新浪微博以及QQ空间等,与网友一起分享制作的视频效果。

1. 上传视频至今日头条

进入今日头条公众号后台,在界面中单击"上传视频"按钮,弹出"打开"对话框,选择需要上传的视频文件,单击"打开"按钮,开始上传视频文件,并显示上传进度。稍等片刻,提示视频上传成功,即可发表上传的视频,如图11-105所示。

图11-105　上传视频至今日头条

2. 上传视频至优酷网站

进入优酷视频首页,注册并登录优酷账号,在优酷首页的右上角位置,将鼠标指针移至"上传"文字上,在弹出的面板中单击"上传视频"超链接,执行操作后,打开"上传视频-优酷"网页,在页面的中间位置单击"上传视频"按钮,弹出"打开"对话框,在其中选择需要上传的视频文件,单击"打开"按钮,返回"上传视频-优酷"网页,在页面上方显示了视频上传进度。稍等片刻,待视频文件上传完成后,页面中会显示100%,在"视频信息"一栏中,设置视频的标题、简介、分类以及标签等内容,设置完成后,滚动鼠标,单击页面最下方的"保存"按钮,即可成功上传视频文件。此时页面中提示视频上传成功,进入审核阶段,如图11-106所示。

图11-106　上传视频至优酷网

3. 上传视频至QQ空间

进入QQ空间首页,注册并登录QQ空间账号,在页面上方单击"视频"超链接,弹出添加视频的面板,在面板中单击"本地上传"超链接,弹出相应对话框,在其中选择通过会声会影输出的视频文件,单击"保存"按钮,开始上传选择的视频文件,并显示视频上传进度。稍等片刻,视频即可上传成功,在页面中显示了视频上传的预览图标,单击上方的"发表"按钮,即可发表用户上传的视频文件。单击"播放"按钮,开始播放上传的视频文件,与QQ好友一同分享制作的视频效果。

11.5 案例——孔庙之旅课件

制作视频课件：孔庙之旅

现在的校园已经实现了信息化，大多数老师都要通过计算机来教学，微课应运而生，因此多媒体课件的制作是必不可少的。本案例通过制作一个多媒体视频课件——孔庙之旅，来讲解会声会影在这方面具备的优势。

操作步骤如下。

（1）在会声会影X10中，导入第11章案例素材/孔庙课件下的01.jpg~08.jpg图像文件到素材库中，如图11-107所示。

图11-107　导入案例素材

（2）然后将01.jpg~08.jpg图像文件添加到时间轴上，如图11-108所示。

图11-108　将素材插入到时间轴

（3）在故事板视图下除故事板03.jpg后加"白色色彩"素材外，在故事板的每张照片的前面都加入"黑色色彩"素材，所有的图片素材与色彩素材默认的区间长度皆为"3秒"（可在参数选择面板中更改），如图11-109所示。

图11-109　添加色彩素材到故事板

（4）在第5与6、15与16素材之间，加入"遮罩A"转场效果，其他每两个相邻素材之间都使用"交叉淡化"转场效果。整个故事板（扩展故事板）结构如图11-110所示。

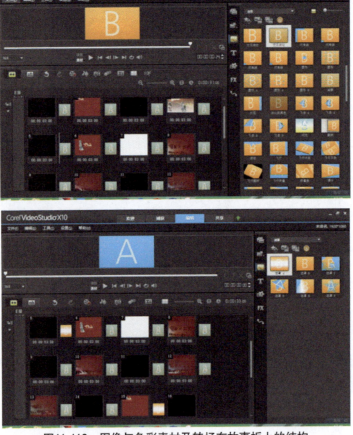

图11-110　图像与色彩素材及转场在故事板上的结构

(5)切换到时间轴模式,选中时间轴上的08.jpg图像,然后在选项面板中,将区间设成1分30秒(用鼠标单击上面的时间数字,然后用键盘输入即可),如图11-111所示。

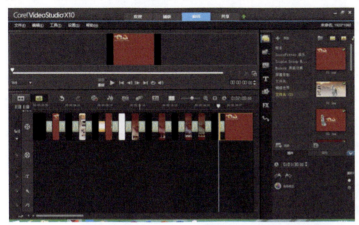

图11-111 改变素材区间

(6)在故事板视图下,选择01.jpg素材,单击"滤镜"按钮FX,在滤镜素材库暗房中加入光线视频滤镜,如图11-112所示。

图11-112 加入光线滤镜

(7)但默认的光线滤镜并不让人满意,所以在"选项"面板中选择"自定义滤镜",如图11-113所示。

(8)按照如图11-114~图11-116所示进行关键帧参数设置,注意十字中心点在每帧的位置。

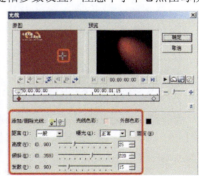

图11-113 选择"自定义滤镜"　　　　图11-114 首帧设置

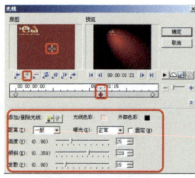
图11-115　中间帧设置

图11-116　尾帧设置

（9）按照同样的方法，为素材02.jpg也加入同样设置的"光线"滤镜，如图11-117所示。

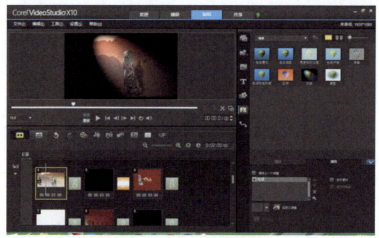
图11-117　加入"光线"滤镜

（10）选择素材08.jpg，加入"老电影"与"云彩"滤镜，如图11-118所示。

图11-118　加入"老电影"和"云彩"滤镜

（11）导入第11章案例素材/孔庙课件下的"孔庙视频.mpg"到覆叠轨上，在时间轴上与08.jpg素材对应，同时在"选项"面板中选择"淡入"与"淡出"动画效果，如图11-119所示。

图11-119　设置覆盖视频

（12）创建字幕说明。我们要创建两个字幕，一个是"孔庙"，以竖版形式出现，动画样式为"交叉淡化"，如图11-120所示。

图11-120　设置文字动画

另一个文字内容见素材孔庙介绍.txt文件，动画形式是水平从右向左飞行，如图11-121所示。

图11-121　设置飞行文字动画

（13）加入背景音乐。导入第11章案例素材/孔庙课件下的"高山流水.mp3"到音乐轨上，将音乐结尾与视频结尾对齐，并加入"淡出"效果，如图11-122所示。

图11-122　加入背景音乐

（14）创建MP4视频，在"共享"面板下单击"计算机"按钮 ，打开导出界面，创建能在计算机上播放的视频，如图11-123所示。

（15）在"共享"面板中选择MPEG-4选项，是指输出MP4视频格式，如图11-124所示。

图11-123　"共享"步骤面板　　　　图11-124　选择MPEG-4格式

（16）在下方面板中单击"文件位置"右侧的"浏览"按钮 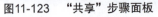，如图11-125所示。弹出"浏览"对话框，在其中设置视频文件输出名称与输出位置，如图11-126所示。

图11-125　单击"浏览"按钮

（17）设置完成后单击"保存"按钮，返回会声会影编辑器。单击下方的"开始"按钮，开始渲染视频文件，并显示渲染进度，如图11-127所示。

图11-126　选定导出文件位置

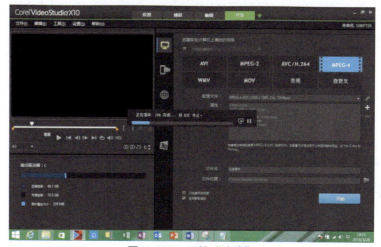

图11-127　开始"渲染"

（18）渲染完成后，视频文件输出完成，弹出信息提示框，提示用户视频文件建立成功，单击"确定"按钮，完成输出MP4视频的操作，如图11-128所示。

图11-128　生成视频文件

(19)在预览窗口中单击"播放"按钮,预览输出的视频画面效果,如图11-129所示。

图11-129　预览视频效果

　　案例主要侧重于影片的整体创意及整合能力,所以有些步骤并没有一一标注清楚,如果读者感觉到困难,请查看前面章节中对于这些步骤的基本操作说明。

　　在视频课件制作中,我们学会使用交叉淡化具有的视觉艺术效果,以及视频滤镜的巧妙运用,这样灵活地掌握会声会影,才能让制作出的影片更加完美。

附录A 词汇表

AVCHD
Advanced Video Codec High Definition 是一种专为摄像机使用的视频格式。它使用了专为 Blu-ray 光盘/高清晰兼容性而设计的光盘结构,可以在标准 DVD 上刻录。

AVI
Audio-Video Interleave(音频视频交织)是一种专门为 Microsoft Windows 环境设计的数字视频文件格式,现在通常作为多种音频和视频编解码程序的存储格式。

Blu-ray 光盘
Blu-ray 光盘是一种使用蓝光雷射以达到高清晰视频录制和回放的可选光盘格式。每张光盘还可在 25GB(单层)和 50GB(双层)的光盘中刻录更多信息,是标准 DVD 容量的5倍多。

DNLE
Digital Non-Linear Editing(数字非线性编辑)的缩写,这是一种用于组合和编辑多个视频素材以生成最终产品的方法。DNLE 可在编辑过程中随时随机访问所有来源资料。

DSLR
一种使用可更换镜头、利用反光镜系统拍摄图像的相机。DSLR 表示 Digital Single-Lens Reflex(数字单镜头反光)。与小巧的傻瓜相机相比,DSLR 提供更多手动控制和更高的图像质量。

DV
以大写字母"D"和大写字母"V"表示的数码视频代表一种非常特别的视频格式,正如 VHS 或 High-8。如果具备合适的硬件和软件,DV 摄像机和计算机可以理解该格式(回放、录制)。可以将 DV 从摄像机复制到计算机,然后再将影片复制回摄像机(当然,是在编辑之后),并且不会有任何质量损失。

DVD
DVD(Digital Video Disc,数字通用光盘)由于其高质量和兼容性优势,在视频制作中得到广泛应用。DVD 不仅可以保证视频和音频质量,还使用 MPEG-2 格式,此格式可用于制作单面或双面以及单层或双层的光盘。这些 DVD 可以在单独的 DVD 播放机中播放,也可以在计算机的 DVD-ROM 驱动器中播放。

Ev
该首字母缩略词表示当相机处于 P(程序)、S 或 Tv(快门优先级)或 Av(光圈优先级)模式时的曝光值或光圈、快门速度和 ISO 设置的组合。调整 Ev 可以使图像故意曝光过度或曝光不足。

FireWire
一种标准接口,用于将诸如 DV 摄像机之类的数字音频/视频设备连接到计算机。它是 Apple 用于 IEEE-1394 标准的商标名。

HDV
HDV 是在 DV 盒式磁带上录制和回放高清晰视频的格式。HDV 视频发布于 2003 年,它作为一种经济的高清晰度格式,可支持 1440 × 1080 分辨率并以 MPEG-2 格式压缩。HDV 音频以 MPEG-1 第 2 层压缩。

HTML5
一种超文本标记语言标准版本,与之前的版本相比,增加了功能支持。将音频和视频文件集成到网页时,HTML5 尤其有用。

IEEE-1394
也称为 Firewire,1394 是允许计算机和 HDV/DV 摄像机或其他高速外围设备之间的高速串行连接的标准。符合此最新标准的设备每秒可以传输 400Mb 的数字数据。

ISO
该相机设置用于测量图像传感器的敏感度。光线充足时，设置越低越理想，环境黑暗时，设置越高越好。选择正确的 ISO 设置可以减少捕获图像上的杂点或粒度。

MP3
MP3 是一种音频压缩技术，能够以非常小的文件大小制造出接近 CD 的音频质量，从而使其能够通过 Internet 快速传输。

MPEG-2
一种在诸如 DVD 之类的产品中使用的音频和视频压缩标准。

MPEG-4
移动设备和 Internet 视频流中常用的视频和音频压缩格式，以低数据速率提供高质量视频。

NLE
Non-Linear Editing（非线性编辑）的缩写。在过去，对 VCR 的传统编辑必须是线性的，因为它必须按顺序访问视频磁带上的素材。计算机编辑则可以按照任何方便的顺序完成。

NTSC/PAL
NTSC 是北美、日本、中国台湾和其他一些地区使用的视频标准。其帧速率为 29.97 fps。PAL 通常在欧洲、澳大利亚、新西兰、中国、泰国和其他一些亚洲地区使用，其帧速率为 25 fps。这两种标准还有其他不同之处。在 DV 和 DVD 领域中，NTSC 的视频分辨率为 720 像素× 480 像素，而 PAL 则为 720 像素× 576 像素。

按场景分割
此功能将不同的场景自动分割成若干单独的文件。在会声会影中，场景的检测方式取决于用户所处的步骤。在"捕获"工作区，"按场景分割"功能根据原始镜头的录制日期和时间来检测各个场景。在"编辑"工作区，如果"按场景分割"应用于 DV AVI 文件，可以通过两种方式检测场景：通过录制日期和时间，或者通过视频内容的变化。但是在 MPEG 文件中，只能根据内容的变化来检测场景。

白平衡
该相机设置用于测量主题的色温。不同光线条件会影响相机在场景中测量色彩的方式。大部分数码相机提供自动、日光、阴天、荧光和钨丝灯环境的预设设置。

编码解码器
使用专门的算法或程序来处理视频。该词（Codec）源于 compression（压缩）/ decompression（还原）或 coder（编码器）/ decoder（解码器）。

标题
标题可以是影片标题、字幕或演职员表。覆叠在视频上的任何文本都可以用作标题。

捕获
将视频或图像记录到计算机硬盘的过程。

捕获外挂程序
这些是与会声会影集成在一起的工具，通过这些工具，可以在捕获设备连接到计算机时识别这些设备并自动检测它们。

场景
场景是一系列连续的帧。在会声会影中，每个场景都是用基于镜头录制日期和时间的"按场景分割"功能所捕获的。在捕获的 DV AVI 文件中，场景可以根据镜头的录制日期和时间，或者根据视频内容中的变化分割成若干个文件。在 MPEG-2 文件中，内容的变化用于将场景分割成文件。

超 HD（4K 分辨率）
一种视频分辨率，宽大约有 4000 个像素。也被称为超高清晰度或超 HD。该词语用于指代所有至少为 3840 像素×1080 像素的屏幕标准。

淡化
淡化是一种转场效果，其中的素材会逐渐消失或显示。在视频中，画面将逐渐变成单色，或逐渐由单色发生变化；或从一种画面变为另一种。对于音频，此转场效果可以是从最大音量变成完全无声，或从无声变为最大音量。

导出
导出是共享文件的过程。导出文件时，数据通常会转换成接收应用程序可以识别的格式。原始文件保持不变。

度量模式
该相机设置用于根据主题的亮度调整曝光。度量模式的常用选项包括评价测光、局部测光、点测光、中央重点测光和多区测光。

覆叠
这些是叠加在项目中现有素材之上的视频或图像素材。

故事板
"故事板"是影片的可视呈现。各个素材以图像缩略图的形式呈现在时间轴上。

关键帧
素材中的特定帧，标记为进行特殊的编辑或其他操作，以便控制完成的动画的流、回放或其他特性。例如，应用视频滤镜时，对开始帧和结束帧指定不同的效果级别，可以在视频素材从开始到结束的过程中，展现视频的显示变化。创建视频时，为数据传输要求较高的部分指定关键帧有助于控制视频回放的平滑程度。

光圈
该相机设置用于测量镜头开口的大小。可控制相机的进光量。光圈设置按光圈系数进行衡量，遵循 f/数字的格式，例如，f/22。

画外音
视频或影片中的叙述通常称为"画外音"，最常用于纪录片。

基于云的存储
远程存储空间，可用于保存文件。文件保存在远程数据库中，可使用网络连接的设备进行访问，而非将文档和媒体文件存储在本地驱动器。多家公司提供免费和付费账户中可用的基于云的存储服务。

即时回放
允许不进行渲染便查看整个项目。此功能无须在系统中创建临时预览文件，便可以立即播放"预览"窗口中的所有素材。回放质量取决于硬件配置。

如果即时回放导致丢弃帧，请使用高质量回放来预览项目。

镜头
要在较大项目中使用的一段录制影片。

开始标记/结束标记
素材中为进行编辑和修整而标记过的点。通过设置开始位置（开始标记）和结束位置（结束标记），可以从较长的素材中选取一部分。

快门速度
该相机设置用于测量快门保持打开状态的时间。快门速度以秒计算。较快的快门速度通常表示为几分之一秒（1/500、1/250、1/125 等）；较慢的快门速度表示为整数（1、10、30 等）。

宽高比
给定图像或图片的宽度与高度的关系。保持或维持宽高比是指当图像或图片的宽度或高度发生变化时，维持大小关系的过程。视频的标准清晰度（SD）和高清晰度（HD）宽银幕格式的两种最常见的宽高比是 4∶3 和 16∶9。

链接
一种在另一个程序中存储以前保存的信

息，而不会显著影响最终文件大小的方法。链接还有另一个优点，即可以在原始程序中修改原始文件，更改将自动反映到其所链接的程序中。

流

允许大的文件在下载的同时进行播放。流通常用于通过视频分享网站在 Internet 上提供较大的音频和视频文件。

模板

软件程序中的工作样式。它们是预定义的格式和设置，在制作项目时作为指南。

配置文件

配置文件涵盖文件的各种属性，例如位速率、流的数量和类型、压缩质量、帧大小等。

驱动程序

一种软件程序，用于控制特定设备和计算机之间的连接。

色彩素材

影片中使用的简单背景色。它通常用于标题和演职员表，因为这些内容可以在单色的衬托下突出显示出来。

设备控制

一种软件驱动程序，允许程序控制诸如摄像机或 VCR 之类的视频源。

时间码

视频文件的时间码是视频中位置的数字呈现方法。时间码可用于进行非常精确的编辑。

时间轴

"时间轴"是影片按时间顺序的图形化呈现。素材在"时间轴"上的相对大小可使用户精确掌握媒体素材的长度以及标题、覆叠和音频的相对位置。

视频滤镜

视频滤镜是更改视频素材显示效果的方法，例如马赛克和涟漪。它可以作为一种纠正方式来修正拍摄错误，也可以有创意地将其用来为视频实现特定的效果。

数据速率

每秒钟从计算机的一个位置传送到另一个位置的数据量。这些数据速率在不同类型的媒体中会有所不同。

素材

影片的一小段或一部分。素材可以是音频、视频、静态图像或标题。

素材库

"素材库"是所有媒体素材的储存库。用户可以将视频、音频、标题或色彩素材存储在素材库中，并可以即时获取这些素材，以便在项目中使用。

外挂程序

外挂程序是一种工具，可以为程序添加更多的功能和效果。在会声会影中，外挂程序使得程序能够自动识别捕获设备以及用于不同目的（例如用于电子邮件、网页、视频贺卡和 DV 录制）的输出视频。

项目文件

在会声会影中，项目文件（*.VSP）包含用于链接所有关联图像、音频和视频文件所需的信息。使用会声会影时，在编辑视频之前必须打开一个项目文件。

效果

在会声会影中，效果是由计算机生成的特殊属性，它可应用于视频素材，改变视频的外观和质量以获得特定的外观效果。

修整

编辑或修剪视频素材的过程。视频可以逐帧修整。

渲染

渲染是将项目中的源文件生成最终影片的过程。

压缩

压缩是利用编码解码程序实现的，通过

删除冗余数据或可以解压的方式进行表示。几乎所有数字视频都经过某种方式的压缩，只是压缩程度不同。压缩程度越大，回放需要的资源越多。

运动追踪

一种影片和视频制作技术，可跟踪视频素材中的特定对象。可借助用于跟踪运动的选定不同像素组跟踪视频元素。程序可以自动完成该过程，和/或通过手动跟踪的方式完成。所创建的移动路径可用于无缝添加拍摄视频素材时原本存在的 2D 和 3D 图形。

杂色

音频和视频中可能会出现杂点。在音频中，它是不需要的嘶声，而在视频中，它是随机的图像斑点和屏幕上的小点。这些是模拟音频和视频中最常见的电子干扰。

帧

影片中的单幅图像。

帧大小

视频或动画序列中，所显示图像的大小。如果要用于序列的图像大于或小于当前帧大小，则必须对该图像调整大小或进行修剪。

帧速率

视频中每秒的帧数。NTSC 视频通常是每秒 29.97 帧（fps），而 PAL 是 25 fps，但在计算机中可以使用更慢的帧速率来创建更小的视频文件。

智能渲染

智能渲染技术通过只渲染上一次渲染操作中修改的部分，可节省生成预览的时间。

转场效果

转场是一种在两个视频素材之间进行排序的方法，例如，从一个素材淡化到另一个素材中。

附录B　快捷键

使用键盘快捷键可以在软件中快速完成许多任务。若要使用键盘快捷键，请同时按下快捷键中的所有按键。相关软件常用命令的快捷键列在表B-1～表B-5中。

1. Keynote 键盘快捷键

表B-1　Keynote快捷键

通用

操作	快捷键
开始听写	按 Fn 两次
打开主题选取器	Command+N
打开主题选取器并显示"语言"弹出式菜单	Option+Command+N
关闭主题选取器	Esc
打开现有演示文稿	Command+O
存储演示文稿	Command+S
存储为	Option+Shift+Command+S
复制演示文稿	Shift+Command+S
打印演示文稿	Command+P
打开 Keynote 帮助	Shift+Command+问号（？）
关闭窗口	Command+W
关闭所有窗口	Option+Command+W
最小化窗口	Command+M
将所有窗口都最小化	Option+Command+M
进入全屏幕视图	Control+Command+F
放大	Command+右尖括号（>）
缩小	Command+左尖括号（<）
显示"偏好设置"窗口	Command+逗号（，）
缩放所选内容	Shift+Command+0
在窗口中缩放以适合内容（包括延伸画布上的对象）	Option+Shift+Command+0
在窗口中适合幻灯片	Option+Command+0
返回实际大小	Command+0
显示或隐藏标签栏	Shift+Command+T
显示演示文稿标尺	Command+R
选取要插入的文件	Shift+Command+V
显示"颜色"窗口	Shift+Command+C
隐藏或显示工具栏	Option+Command+T
重新排列工具栏中的项目	按住 Command 键拖移
从工具栏中移除项目	按住 Command 键拖出工具栏
隐藏或显示检查器边栏	Option+Command+I
隐藏或显示对象列表	Shift+Command+L

续表

操作	快捷键
在对象列表过滤菜单中选择所有对象类型	Command+A
在对象列表过滤菜单中取消选择所有对象类型	Shift+Command+A
打开边栏中的下一个制表符	Control+重音符键（`）
打开边栏中的上一个制表符	Shift+Control+重音符键（`）
进入或退出"编辑母版幻灯片"视图	Shift+Command+E
隐藏 Keynote	Command+H
隐藏其他窗口	Option+Command+H
撤销上次操作	Command+Z
重做上次操作	Shift+Command+Z
退出 Keynote	Command+Q
退出 Keynote 并保持窗口打开	Option+Command+Q

使用导航器视图

操作	快捷键
创建与上一张所选幻灯片位于同一层次的新幻灯片	Return 或 Shift+Command+N
向右缩进所选幻灯片	Tab
向左移动缩进的幻灯片	Shift+Tab
选择多张幻灯片	按住 Shift 键拖移
扩展或减少幻灯片选择	按住 Shift 键单击
在所选部分中添加（或移除）单张不连续幻灯片	按住 Command 键单击
使用默认母版在所选幻灯片后创建新幻灯片	按住 Option 键单击工具栏中的"添加幻灯片"按钮
复制幻灯片	Command+D
删除所选幻灯片	Delete
移到下一张幻灯片	下箭头键
移到上一张幻灯片	上箭头键
展开幻灯片组	右箭头键
折叠幻灯片组	左箭头键
跳过某张幻灯片以使其不显示在演示文稿中，或显示某张被跳过的幻灯片	Shift+Command+H

使用"看片台"视图

操作	快捷键
移到下一张幻灯片	右箭头键
移到上一张幻灯片	左箭头键
将选择扩展到下一张幻灯片	Shift+右箭头键
将选择扩展到上一张幻灯片	Shift+左箭头键
将选择扩展到第一张幻灯片	Shift+Command+上箭头键
将选择扩展到最后一张幻灯片	Shift+Command+下箭头键
选择第一张幻灯片	Command+上箭头键
选择最后一张幻灯片	Command+下箭头键

播放演示文稿并使用演讲者模式

操作	快捷键
播放演示文稿	Option+Command+P
从第一张幻灯片开始播放演示文稿	按住 Option 键单击工具栏中的"播放"按钮
前进到下一张幻灯片或构件	右箭头键或下箭头键
前往上一张幻灯片	左箭头键或上箭头键
前进到下一个不含动画的构件或幻灯片	Shift+右箭头键
前进到下一张不含构件和动画的幻灯片	Shift+下箭头键或 Shift+Page Down
显示或隐藏演讲者注释	Shift+Command+P
返回上一个构件	Shift+左箭头键或 Shift+Page Up
返回先前观看的幻灯片	Z
暂停演示文稿	F
暂停演示过程并显示黑色屏幕	B
暂停演示过程并显示白色屏幕	W
显示或隐藏指针	C
显示幻灯片编号	S
打开幻灯片切换器	幻灯片编号键
前往幻灯片切换器中的下一张幻灯片	加号键（+）
前往幻灯片切换器中的上一张幻灯片	减号键（-）
前往当前幻灯片并关闭幻灯片切换器	Return
关闭幻灯片切换器	Esc
在主显示和演讲者显示之间切换	X
还原定时器	R
向上滚动演讲者注释	U
向下滚动演讲者注释	D
增加注释字体大小	Command+加号
减少注释字体大小	Command+减号
退出演示模式	Esc 或 Q
隐藏演示文稿并切换到上次使用的应用	H
显示或隐藏键盘快捷键	问号键（？）或正斜杠键（/）
前往第一张幻灯片	Home 键或 Fn+上箭头键
前往最后一张幻灯片	End 键或 Fn+下箭头键

播放影片

操作	快捷键
暂停或播放影片	K
倒回影片（如果已暂停播放，按帧倒回）	J
快进影片（如果已暂停播放，按帧快进）	L
跳到影片的开头	L
跳到影片的结尾	O

2. QuickTime Player 键盘快捷键

表B-2　QuickTime Player快捷键

基本任务的快捷键

操作	快捷键
新建影片录制	Option+Command+N
新建音频录制	Control+Option+Command+N
新建屏幕录制	Control+Command+N
打开文件	Command+O
使用 URL 打开位置	Command+L
关闭窗口	Command+W
复制	Shift+Command+S
最小化窗口	Command+M
显示影片检查器	Command+I
显示导出进度	Option+Command+P

影片播放快捷键

操作	快捷键
播放或暂停	空格键
播放或暂停所有影片	Command+Return
停止播放并向后退一帧	左箭头键
停止播放并往前进一帧	右箭头
前往影片开始位置	Option+左箭头键
前往影片结束位置	Option+右箭头键
循环切换倒回速度	Command+左箭头
循环切换快进速度	Command+右箭头
调高音量	上箭头键
调低音量	下箭头键
音量调至最高	Option+上箭头键
音量调至最低	Option+下箭头键
循环播放影片	Option+Command+L

调整影片大小快捷键

操作	快捷键
进入全屏幕视图	Command+F
退出全屏幕视图	Command+F 或 Esc
以实际大小显示影片	Command+1
使影片适合于屏幕	Command+3
使影片充满屏幕	Command+4
以全景模式显示影片	Command+5
增大影片大小	Command+加号（+）
减小影片大小	Command+减号（-）

影片编辑快捷键

操作	快捷键
撤销	Command+Z
重做	Shift+Command+Z
剪切	Command+X
复制	Command+C
粘贴	Command+V
全选	Command+A
向左旋转	Shift+Command+L
向右旋转	Shift+Command+R
水平翻转	Shift+Command+H
垂直翻转	Shift+Command+V
分离剪辑	Command+Y
修剪	Command+T

3. iMovie键盘快捷键

表B-3　iMovie快捷键

获取信息

操作	快捷键
打开"iMovie帮助"菜单	Shift+Command+问号（？）

导入和导出

操作	快捷键
导入媒体	Command+I
将所选部分共享到iMovie Theater	Command+E

播放视频

操作	快捷键
从播放头或浏览条下方的帧开始播放视频	空格键
播放所选部分	正斜杠（/）
从头开始播放所选事件、片段或项目	反斜杠（\）
将播放头向前移动一帧	右箭头键
将播放头向后移动一帧	左箭头键
正在播放浏览器中的某个片段时，向前跳到下一个片段	下箭头键
正在播放时间线中的某个片段时，跳到当前片段的开头；或者，如果播放头接近当前片段的开头，则跳到上一个片段	上箭头键
全屏幕播放所选项目	Shift+Command+F
退出全屏幕视图	Esc
循环回放	Command+L
在浏览器中浏览时显示或隐藏片段信息	Control+Y

管理项目和事件

操作	快捷键
创建新影片项目	Command+N
移到废纸篓	Command+Delete
打开iMovie偏好设置	Command+逗号键（，）

选择并编辑视频

操作	快捷键
选择所有片段 若要选择时间线中的所有片段，请先单击时间线中的任意位置。若要选择浏览器中的所有片段，请先单击浏览器中的任意位置	Command+A
选择整个片段	X
选择片段的一部分	按住 R 键拖移
取消选择全部片段	Shift+Command+A

续表

操作	快捷键
将所选部分添加到影片	E
将所选部分连接到播放头位置的片段	Q
将所选部分插入影片中的播放头位置	W
自动改进所选片段的视频和音频质量	Shift+Command+E
剪切所选帧	Command+X
复制所选帧	Command+C
粘贴所选帧	Command+斜杠键（/）
将时间线中的片段修剪至所选范围	Option+斜杠键（/）
在播放头位置分隔片段	Command+B
还原速度调整	Option+Shift+R
粘贴所有调整	Option+Command+V
粘贴色彩校正调整	Option+Command+C
粘贴裁剪调整	Option+Command+R
粘贴音量调整	Option+Command+A
粘贴视频效果	Option+Command+L
粘贴音频效果	Option+Command+O
粘贴速度调整	Option+Command+S
粘贴视频叠层设置 （粘贴调整，取决于所选视频的类型）	Option+Command+U
粘贴地图样式	Option+Command+M
将所选部分评价为"个人收藏"	F
取消标记所选帧	U
将所选部分评价为"拒绝的片段"，或者从时间线中删除所选部分	Delete
选定片段后打开或关闭片段修剪器	Command+反斜杠键（\）
打开或关闭精确度编辑器	Command+斜杠键（/）

处理音频

操作	快捷键
在检视器中打开画外音控制	V
在浏览视频时打开音频或使其静音	Shift+S
将片段音频静音	Shift+Command+M
从片段分离音频	Option+Command+B
撤销上一步操作	Command+Z
重做上一步操作	Shift+Command+Z

编辑文本

操作	快捷键
复制所选文本	Command+C
剪切所选文本	Command+X
粘贴复制的文本	Command+V

iMovie窗口

操作	快捷键
最小化iMovie窗口	Command+M
前往"资源库"视图（默认主窗口视图）	1
前往"项目"视图	2
前往iMovie Theater	3
显示或隐藏"资源库"列表	Shift+Command+1
在浏览器中显示我的媒体	Command+1
在浏览器中显示音频	Command+2
在浏览器中显示字幕	Command+3
在浏览器中显示地图和背景	Command+4
在浏览器中显示声音效果	Command+5
在浏览器中显示转场	Command+6
全屏幕播放所选项目	Shift+Command+F

4. PowerPoint常用快捷方式

表B-4　PowerPoint快捷键

执行的操作	快捷键
新建演示文稿	Ctrl+N
使所选文字加粗	Ctrl+B
更改所选文字的字号	Alt+H，F，然后S
更改幻灯片的缩放	Alt+W，Q
剪切所选文字、对象或幻灯片	Ctrl+X
复制所选文字、对象或幻灯片	Ctrl+C
粘贴剪切或复制的文本、对象或幻灯片	Ctrl+V
撤销最后一个操作	Ctrl+Z
保存演示文稿	Ctrl+S
插入图片	Alt+N，P
插入形状	Alt+H，S然后F
选择主题	Alt+G，H
选择幻灯片布局	Alt+H，L
转到下一张幻灯片	Page Down
转到上一张幻灯片	Page Up
转到"主页"选项卡	Alt+H
移动到"插入"选项卡	Alt+N
开始幻灯片放映	Alt+S，B
结束幻灯片放映	Esc
关闭PowerPoint	Alt+F，X

续表

若要直接转到功能区上的选项卡，请按以下其中一个访问键	
执行的操作	快捷键
打开"文件"页面	Alt+F
打开"主页"选项卡	Alt+H
打开"插入"选项卡	Alt+N
打开"设计"选项卡	Alt+G
打开"切换"选项卡	Alt+T
打开"动画"选项卡	Alt+A
打开"幻灯片放映"选项卡	Alt+S
打开"审阅"选项卡	Alt+R
打开"视图"选项卡	Alt+W
打开"操作说明搜索"框	按 Alt+Q，然后输入搜索词

5. 会声会影快捷方式

表B-5　会声会影快捷键

菜单命令快捷方式	
操作	快捷键
创建新项目	Ctrl + N
创建新的 HTML5 项目	Ctrl + M
打开项目	Ctrl + O
保存项目	Ctrl + S
项目属性	Alt + Enter
参数选择	F6
撤销	Ctrl + Z
重复	Ctrl + Y
复制	Ctrl + C
粘贴	Ctrl + V
删除	Del
帮助	F1

工作区快捷方式	
操作	快捷键
转到"捕获"工作区	Alt + F10
转到"编辑"工作区	Alt + F11
转到"共享"工作区	Alt + F12

"导览"区域快捷方式	
操作	快捷键
设置开始标记	F3
设置结束标记	F4
播放/暂停	L

续表

操作	快捷键
播放/暂停	Ctrl + P
播放/暂停	空格键
播放当前所选素材	Shift + "播放"按钮
返回素材或项目起始位置	K
返回素材或项目起始位置	Home
返回素材或项目起始位置	Ctrl + H
移动到结束片段或提示	End
结束	Ctrl + E
上一帧	D
下一帧	F
重复	Ctrl + R
系统音量	Ctrl + L
分割视频	S
在"修整拖柄"和"滑轨"之间切换	Tab
左"修整拖柄"处于激活状态时,按Tab或Enter键可以切换到右拖柄	Enter
如果按Tab或Enter键可激活"修整拖柄"或"滑轨",那么使用向左键可以移动到上一帧	向左键
如果按Tab或 Enter键可激活"修整拖柄"或"滑轨",那么使用向右键可以移动到下一帧	向右键
如果按Tab或Enter可激活"修整拖柄"或"滑轨",并在它们之间切换,那么可以按Esc键来取消激活"修整拖柄"/"滑轨"	Esc

"时间轴"快捷方式

操作	快捷键
选择时间轴上的所有素材	Ctrl + A
单个标题:剪切屏幕上处于编辑模式中的所选字符	Ctrl + X
选择同一个轨中的多个素材	Shift + 单击
选择时间轴上的上一个素材	向左键
选择时间轴上的下一个素材	向右键
放大/缩小	+/-
向前滚动	Ctrl + 向右键
向后滚动	Ctrl + 向左键
向上滚动	Ctrl + 向上键/Page Up
向下滚动	Ctrl + 向下键/Page Down
移动到时间轴的起始位置	Home
移动到时间轴的结束位置	End
上一个片段	Ctrl + H
下一个片段	Ctrl + E

"多重修整视频"快捷方式

操作	快捷键
删除	Del
设置开始标记	F3
设置结束标记	F4
在素材中向后移动	F5
在素材中向前移动	F6
取消	Esc

屏幕捕获快捷方式

操作	快捷键
F10	停止屏幕捕获
F11	暂停/恢复屏幕捕获

其他快捷方式

操作	快捷键
Esc	停止捕获、录制或渲染，或者关闭对话框并且不进行任何更改。如果切换到"全屏幕预览"，按Esc键可返回会声会影工作区
双击"效果库"中的转场	双击"素材库"中的转场会自动将其插入到两个素材之间的第一个空白转场位置中。重复此过程会将转场插入到下一个空白转场位置中

后 记 POSTSCRIPT

近年来，微课设计、制作、应用的浪潮方兴未艾，在策划编写这本书的过程中，许多新技术、新理念也在不断翻新，而教育的根本，不仅是传授知识，更是提高个人的修为和感受力。本书力争从学术、技术、美学、传播4个方面体现出微课的特点，把作者多年从事影像、视频教学的体会总结出来、表达清楚。由于数码影像技术的发展变化之快，使得制作微课的技术和方法也随之不断调整，把先进、好用的技术和产品应用到微课中是作者编写本书的初衷。

最后感谢家人的支持和清华大学出版社以及工作室相关工作人员，这本书调整了几个版本，是你们的支持和工作使得这本书得以顺利出版。最后，祝愿通过这本书学习、了解微课设计和制作的读者，有所收获，成为微课应用的推动者，让微课在教育改革的大环境中发挥出积极的作用。

金洁

2018年4月30日

于北京微格工作室